知识生产的原创基地
BASE FOR ORIGINAL CREATIVE CONTENT

颉腾商业
JIE TENG BUSINESS

The Surprising Power of Liberating Structures

Simple Rules to
Unleash A Culture of Innovation

释放性结构

激发群体智慧

[法] 亨利·利普曼诺维奇（Henri Lipmanowicz） [美] 基思·麦坎德莱斯（Keith McCandless）/ 著

储飞（Julie Chu） 曹宝祯 / 译

中国广播影视出版社

图书在版编目（CIP）数据

释放性结构：激发群体智慧 / (法) 亨利 · 利普曼诺维奇, (美) 基思 · 麦坎德莱斯著；储飞, 曹宝祯译. – 北京：中国广播影视出版社, 2023.2

ISBN 978–7–5043–8937–4

Ⅰ. ①释… Ⅱ. ①亨… ②基… ③储… ④曹… Ⅲ. ①组织管理学 Ⅳ. ①C936

中国版本图书馆CIP数据核字(2022)第208702号

释放性结构：激发群体智慧

［法］亨利 · 利普曼诺维奇（Henri Lipmanowicz）著
［美］基思 · 麦坎德莱斯（Keith McCandless）
储飞　曹宝祯　译

策　　划　颉腾文化
责任编辑　王萱　彭蕙
责任校对　张哲

出版发行　中国广播影视出版社
电　　话　010–86093580　010–86093583
社　　址　北京市西城区真武庙二条 9 号
邮　　编　100045
网　　址　www.crtp.com.cn
电子信箱　crtp8@sina.com

经　　销　全国各地新华书店
印　　刷　文畅阁印刷有限公司

开　　本　710 毫米 × 1000 毫米　1/16
字　　数　270（千）字
印　　张　21
版　　次　2023 年 2 月第 1 版　2023 年 2 月第 1 次印刷

书　　号　ISBN 978–7–5043–8937–4
定　　价　99.00 元

本书赞誉

当今时代非常需要这本如此有用的书！作者理解，世界是经由我们会面、计划、会议以及相互连接的方式进行细微而优雅的变化的。这本书的神奇之处在于如何把引导对话的力量——那曾经只保留给经过训练的专家的力量，交到每个领导者和每个公民的手中。这将是所有领导力与变革项目中的必备文本。

彼得·布洛克（Peter Block），畅销书《完美咨询》《管理宝典：服务至上》与《社区：归属感的建立》的作者。

用简单实用的方法宝库来激发关键对话，充分释放每个团队最高管理层到一线的潜力。

谢丽尔·斯科特（Cheryl M Scott），比尔及梅琳达·盖茨基金会全球计划高级顾问。

通过向我们展示结构在工作领域中的重要性，《释放性结构》将永远改变我们看待协作、学习和领导力的方式。简单来说，这本书适合所有想要拥有兼具创新性和可靠性的领导者。它可以用来转变他或她的组织，并让其成员共同参与发现之旅。

帕特·威瑟斯彭（Pat Witherspoon），德克萨斯大学埃尔帕索分校文理学院院长。

作为《华尔街日报》领导力专栏的作家，我在利普曼诺维奇和麦坎德莱斯开始进行《释放性结构》工作的早期发现了他们。今天，作为一个复杂行业中的创业者，这些方法已经成了我工作习惯的一部分。任何群体、任何地方都在酝酿着一触即发的转型。释放性结构使这股势能转化为行动变得异常简单。

小托马斯·派特辛格（Thomas Petzinger Jr.），五家生命科学公司的创始人和前《华尔街日报》“前沿”专栏作家。

作者借鉴了复杂性科学先驱的研究，立刻对工作现场的人们产生了作用。释放性结构通过鼓励一线人员成为解决方案的一部分并采取行动，来让他们为应对挑战负起责任。

布伦达·齐默尔曼（Brenda Zimmerman），多伦多舒利希商学院战略与政策副教授。

释放性结构不仅提供了许多强有力的新方法来与员工和客户互动，还连续不断地在这些互动中提升组织的生产力和创造力。这不但超越了我的预期，而且以一种有趣且愉快的方式进行！

盖伊·艾弗曼（Guy Eiferman），默克公司医疗服务与解决方案总裁。

比林斯诊所使用多种释放性结构十多年了。新的和更强大团队的参与和涌现（其中包括员工、领导者、医师和护士），帮助我们改善了患者的体验、安全性，同时在极其复杂的医疗环境下降低了成本。强烈推荐！

尼古拉斯·沃尔特（Nicholas Wolter），比林斯诊所总经理。

在我的工作中应用释放性结构是在滋养我的心灵。感谢！

德布·维泽尔（Deb Witzel），朗蒙特社区司法伙伴关系执行董事。

使用释放性结构去管理、互动让我变得更加自信，同时成为团队和客户眼中更好的领导者。作为一个早期采用这个结构的人，这不仅增强了我在组织中的影响力，也是我现在成为三个管理团队成员之一的原因。释放性结构一路支持着我的职业成长。

瓦妮莎·韦尔蒂斯（Vanessa Vertiz），秘鲁利马业务部总监。

过去八年，在拉丁美洲和意大利，释放性结构帮助我和我的团队在一个广泛的范围内处理各种各样的问题。这成了我开展业务的方式，并将组织和人员拔到了新的高度。

戴维·雷蒙多（David Raimondo），合作视觉拉丁美洲总经理。

当你偶然发现一种可以改变一切的资源，那个时刻是如此难得又如此美妙。释放性结构提供了一个令人开心、内容丰富的工具包，恰如其名——赋能参与者来加入、协作，触达集体智慧来满足每个人不同的考量和目标。这不仅帮助到了我，还持续支持到了育空政府组织中的雇员和管理者，成果颇丰。

巴雷特·霍恩（Barrett W. Horne），加拿大育空地区的政府业务顾问。

必读指南，可帮助你转变与他人的互动方式。释放性结构提供了优雅的方法，能从每个讨论、会议和工作坊中取得最大的收获。全球范围内，我们在非政府组织内部以及与我们的合作伙伴们一起使用它们。从坦桑尼亚到纽约，从圣卢西亚到利比里亚，我惊奇地看到释放性结构将每次聚会的潜力都释放了出来。

肖恩·索西（Sean Southey），PCI 媒体影响执行总监。

天哪！www.liberatingstructures.com 可能是排在谷歌之后最有用的网站之一。我脑海里唯一浮现的就只有发誓这个词语，而我使用的是普通的电子邮件。

瑞恩·默里（Ryan Murrey），华盛顿州 CASA 代理执行官。

—— 推荐序一 ——

如今越来越多的人已经认识到，未来世界需要我们一起共创！集思广益、群策群力成为创造未来最大的机会与希望。

然而人这种奇怪的生物，个体差异巨大，每个人都带着自己的有色眼镜，一旦集合就变得难以预测，甚至会冲突不断、效率低下。群体中有人聪明，有人愚钝；有人夸夸其谈，有人沉默寡言；有人直抒胸臆，有人言不由衷；有人颐指气使、居高临下，有人害怕冲突、好打圆场……在这样的环境中，我们应如何管理与拥抱这些多样性，如何在互动中尊重个体差异因势利导，如何真正做到集思广益、群策群力？

人们不断地探索各种方法与结构，以促进人与人之间的互动、交流、沟通与共创。例如，中国人熟悉的“批评与自我批评”，就是一种沟通方式。

在互动与协同中，人们很容易看到别人身上的问题，会很自然地产生指责他人的冲动和习惯。但“批评与自我批评”这种方法，让我们在批评、指责别人之前先反求诸己，从自己身上找原因。这样一个小小的沟通结构的安排，一下就帮助团队成员调整了心态，改变了沟通氛围，甚至重构了成员之间的关系。

但这类有效的群体沟通方法通常散落各处，难以被组织系统性地运用。有没有一套理论、一个体系或大量工具，可以帮助群体互动、团队共创、组织升级呢？

经朋友介绍，我读到了《释放性结构》这本书，我如获至宝、甚为惊喜！因为它提供了一个体系，呈现了大量具体的工具和案例，帮助团队和组织更好地互动、沟通、对话和共创。

为什么这些释放性结构能够释放创意、能量和潜力，助力群体中的对话、沟通和共创呢？因为它通过巧妙的设计，帮助人们卸下面具、克服心理障碍，提升了人们在群体中的安全感；释放性结构还塑造了人人平等、共同参与的氛围，搭建了个体之间相互激发、相互碰撞的安全空间和平台。

《释放性结构》一书，案例生动、方法具体，很有实操性。

如果你希望促进团队的深度思考，可以采用 9 Whys，通过不断追问九个为什么，促进团队和集体的深度思考；如果你希望鼓励每个人都发言，可以用 1-2-4-All，让每个人先自己想，再找一个伙伴进行交流；然后再将团队两两组合，进行深度沟通，以此创造了人人发言的环境，突破了个性、意愿和等级等因素带来的障碍；如果你希望冲破人们习得性无助的状态，不妨考虑 15% 解决方案，它鼓励大家不用抱怨、无须等待，更不必感到无助，先从小事做起，从能做的地方做起，先做起来再说，总有一点是你可以做的，总有一点你可以改变……

感谢我的朋友储飞及其伙伴，为大家引进了《释放性结构》一书，帮助企业的领导者、重要业务干部、人力资源管理者、培训师和咨询师等，找到了一个重要的工具箱，帮助我们促进创新创业、推动协同共创、优化团队氛围、提升个体能力、重塑组织文化！

陈玮
北京大学汇丰商学院管理实践教授
创新创业中心主任

推荐序二

初次接触释放性结构（Liberating Structures, LS）是在2018年前后，已经完全不记得当时是怎么发现释放性结构的了，也许是通过领英（LinkedIn），也许是因为在网上搜索一个其他什么东西顺带看到的，当时给我的第一印象就是有好多工具（和引导有关的、定义得好详细的工具），但这并没有引起我多大的注意。后来在和国外敏捷圈的小伙伴交流的时候，他们经常提到LS，而我当时并不知道他们说的是什么。

2019年，机缘巧合之下，我看到了一篇发表在信息Q（InfoQ）上的关于如何将释放性结构与Scrum结合起来运用的文章，并且让我眼前一亮。作为一个在敏捷圈混迹多年的老兵，自己竟然从来没有往这个方向考虑过、尝试过，实在汗颜。读了这篇文章以后，我马上购买了本书的英文版，如饥似渴地读了起来。在没有思考如何与敏捷结合之前，我觉得这就是一本工具书，而我从来就不是一个工具控，所以这本书也就没有给我留下什么深刻的印象。而现在我再看这本书的同时，会思考如何将释放性结构与敏捷相结合，那简直是为我打开了一扇新世界的大门，眼前出现了无限多的可能。今天，释放性结构已经被广泛应用于各个国家，我在与全球的敏捷教练们交流的过程中，释放性结构会被高频提及，它已经成为全球敏捷教练在组织敏捷转型过程中的一个重要助力。

对于刚接触释放性结构的小伙伴们来说，释放性结构似乎就是一套工具集，仅此而已。但是如果在组织中坚持使用释放性结构的话，会带来意想不到的效果。

根据 2014 年盖洛普（Gallup）公司的调研报告表明，约 70% 的员工对待工作的参与度低，这是当今各大企业存在的一个普遍现象。而员工参与度高的公司，其业绩普遍高于员工投入度低的公司。持续使用释放性结构的一个显著效果，就是会改善组织中的员工参与度。因为释放性结构是一种全员参与的模式，所以在使用释放性结构的过程中，我的声音一定会被大家听到。即使我的观点最终没有被采纳，但在这个过程中我也有机会表达我的观点和想法，这样会让我的感受变得更好，下次也愿意再次分享我的观点和想法。随着越来越多的人愿意大声说出自己的想法，并且其中的一些想法会被组织采纳，组织中的员工参与度自然而然就提高了。

另一个坚持使用释放性结构会带来的意想不到的效果，是会给组织带来文化的转变。文化通常被认为是根深蒂固、虚无缥缈的，文化的转型更是人们无法驾驭、难以控制的。然而，释放性结构提供了一套改变行为模式和互动模式的方法，通过一系列行为模式的改变，逐步影响组织中领导者和员工思维模式的改变，从而改变组织文化。这需要一个漫长的过程，但实实在在会发生。

就在一个月前，有位伙伴问我，《释放性结构》这本书有没有中文版，我说我只知道有中文版的小程序，好像书并没有被翻译，那位小伙伴甚是失望。实在没想到一个月后的今天，我竟然在给这本书的中文版写序。这很大程度上要归功于默默完成中文版翻译的储飞女士和曹宝祯先生。在 VUCA 时代，如何激发群体智慧是任何一个组织都无法回避的话题，希望《释放性结构》(中文版）的顺利出版，能给广大中国企业提供更多的思路，逐步探索并找到适合自己企业更好的工作方法。同时，也希望本书能为中国广大的敏捷教练提供助力，在帮助企业进行敏捷转型的过程中拥有更多的选择。

Lance Zhang

敏捷培训师（CST)、敏捷教练（CTC)、敏捷领导力导师（ALJ Guide）

—— 译者序一 ——

拿到这本《释放性结构》，让我如获至宝，它成功解开了我对于团队绩效改善的迷思：当团队的群体智慧被激发时，你都想不到会发生什么。前几年在团队面临转型的巨大挑战时，我在自己的团队里开展了团队方向、价值观（行为规范）、障碍和如何卓越执行的探寻工作坊。在这个系列探寻中，二十个团队所有成员共同参与，每个人的声音都被倾听，每个人都积极参与，随后团队就像开挂了一样，绩效势如破竹，连过去十几年里不敢碰的难题，当年也一举拿下了。

还记得曾经给一位组织行为学领域里我敬仰的前辈请教，询问如何才能更好地切入组织咨询领域，如何精进自己的组织发展能力时，前辈说你搞清楚这其中的原理就是一种很好的学习。感恩与这么一本优秀的书相遇，由此也让我放下了对工具本身的迷信，从而更开放地拥抱底层逻辑，感受由精巧的微结构（Micro Structures）设计所支撑的“自我发现”和“共创”所释放出来的巨大的集体力量。

我们生活在一个如此多变和复杂的时代，没有一个人能够拥有解决问题的全部信息和答案，借助一个可靠的微结构——释放性结构的设计，让每个人都积极参与进来，并且发挥团队中每个人的作用，让集体智慧得以涌现，只有这样才更有可能高效地找到切实可行地解决复杂问题的方案。

作者写这本书的初衷就是为了提供给非专业人士一种可靠的工作方法，无论你是组织或团队的领导、人力资源专业人士、组织发展人士、项目经理，还是顾问，相信在面对一个复杂挑战时，你都可以从这本宝典中获得启示或直接找到可靠的方法。正如作者所鼓励的，大胆地去使用，在不断地试错中迭代成长。

书中还列举了大学教学的具体案例，让我有良多的感触，如果老师在学生还没有步入工作岗位之前，就能够让他们体验到《释放性结构》的魅力，相信他们一定会为未来的职场注入新的活力。

每个个体都蕴含着巨大的潜力，但我们自己常常就像是坐在百宝箱上的乞丐一样，没有很好地向内去发掘、发挥自己的潜力；组织里也常常如此，不少领导人总是抱怨自己的团队不给力，却很少找到好的方法来激发团队的潜力。真的希望越来越多的领导和专业人士能从这本书里获得启示，去“窍”开群体智慧，让组织里的每个生命都得以绽放。

在翻译的过程中，特别感谢资深团队对话教练任伟先生为第四部分进行了审校工作，IAF 中国区发起人肖凡先生进行了第一部分的审校工作，曹宝祯顾问及其团队此前对 LS 应用 APP 的翻译也为我的翻译工作奠定了一个良好的基础。

我一直致力于人力资源的相关工作，还是第一次翻译一本这么大部头的书，特别感谢北京颉腾文化貌晓星老师的信任、支持和鼓励。因为经验所限，虽然已经尽力去做，难免还会有疏漏，敬请大家多指正。

也欢迎你和我联系，让我们一起去实践分享。

储飞
外企人力资源高管
微信公众号：Enable U 居里教练
个人邮箱：Julie_chufei@icloud.com

译者序二

认识释放性结构

作为一名专业的敏捷教练，需要在不同的时间和地点去培训、辅导和传授与敏捷相关的知识和经验。 因此，引导技术成了敏捷教练和 Scrum Master 的一项基础必备技能。当然，它不仅限于教练，组织里的管理层为了更高效地进行会议和各类型的工作坊，也可以使用引导技术。我从 2018 年开始接触引导技术，搜罗了许多关于引导技术方面的书籍，但大多书籍关注的都是流程设计、场域设计、行为方法等。我承认，虽然这些也是引导技术的基础，能帮助我们做得更专业，但是在应用上会显得更为复杂、试错空间较小、创新成本较高，并且没有一个“引路”的热场过程，导致很多有想法的人放不开，也不敢向前迈进。因此，我们更需要一种任何管理者或初级引导者都能够快速学习和应用的结构。

我的这种困扰在 2019 年出现了转机，当时有幸参加国际引导者协会（IAF）专业引导设计委员会组织的课程，系统地学习了引导，发现课程里的内容就是我所需要的低成本的快速学习结构。不仅如此，我还从中了解到了释放性结构工具箱，这让我如获至宝。

释放性结构工具箱是由基思·麦坎德莱斯和亨利·利普曼诺维奇创造、收集并改进，并由目前的 33 种互动模式组合而来的，具备强大、科学的互动模式。这些模式可以应用于组织群体中，通过低成本、高收益、轻量型的方案开展深层次、具有丰富活力的组织活动，解决了组织或身在敏捷领域的人遭遇到的转型困难、停滞不前、无法获取创新的问题。同时也使得企业通过互动和充分调动集体智慧等方法解决所面临的困境，并进行持续创新，而不是还停留在极端地解决提出问题的人的场景中。

使用释放性结构进行共创

在 VUCA 时代，每个企业都使出浑身解数想在这个快速变化的环境中争得一席之地，这促使整个组织都需要响应变化并快速适应和调整。例如，阿里巴巴的战略聚能环，通过共创会、三板斧、复盘等方式，不断地将组织的战略、业务、人等发展策略进行持续对齐。这些都离不开创新型人才和集体的智慧。正如彼得·圣吉在书中写道：

> 西方的企业经理人终身所受的训练，就是如何成为更有说服力、口齿伶俐的“宣扬者”和“问题解决者”。他们知道如何陈述和论证自己的观点。但是，随着职位的升高，他们被迫处理更复杂的问题，各个方面相互依赖、环环相扣。在这些问题上，没有人“知道所有的答案”。面对复杂的情况，唯一可行的做法是让一群有所需信息且愿意投入的人共同思考，以获得新的洞见。
>
> ——彼得·圣吉、里克·罗斯、布莱恩·史密斯《第五项修炼实践篇》

释放性结构正是这样一组响应快速变化、开启团队共创和对话的工具。它倡导团队在组织活动中使用群体决策、同理倾听、客观解读和激发智慧等方法。同时它的微结构设计、10 项原则和 33 种实用的结构，在不需要专家培训的情况下都足以让敏捷教练在各种活动和挑战中（或其他任何领域）使用。通过最简化的互动方式激励大家参与，让团队活跃起来。同时，释放性结构通过一些简单的约束步骤激发、释放大家的创造性。

另外，释放性结构在群体中能起到互动语言的作用。因此，每个结构都是语言中的一个词，将它们结合起来就可以组成有意义的句子。但它的作用并非如此，由于团队的互动会经历不同阶段，释放性结构可以把语言、句子组合成“串”（String），来对应各个互动阶段。在实际工作中，一个小组可能需要澄清他们所面临的问题，通过澄清这些问题来进行探索和选择，最后决定实施方案，确认下一步行动。对于此步骤，可以用一个简单例子将抽象语言进行简释。例如，你可能想从“即兴社交”开始澄清问题，通过“金鱼缸会谈”向有经验的人学习，通过“25/10 集体智慧”探索和选择方案，通过“1-2-4-All”深入了解最可行的方案，通过“15% 解决方案”决定下一步行动计划。

在专业引导者领域，可以将释放性结构作为引导技术或工具箱来对待，用于工作坊或培训。但是如果能将角度提高，把释放性结构理解为一种“互动语言”，会对领域工作帮助更大。因为在一个群体中，越多的人熟悉这些技能，就能越容易、越自然地使用它们，这样也就更容易避免群体组织出现令人苦恼的脱节互动。因此，选择释放性结构不仅可以调整团队和个人的互动方式，而且可以改变整个组织形式。

在敏捷组织中运用释放性结构

在 VUCA 环境中，我们更加需要来自不同行业、不同角色的专业人才来为组织发展献计献策，因此就需要用一个策略和一些技巧把大家的想法和雄心变成现实。但许多组织常常面临这样的困境：从制定战略规划到讨论解决方案，通常是为了排除不同的声音、过度地控制人们的目的，这种做法不但不见得有成效，还会扼杀团队的雄心壮志。这样的情况让组织领导层也很困惑，怎样才能更好地将优秀人才的创新想法收集、归纳、整理并转化成行动和验证呢？面对这种困惑，不仅需要设计思维、精益求精和敏捷开发、DevOps 和数字化运维等将产品和服务进行提升，还需要组织倡导创新、开放、透明的敏捷文化和组织氛围。要解决这类困惑，选择释放性结构再合适不过了。

敏捷组织中有一些关键角色，如敏捷教练、产品负责人等。释放性结构能够更好地帮助这些角色组织各类活动。通过我的具体落地实践，将释放性结构与敏捷实践相结合，在协助敏捷组织进行战略规划、Scrum 事件落地、关键敏捷实践的引导和问题解决上取得了突破性进展。

在国外，很多实践者已经将释放性结构引入不同的领域，如培训、教育、管理、医疗等，本书中提到的很多例子就来自不同的领域。这些实践者还组建了众多的讨论社区，并且这些内容是公开化的，在释放性结构的官网就可以找到。

虽然国内的释放性结构社区刚刚起步，但我们期望通过各种形式的活动将其推广和分享，让更多的人了解如何在不同场景使用“串”并解决问题，让更多的团队和个人使用，真正地帮助组织在数字化转型大潮和持续竞争的环境中保持创新和高效。

最后

本书是一本全面介绍释放性结构的书籍，它既介绍了释放性结构的原则、元素等基础知识，又通过实际案例和故事将解决方案通过交互的语言形式表达了出来。

在本书出版之前，一些释放性结构的志愿者已经将这30多个工具翻译成中文，并搬到了微信小程序“LS共创工具箱”上。感谢优普丰提供微信小程序平台，感谢以下志愿者：李国彪、曹宝祯、夏伟才、刘伟、宛明山、谢婉莹、金刚、王君、谢意、黄冠荣、赵一锦、高源、任伟等。

“LS共创工具箱”微信小程序

非常感谢亨利·利普曼诺维奇和基思·麦坎德莱斯开发的这套工具，同时也感谢本书的翻译团队。希望本书能帮到那些正在和僵尸Scrum战斗或在敏捷转型中遇到困境的组织和或个人。

曹宝祯

资深敏捷转型教练、《拯救僵尸Scrum》主译者

—— 自序 ——

像 ABC 一样容易

你还记得学字母表的经历吗？还记得学着拼写第一个单词时的情景吗？例如，拼写猫、狗、蝙蝠。字母不仅容易学习，还具有无限的适应性和普遍适用性。它们是词语、思想和行动的基础构件。区区 26 个字母，串在一起可以形成数以万计不同的组合，足以拼出众多语言中的所有单词。

现在请想象一下，如果只有 5 个字母的字母表，用 5 个字母可以组成多少不同的单词和想法呢？写作、阅读和说话会被削弱到怎样的程度呢？只能用几个词语来交流是多么令人沮丧啊！只能用几个词语来与人打交道会多么无聊啊！

这正是大多数人发现与其他人一起工作时自己所处的情境。他们被置于相当于只有 5 个字母的字母表那样的箱子里工作，其中有 5 种常规方法，这些方法每个人、每个地方都在用。这 5 种常规方法是 PPT 分享、被管理的讨论、进展状态报告、开放讨论和头脑风暴。这就是为什么如此多的会议或教室令人感到无聊，也是生产力低下或令人沮丧的主要原因。这些常规方法并不足以创造一块能够让创新轻松涌现并开花结果的沃土。

本书的目的是极大地扩展你与他人互动和工作时的新方法，如同扩展字母表里的字母数量那样，助力你取得不平凡的结果。本书描述并解释了 33 个新的“字母”，他们简单、易学，加上少量练习即可掌握。释放性结构简易方法图示列表如下图所示。

释放性结构简易方法图示列表

这些被称为“释放性结构”的方法，能极大地提升人们互动和协同的效率，使我们取得比使用 PPT 分享、进展状态报告等 5 种常规方法更好的结果。正因为这些方法被设计出来是用来吸纳更多人的参与，并激励每个人为集体取得成功作出贡献的，所以我们称之为“释放性结构”。

你与他人互动、合作的好坏程度常常不仅决定了你在工作中的成功与否，还决定了你生活中的其他方面。你会发现，每个释放性结构都有其特定的好处。通过学习使用部分或全部的释放性结构，你将创建自己的字母表并构建与他人共事的不同词汇。当你创建更多组合时，你的新语言将适应并适用于你生活中遇到的各种情形，无论挑战还是机遇、无论大的还是小的也无论简单的还是复杂的。

你还将发现释放性结构产生的力量不但令人惊讶，而且具有感染力。使用释放性结构时，你周围的人会享受这个体验并得到意想不到的好处；这可能会帮助并鼓励他们扩展自己的字母表。他们会成为你的练习伙伴，并感谢你帮助他们获得了可以永远为他们服务的技能。

你也会发现，释放性结构很容易调适，所以被大型或小型团队、部门或职能部门、组织、班级、学校、社区或社会运动组织采用。这使得它们无论对单次会议还是大型项目，又或是全系统变革的议题都适用。你还将发现，它们可以为你的一对一对话提供更多结构并提升产出的效果。甚至，这些方法也可以帮助你开展更有效的自我对话，并提升你思考、规划和决策的质量。

当被问到谁才是释放性结构的完美用户时，我们会直接且毫不夸张地回答：每个人！释放性结构针对的是首席执行官、高管、中层管理人员和一线员工，教授和老师、管理员、支持人员及学生， 医院领导、医生和护士，军队官兵，政府雇员和政客，顾问和教练，社区领袖和慈善家等。每个人，我们的意思是所有人！

当被问到谁才是释放性结构的完美用户时，我们会直接且毫不夸张地回答：每个人！

如果说释放性结构听上去具有普遍的适用性，对你来说这好得有些让人难以置信，这种第一反应很常见，也可以理解。直到你自己使用并取得相应的成果，并且联想推敲出更多适用和未知的应用之后，你才会叹服（相信）它的威力。换句话说，这本书包含许多重要的想法，但它并不是理论或概念性的书籍。 相反，这是一本实用的实践手册，能帮助人们更轻松地开始应用，并快速取得阶段性成果，从而使我们可以发现在工作和生活中哪些地方可以继续深入地使用释放性结构。

释放性结构的目的只有一个：改善绩效。如果这是一本关于网球、高尔夫球或滑雪的书，你只有阅读它才会知道，只有你练习其中的方法并从中真正学到了，才会明白它的价值。如何学习释放性结构并从中受益的秘诀是：行动起来，沉浸下去，每天都抓住身边比比皆是的机会，尽可能地探索和实践。无论你尝试的是哪个结构或方法，在任何情况下，都将产生出乎意料的更好的结果。

如果这是一本关于网球、高尔夫或滑雪的书，你只有阅读它才会知道，只有你练习其中的方法并从中真正学到了，才会明白它的价值。

—— 目录 ——

第三部分　来自实践的故事

第四部分　释放性结构实践指南

01 第1章 小改变，大不同

> “不是槌的打击，乃是水的载歌载舞，使鹅卵石臻于完美。”
> ——R. 泰戈尔（R. Tagore）

几个月来，父亲一直都只能在对话中得到十几岁女儿只言片语的回应。后来有一天，他对自己说话的方式做了一些小小的改变，结果，女儿和他谈了一个多小时。

几个月里，15名管理者多次争论如何改造他们的双周例会，对此大家已经是云里雾里，都感受到了令人沮丧的情绪和无效的争论。后来有一天，他们对小组平常的工作方式做了一个小小的改变，结果呢？30分钟内，他们就明白了主要问题，并就下一步如何解决问题达成了共识。

多年来，每批新生在参加一门必修课时总是觉得索然无味，希望用最基本的投入获得一个相对体面的分数。之后的某个学期，教授对教学方式做了一些小小的改变，学生们发现了这门课的生动之处，开始充满期待，更深入地参与，并在把概念学习和个人生活联系起来的过程中找到了乐趣。

多年来，对前往阿富汗换防人员的简介会越来越流于形式，内容堆砌且缺乏启发性。后来有一天，对简介流程做了一个小小的改变，归来的军官们可以告诉继任者们那些能让他们感觉踏实的细微事项。继任者们认真地听着，满腹疑问从前辈那里得到了答案，对开启挑战性的部署工作更有信心了。

几十年来，尽管某医院定期开展人员培训活动并导入最佳实践，感染率却一直在不断上升。后来有一年，该单位在降低感染率的方式上进行了一个小小的改变，短短12个月的时间，感染率几乎降到零。

任何人都可以回忆起，过往的战略规划总是令人压抑和不快：当你向管理团队介绍了你的计划时，他们总是吹毛求疵。后来有一年，一个小小的改变使得回顾变成了充满活力、富有成效且令人愉快的过程。

所有这些真实的小故事背后都有一个共同的故事情节：人们在日常工作实践中做出的小小改变，对结果产生了很大的影响。这些个体或团体所做的只是把我们所称的“常规微结构”改称为“释放性结构”。

十几岁女孩的父亲和平时做法略有不同的是：他使用了一个叫作欣赏式访谈（appreciative interviews，AI）的结构。这个小小的不同是他问了女儿这样一个问题：“今天你感受最好的时刻是怎样的？”这激发了女孩分享了一个故事，然后是另一个，又一个……

管理者做出的改变在于使用了一个叫作1-2-4-All的结构，就如何改变双周例会的议题进行了两轮沟通，从而得以在不发生冲突的情况下处理异议（不同观点）。

教授的改变则是在课堂教学中引入了细微的变化：她把自己的宣讲用一些释放性结构代替，如即兴社交（Impromptu Networking）、三人行咨询（Troika Consulting）和畅谈咖啡馆（Conversation Café），营造了一个互动的氛围，为学生的自我发现和同伴学习提供了许多空间。

阿富汗换防简介会过去主要由以下内容组成：白皮书和PPT分享。述职军官对流程做出的简单改变是使用了金鱼缸会谈（User Experience Fishbowl）这个释放性结构，其中一个小组的归国军官分享了他们的战地故事，并在继任者倾听之后安排了提问环节。

医院感染率的降低，源自简单地停止自上而下的活动，逐步让每个人都参与到小规模且形式多样的小组对话中。他们是如何做到的呢？这要归功于其运用了探索与行动对话（Discovery and Action Dialogue，DAD）和即兴原型表演（Improv Prototyping）两个释放性结构，让参与者发现自己如何能为减少感染作出贡献。没有高层的强加，人们自愿采取了行动。

在对抗性战略计划回顾中，小小的变化是去除了例行公事的PPT分享，代之以释放性结构中的生态环（Ecocycle），让整个管理团队参与进来评估战略选项并共同制订计划。

我们的邀请

请核对以下与一个团队或组织工作时的所有适用场景（环境）：

- 特别无聊或令人沮丧的会议。
- 强加的他人的最佳实践。
- 决策者与行动者分开。
- 令人麻木的PPT分享。
- 日常工作中常被回避的艰难对话。
- 恐惧和政治当道。
- 感觉像做苦力活的团队合作。
- 混乱的工作流程。
- 培训、培训……老样子，没有任何变化。
- 永远只是拍脑袋不落地的好点子。
- 为图简便，把会“多此一举”的人排除在外。
- 无法兑现承诺的结构改革。
- 期待事前诸葛亮，未卜先知（不愿意承担风险）。
- 由恐惧或“贿赂”带来的变化。
- 越来越官僚，什么都要数据。
- 缺乏足够自主权和支持的问责制。
- 每个人都知道行不通却从不改变的死循环。

如果你和我们在全球各地合作的大多数人一样，无论在商业、政府、非政府组织、教育、卫生、社区服务、邻里还是市民团体、建议委员会和相关组织中，都会日复一日地遇到这些状况，这些现实阻碍了我们的群体协作，从而未能让我们取得更好的结果。

我们通过这本书，或者说通过这本书中所称的释放性结构的新方法来邀请大大多数时候，我们依赖于专家来设计我们的世界，而恰恰忽略了我们眼前的群体。

家把这些群体吸纳进来、组织起来。大多数时候，我们依赖于专家设计我们的世界，而恰恰忽略了我们眼前的群体。

根据本书中介绍的方法和原则的组合，每个人，无论贤愚高低，都可以参与到创新和变革的实践中来，迅速成长为专家并作出自己的贡献。

你可以使用这本书为自己、家人、一起工作的团队产生创新的结果；这些方法将有助于改善你与组织中的领导者以及社区邻居间的互动。在日常对话或会议中使用该方法，可以像应用在宏大转型中一样威力巨大。

这本书的核心源自一个实践性的想法，传统互动模式中的小改变，可以使每个个体都有可能参与到问题解决、推动创新、取得卓越成就的进程中，并得以赋能和激励。不需要最佳实践输入、更多培训以及高层昂贵的战略支持。小改变，就能带来大不同！

这套替代方案是完全实际且可行的，你也会慢慢发现，释放性结构是如此简单易学。无论从任何组织的最高层到一线员工，还是从街区的邻里俱乐部到全球性的问题倡导联合会，对每个人都适用。

释放性结构使用的规则极其朴素且细致，不需要复杂的架构和完备的流程与之配套。释放性结构已经成功应用在超过三十个国家的商业、政府、非营利组织中，无论管理者、销售、医生和护士、教授和学生还是军官和行政官员，没有冗长的培训课程或专门的专家指导，也不需要专业引导顾问。

全书摘要

我们通过在公开领域已知的好方法里汲取养分，将其简化并丰富，进而打造出了这套释放性结构。我们的目的是让任何组织中从上至下的每个人都有机会用上任何一个结构。不管你是领导者、引导者或任何群体中的一分子，只要你想让群体能够更具创新、适应性更强，还能说干就干取得更好的结果，这本书会告诉你怎么通过释放性结构来立即发挥奇效。

我们的目的是让任何组织中从上至下的每个人都有机会用上任何一个结构。

第一部分：积极参与背后的隐藏结构，本部分将为你提供释放性结构的概念框架和基础词汇。第 2 章介绍了关键概念，并将释放性结构与传统的协同方式进行了对比。在第 3 章中，我们更深入地解释了释放性结构的功能，并展示了使用它们改变人们协作的方式、如何学习以及如何一起发现解决方案；本章还包括两个关键绩效指标，用于评估我们平常所说的员工参与度。第 4 章的目的，诚如其副标题所示：领导者如何避免自己所抱怨的问题长期存在，为各级领导提供洞见和替代解决方案。

第二部分：入门及进阶，本部分提供了一些使用释放性结构的指导原则以及如何从不同的应用场景，无论是一次小组内的互动，还是在系统范围内的变革中汲取经验，获得持续学习的方法。

第三部分：来自实践的故事，本部分收集了全球各地使用释放性结构的真实案例。案例从卫生保健到学术、从军事到全球商业企业、从地方司法和立法系统到国家和国际研发工作，涉及各种不同类型的组织形式，是释放性结构在纷繁复杂的应用场景中可以实现的深度和广度的缩影。

第四部分：释放性结构实践指南，本部分分别对 33 个释放性结构进行了描述。每个释放性结构都经过精心设计，仅仅保留了对产生创新成果绝对必要的内容介绍。“释放性结构实践指南”以标准格式提供了使用每个释放性结构时必须遵循的最小规格要求（缩写为“最小规格”），以便人们遵循和使用。在描述如何使用各个释放性结构时，我们分步骤提供解释说明，每一步要做什么以及每一步的目的，包括什么会成为可能、5 个微结构元素、使用的目的、技巧和陷阱、灵活应用和示例。

释放性结构可以改变我们开会、教学或对话的方式。经常使用几个不同的组合可以改变一个组织、社区以及我们的生活。

在“释放性结构实践指南”中，我们也邀请你查看我们网站（www.liberatingstructures.com）上提供的支持材料，便于你即刻开始体验。

在后记中，我们分享了个人或团体经常使用释放性结构所带来的影响和意义。

我们相信，释放性结构具有革命性的意义，因为其设计的目的在于让大多数组织能简单、有效地把人们纳入进去并让其积极参与，从而释放出集体的智慧和创造力，而这种工作方式正是大多数组织所缺失的。该结构提供了以下几种方式来实现这个目标：

- 可以适用于任何规模的团体。
- 可以安全地放下控制。
- 让每个人都拥有平等的贡献机会。
- 通过快速筛选和排序来推动进展。
- 最大化发挥积极参与的威力。
- 经常产生超预期的结果。

最重要的是，释放性结构真的非常简单，易于在日常的工作安排中应用。从一开始就可以把所有合适的人都纳入进来一起参与，这可以为后续解决问题节省大量时间。

本书包含的33种释放性结构可以形成各种组合，生成无数种设计方案。我们可以根据需要达成的目的量身设计方案，这些方案不仅可以适用于改善个人关系、召开会议、大型项目、战略工作、组织变革、社会运动等，还可以用于制订下一步的行动计划。

1 第一部分

积极参与背后的隐藏结构

第一部分讲述了释放性结构的主要背景，介绍了释放性结构的概念，将其与人们协同工作时采用的常规方式进行了对比，并讲述了通过释放性结构，人们的协作方式是如何得以改善的，以及共创解决方案是如何得以实现的。最后一章向各级管理者介绍了用来解决组织中长期存在的问题的策略，为何常常非但不能改善情况，反而会使情况变得越来越糟糕。我们建议采用释放性结构作为行之有效的方法，来应对组织长期面临的领导力挑战。

"事物中于我们最重要的部分，由于其简单和熟悉度而隐秘不见。"
——路德维希·维特根斯坦（Ludwig Wittgenstein)

02

第2章

为什么微结构很重要

看不见的结构是如何塑造并完成一切的

"至简太难了。"

——文森特·梵高（Vincent Van Gogh）

一天，一位首席执行官准备与被收购公司的员工进行有关收购合并的演讲，尽管他反复尝试和这群员工建立联系，却发现自己完全无法做到这一点。接下来的一次演讲中，面对同样一群员工，他并没有任何好消息要宣布，却能够轻松地和员工建立联系，愉悦的交流并引发了阵阵笑声。

首席执行官第二次所做的唯一不同之处是他调整了与团队互动时的物理空间结构。他将演讲地点从一个长方形的房间挪到了一个正方形的房间。他没有站在讲台的一端，而是站在员工中间并四处走动。这让他可以通过讲故事和提问的方式让员工参与进来。结构上的小小变化，却引发了大不同的效果！

无论做什么，总会有一个结构来支持或指导我们正在做的事。如果没有结构，就会陷入混乱。即使是在最司空见惯的日常活动中，我们也能发现其中的结构。当我们与家人共进晚餐时，结构是由房间、桌子和椅子、餐具和杯子所构成的，而谁坐在哪里是结构中更微妙的部分。大多数时候，我们并没有注意到结构的存在，因为其中的元素鲜有变化。我们注意到的是对我们重要的东西：食物，谁和我们一起吃，大家说些什么。我们认为结构是理所当然的，根本想不到可我们在刚开始这项工作时，这些小型结构甚至连名称都还没有。我们引入了“微结构”一词，以便于讨论。

以通过调整结构来给晚餐带来不同的体验。

在工作或学校中的情况也是如此。我们知道诸如建筑物、战略、政策和核心运营流程之类的大结构支持并限制着我们的活动，但我们并不总能意识到结构所带来的影响。我们对较小或不可见结构（例如，我们用来开会的房间或谁坐在哪里，是如何影响人们之间的互动的）这类的意识就更少了。各种各样的结构影响着我们事业和成就的方方面面，接下来，我们将讲述这是如何发生的以及其中的原理。

几个定义

建筑物、战略、政策、组织架构和核心运营流程是我们所说的宏观结构的示例。这些结构是着眼于长期而建立或设计的，改起来并不容易且成本也不会太低。

相反，会议室、办公室、PPT 分享、议程、问题和讨论是微结构的示例。我们在日常工作中使用这些结构来与他人互动或合作。在不同活动中采用不同的结构是很方便的，我们甚至还可以当场立即更改。

有形的微结构是指人们在互动或开展工作时所在的物理空间，就像一家人吃饭的餐厅，还包括在该空间内我们如何布置有形的结构元素，如桌子、椅子、白板纸等。无形的微结构是指我们如何细致地组织互动，包括议程、PPT 分享、流程、讨论、问题、座位安排等元素。表 2-1 中给出了不同结构的层级及示例。

对大多数组织而言，熟悉的微结构在日常工作中已经成了惯例，如常用的会议室（谁坐在哪里）、PPT 分享、讨论的形式等。这些做法是如此相同，也就渐渐融入了背景之中，没有人会注意到这些微结构的存在。事实上，我们在刚开始这项工作时，这些小型结构甚至连名称都还没有。我们引入了“微结构”一词，以便于讨论。

微结构听起来像是“小玩意儿”，但影响却很大。思考一下会议室中三种不同的会场布局：一字排开的条形桌、一簇簇小圆桌、带轮子的椅子（没有桌子）。每种布局形式都会以不同的方式促成或限制会议所能取得的成果。同样，提问就更微妙了，如“为什么我们的客户战略失败了？”和“你何时以及如何成功地满足了客户？”两种不同方式的提问将探寻解决方案引向了不同的方向。这两个提问都能引发探寻，但是每个提问都限定了其合适的答案范围。

微结构听起来像是“小玩意儿”，但影响却很大。

表 2-1 不同结构的层级及示例

	有形结构	无形结构
宏观结构	办公大楼 学校 医院 商店 轮船 工厂	战略 组织架构 政策和程序 薪酬/激励 核心运营流程 授权
微观结构	会议室（正规） 教室 会议室 餐厅 办公室 饮水机	PPT分享/演讲 被管理的讨论 进展状态报告 开放讨论 头脑风暴 释放性结构
结构元素	大型圆桌 大型长条桌 小桌子 椅子 白板纸 便签 投影仪 屏幕	目的/议程 问题 主题 座位安排 小组构成 时间分配 站立而非坐着 正式或非正式

被忽视的微结构的力量

依照惯例，人员、资源和结构被所有组织视为驱动绩效的三大要素。简言之，在资源和宏观结构的支持下，人可以作出决定并采取行动以产生结果。每个组织都在寻找理想的公式，以实现人员、资源和结构的精确组合，从而产生最佳绩效（见图 2-1）。

在图 2-1 中，“人”包括领导和经理、员工、供应商和客户。对一所学校来说，“人”是指董事会成员、校长、老师、行政人员、学生和学生父母；“宏观结构”包括工厂、办公大楼或其他建筑物，以及诸如战略、组织架构、政策和程序等；“资源”包括产品、服务、专利、财产、设备、资本和现金流。

图 2-1 中缺失了微结构在生成决策和产生结果过程中扮演的角色，试想如果没有某种形式的互动、信息的交流及正式或非正式的讨论，还会产生决策和结果吗（见图 2-2）？

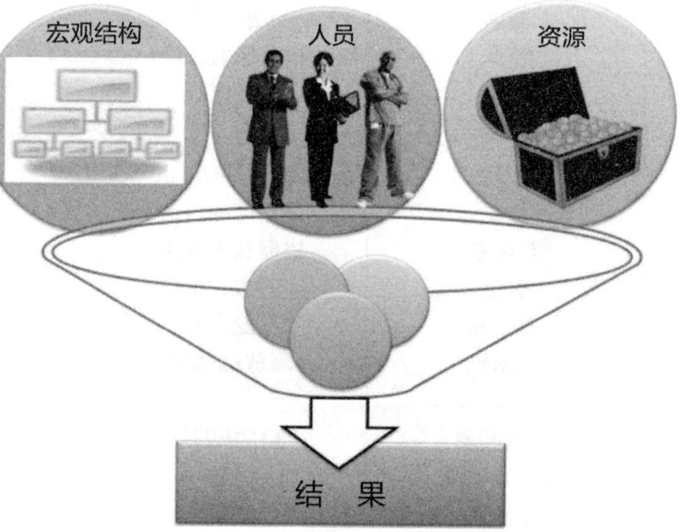

图 2-1　不完整的画面：结构、人员、资源驱动绩效

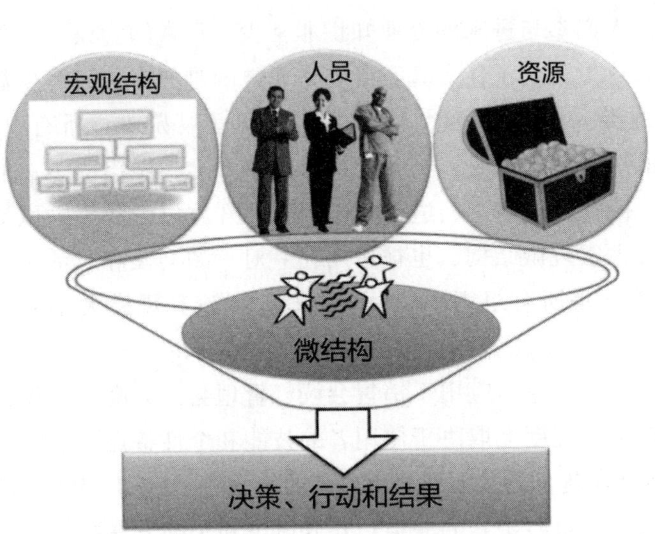

图 2-2 微结构在生成决策和产生结果过程中的角色

微结构能促成和限制结果的达成

微结构是组织日常互动的所有方式，或是有意识或无意识安排的，用于指导并管理一群人一起协作。微结构决定了如何开展对话和开会，促成和限制可能达成的结果。在本书中，我们把微结构分为两类：常规微结构和释放性微结构（以下简称“释放性结构”）。释放性结构使一群人可以从根本上改善他们的互动和协作方式，无论群体规模大小，是非常具有调适性的微结构。

在组织中，制定决策时将绝大多数人排除在外是司空见惯的。无论组织规模大小，标准的决策公式是：与一小部分同事开会作出决定，然后通知其他人。

以这种或那种形式存在的常规微结构已历经了几个世纪。它们旨在说服、教导、辩论、集思广益、控制或所有这些目的的某些组合。但这些微结构也产生了难以避免甚至是无法避免的限制性副作用。例如，参与者或听众并没有真正参与进来、过度倚赖权力、纯粹为了博眼球、身在心不在。由此产生的许多挫败感引发了诸多如何让员工真正参与进来的讨论（在学术界谈论的是如何让学生参与进来）。但在实践中，能广泛且有效地让人们参与进来的专业知识非常少。日常的会议、课程或对话是如此的平淡无奇，这更强化了让人真正参与是非常困难的事，只有少数有魅力的人才能办到诸如此类一边倒的信念。因为觉得这件事特别难，所有组织，无论其规模大小，标准的决策公式就是：与一小部分同事开会，做出决定，然后通知其他人。PPT 分享、被管理的讨论、进展状态报告、开放讨论和头脑风暴是人们在互动中最常用的五大常规微结构，也被运用在一对一的会议和对话中。事实上，这些微结构主导着几乎所有组织中的一切活动，无论其规模大小或使命如何。

常规微结构产生的结果，无论是应用于销售会议、管理会议、高层会议、客户拜访还是课堂讨论，在很大程度上取决于使用者的技能和个性特点。原因是随着结构的推进，对参与群体所施加的控制要么太紧，要么太松。例如，PPT 分享、进展状态报告和被管理的讨论就属于紧的一类；开放讨论和头脑风暴则属于松的一类。这些特质（太紧或太松）都有其局限性。更重要的是，所有常规微结构都无法实现让很多人同时真正地参与进来。而释放性结构却可以把每个人都同时纳入并使其真正参与其中，无论人员规模大小。

微结构控制因素

所有微结构（释放性结构和常规微结构）均由五个相同的结构因素组成（见图 2-3）。这些因素决定了一群人共事时，“控制”是如何在这个群体中发生的：

（1）构建邀请。
（2）所需空间和材料。
（3）参与方式。
（4）分组方式。
（5）步骤和时间分配。

邀请是以提问或请求的形式进行构建的。换句话说，需要有人发出邀请，无论是明确的或暗示的，邀请参与对象或听或说，或者为目标作出贡献等，以参与群体的共同工作。

图 2–3　微结构控制因素

所需空间和材料是指对有形和无形元素进行的安排和选择，如桌子、椅子、讲台、投影仪、白板纸，以及人们在空间里位于何处，无论站着还是坐着。这些安排的目的本是希望有助于人们的参与，但常常事与愿违。例如，当一大群人坐在布置得像教室那样的空间里时，更像是邀请他们提问（而非真正参与）。

参与方式是指每个参与者会被给予多少时间来作出贡献。

分组方式是指分组时不同参与者间的自由组合度。例如，先分成多个小组，然后再以另一种方式重新分组。

每个微结构都包含一个或多个步骤，每个步骤都有特定的目的和时间分配。

常规微结构：太多的控制或太少的结构

释放性结构和常规微结构在控制和构建人与人之间的互动方式上有着根本的不同。在制订下一步行动计划时，常规微结构倾向于对内容有太多的控制或者通过提供太少的结构来把每个人都纳入其中。为了说明这一点，让我们看看最常见的三种常规微结构。

PPT 分享（或演讲、讲座）

在PPT分享结构中，人们对制订下一步行动计划的参与程度是非常有限的。

PPT 分享旨在让一个人可以向许多人同时讲述并展示相同的信息。其目的是让一个人对内容有完全的控制，也就限定了其他人所能听到的内容，或者有人干脆不听。在 PPT 分享结构中，人们对制订下一步行动计划的参与程度是非常有限的。

PPT 分享的结构如下：

（1）构建邀请：听众应邀从头到尾聆听 PPT 分享（提问除外）。

（2）所需空间和材料：无论有多少听众，通常都面朝演讲者坐着，向着同一个方向。无论是面对面分享还是以虚拟的方式进行分享，幻灯片都占据主导地位。当听众人数众多时，会使用讲台或舞台。

（3）参与方式：一个人（分享者）占据了近 100% 的时间，可以自行决定是否在分享过程中或结束时邀请他人提问。其他人很少或没有被给予参与的时间。

（4）分组方式：分组方式呈静态，分享者在前，其他所有人都在另一个组别中。

（5）步骤和时间分配：第一步，分享 PPT，时间占 90%~99%；第二步，剩下的时间用来提问。

因为分享的内容由一个人控制，PPT 分享的过程既缺乏包容性，又很难让人真正参与进来。分享者是专家，是提前做好准备并对所有细节都非常熟悉的人。听众则被“强迫”成为一个沉默的角色，被动地接受信息，可能还会引发防御性反应或人在心不在的情形，并非真正参与。尤其是当分享被用来说服或改变他人既有的想法或决定时，更会降低听众的参与度并引发抗拒心理。在议程有限的时间内，分享用时是以牺牲小组互动时间来换取的。当PPT分享占据了绝大部分的时间成为主导结构时，也就为整场会议定了一个基调（对于以讲座为主的课程也是如此）。

开放讨论

开放讨论很容易搞得一团糟。

开放讨论是一种缺乏管理或引导的讨论形式，可以有许多不同的目的，如收集反馈、分享观点、试图达成共识、允许信息交流，制造出包容和寻求新见解的错觉。

开放讨论的结构如下：

（1）构建邀请：参与者收到邀请，以自己认为恰当的方式来回应一个主题、提问或PPT分享。

（2）所需空间和材料：人们坐在房间里，所有人一起或分成几个固定的小组（或虚拟的形式）。如果有需要，可使用麦克风。

（3）参与方式：不限定每个人的参与度，每个人都可以在任意时间点、使用任意时长向整个团队提出想法或意见。

（4）分组方式：最开始的分组方式保持不变。

（5）步骤和时间分配：可能会花几分钟时间来重述主题。参与者利用剩余的时间表达自己的观点并进行讨论。总体所需要的时间不确定，可能事先规定也可能不规定。

与PPT分享相反，开放讨论很少对内容有控制（如果存在的话），如果用来让大家确定方向，很容易陷入混乱，相关性不强，因此很难有产出，或者因为随机性太大而无法形成决策或下一步的计划。随着人员规模的增加，开放讨论将不可避免地陷入由少数人主导的局面，对大多数人的开放度反而越来越小。简言之，开放讨论所提供的微结构要素太少或太弱，无法为每个人提供机会使其参与制订下一步的计划。一言以蔽之：开放讨论很容易搞得一团糟。正因为如此，开放讨论常常被权威人士控制并把控着。

被管理的讨论

被管理的讨论将控制权全部集中在一个人手中，由此也引发了相应的困难和复杂性。

避免混乱的标准方式是把责任落实到人。在被管理的讨论中，有指定的专人（领导、主席、教授）负责组织并指导讨论。被管理的讨论通常被安排在PPT分享或进展状态报告之后。其目的是得出结论、做出决定或取得一些进展。

被管理的讨论的结构如下：

（1）构建邀请：参与者在收到专人（被赋予权力的领导）发出的邀请后，回答特定的问题。

（2）所需空间和材料：参与者围着长条桌或U形桌坐着，或者坐在类似教室的空间里，领导坐在“代表权力的座椅”上。在整个讨论过程中，分享者可能会一直站着，也可能不会。当人数超过12人时，座位可能会被分成几排。

（3）参与方式：参与程度将取决于领导、权力关系、专业知识或个人是否强行介入。

（4）分组方式：最开始的分组方式保持不变。对于例行会议（聚会或教学），每次的分组方式通常是相同的。

（5）步骤和时间分配：根据议程，总的所需时间是提前确定的或由领导当场确定的。如果要分步骤进行或有几项任务，领导通常会当场决定不同步骤或任务上的时间安排。

被管理的讨论将控制权全部集中在一个人手中，由此也引发了相应的困难和复杂性。领导（或主席、教授、专家）面临的最普遍的挑战是，为所有参与者提供足够的时间让他们充分表达。另一个常见的挑战是，为发言人营造一个安全的环境，而不是让大家敷衍了事。在既定的时间内，进行真实、深入且高质量的讨论常常是不可能的。

被管理的讨论在高层的主持更是一个特殊的挑战。尽管高层领导可能更擅长在小组讨论中表达自己的意见，但他们所讨论的问题却要复杂得多，权力影响往往会更明显。如果没有人跳出来参与，老板可能会更多地参与制订下一步的计划，使得决策完全是由最高层做出的模式得以强化。在有一群资深人士参与的被管理的讨论中，如何让来自下层的参与者以伙伴身份平等参与也是需要艺术的，而这通常被忽视了。

“我们所思和所为受限于我们所没有察觉的。因为没有察觉到，所以就无从改变，直到我们察觉到先前所没有察觉的塑造了我们的所思和所为。”
——罗纳德·莱恩（Ronald Laing）

从太多或太少的控制到结构合理的分布式控制

完全参与的定义是指每个人都积极、不受约束地提出想法，讨论可能性并制订下一步计划。前面介绍的 PPT 分享、开放讨论和被管理的讨论清楚地表明了常规微结构为什么无法实现完全参与。这些结构对内容的控制太多或结构太少，无法有效吸引更多人参与制订下一步计划。在第 3 章，我们将以 1-2-4-All 这个释放性结构为例，说明释放性结构如何轻松实现完全参与，无论人数多少。

图 2-4 直观显示了释放性结构和常规微结构中控制和结构的差异，揭示了：

- PPT 分享最大限度地将内容控制在一个人手中，并没有把他人纳入参与的结构。
- 进展状态报告本质上就像一系列 PPT 分享，将内容的控制权交在一个人手中，并没有把他人纳入参与的结构。
- 被管理的讨论将控制权集中在一个人的手中，少数人被纳入进来参与。
- 头脑风暴提供了一种结构，把数量不多的人纳入进来参与，不受限地表达自己的想法。
- 开放讨论对内容没有控制权，也没有结构把所有人都吸纳进来。

- 释放性结构使每个人都可以参与进来，不论人数多少，并把对内容的控制权分散在所有参与者手中。

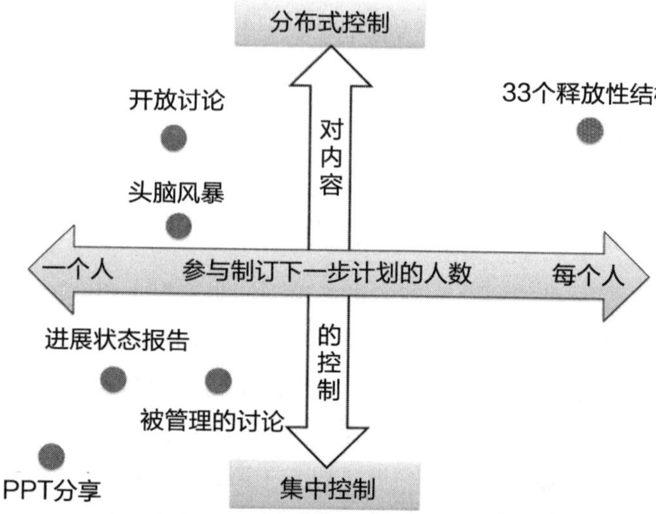

图 2-4　释放性结构和常规微结构中控制和结构的差异

常规微结构让长期以来的传统得以保持，但浪费了大量的时间。在众多组织中，人们，尤其是领导者，耗费了大量时间被动地听 PPT 分享。几十年前，这是不可避免的，但现在已经无须如此了。当前的通信技术无须人们置身于同一个物理空间，就可以实现高效的信息共享。如此就可以把面对面的时间用于真正的交互，以生成新想法或解决问题。为了利用好这样的机会，人们需要一种不同的微结构，能充分吸引参与者完全参与进来。释放性结构应运而生。

03

第 3 章

每个人都可以使用的释放性结构

根本改善人们协作的方式并不难，你也做得到

“自由不仅仅意味着让自身摆脱枷锁，还意味着以尊重并让他人拥有更多自由的方式生活。”
——纳尔逊·曼德拉（Nelson Mandela）

释放性结构是适应性非常强大的微结构，不论人数多少，都可以让参与者快速、简单且根本性地改善其互动和协作的方式。与“五大微结构”形成鲜明对比的是，释放性结构的设计旨在把所有人都纳入进来参与，充分地把想法贡献出来，以共同塑造他们的未来。释放性结构可以作为大家一直在使用的五种方法的补充或者直接代替这些方法。

释放性结构不会在过多的控制（PPT 分享）、过少的控制（开放讨论）和过于集中的控制（被管理的讨论）之间摇摆不定，它是把对内容的控制分布在所有参与者中，以便大家可以随着行动的展开共同塑造方向，使能量和参与者的贡献得以释放、创造力得以激发、团队潜在的智慧得以生发。释放性结构旨在改变人们的协作、学习及共同发现解决方案的方式，支持并激发具有创意性的适应性。下面以 1-2-4-All 这个最基本的释放性结构为例，说明其在实践中是如何起作用的。

释放性结构使用示例

众所周知，团队比任何单个个体都要聪明。挑战在于：讨论问题时要如何发挥团队的集体智慧和创造力？如何避免话语权只掌握在几个人手中？如何避免一个讨论议而不决，

没完没了？

1-2-4-All 是如此简单，无论何时、无论何地、无论是谁都能用。

1-2-4-All 是克服上述挑战的最有效方法之一。它是如此简单，无论何时、无论何地、无论是谁都能用。1-2-4-All 的学习可以为学习第 4 部分中的其他释放性结构打下良好的基础。

（1）构建邀请：针对某个 PPT 分享或议题，邀请大家反思并分享问题、评论或建议。

（2）所需空间和材料：可以实现让参与者先两人一组，再四人一组。多个四把椅子和一个小桌子组合的陈设是最方便的，但并非必需的，大家可以坐着或站着。四人组与大组进行分享时，可能需要麦克风。

（3）参与方式：每个人分享的时间是相同的。

（4）分组方式：首先是自己一个人，接下来是两人一组，然后是四人一组，再然后是大家一起。

（5）步骤和时间分配：

- 每个人单独思考并写下自己的想法（1 分钟）。
- 两人一组分享 / 比较 / 改进 / 扩充想法（2 分钟）。
- 四人一组分享 / 比较 / 改进 / 扩充想法（2 分钟）。
- 每次每个小组分享一个最重要的答案，在整个大组里各小组间快速轮转并避免重复（3 分钟）。

整轮可以短至 3 分钟，最长应不超过 15 分钟。某个问题如果需要更多时间，再多加一轮会更有效。做两轮，每轮 10 分钟，比只做一轮，每轮 20 分钟更好。

为什么这个结构会有效

无论参与人是谁，年资和老练程度如何，为什么增加一个四步骤的结构，就能将讨论推到一个更高的水平呢？首先，有效使用 1-2-4-All 并不需要专业知识或特殊才能。我们常说，你所要做的只是从一数到四。其次，与开放讨论或被管理的讨论不同，1-2-4-All 给每个人更多且相同的时间来作出贡献。该结构自动执行这个规定，并不需要一个“老板”进行特别的授权。然后，它为静默的想法留出了空间，让其涌现出来或被写下来，否则这些想法就只会停留在人们的脑海里。开会时，静默反思具有极高的价值，但大多数情况下，这个结构性要素极少得到充分的利用。

两人一组，为每个人第一次表达和检测各自的想法提供了最安全的空间。

再然后，两人一组，为每个人第一次表达和检测各自的想法提供了最安全的空间。它确保每个人至少都表达一点自己的想法。由于每个声音都得以被倾听，因此与被管理的讨论或开放讨论相比，想法的数量，最重要的是想法的多样性得以成倍增加，从而产生了更丰富的初始内容。

在四人小组中，人们有机会对想法，尤其是有争议的想法进行讨论和筛选，在与大组中所有人分享前得到了更好的准备。 在向所有人披露想法前，逐步推进的方法为想法的形成、修正和强化提供了时间和支持。

最后，在最后一步中，快速地从一个组到另一个组，一次收集一个主要想法，为让所有想法都能被倾听创造了公平的条件。

总而言之，对话的渐进性（从一人到两人再到四人）给了每个人时间和重复的机会，拓展了想法的深度和意义。

1-2-4-All 平衡了现场讨论中个体间的角逐，为比较害羞的人提供了安全的空间，并避免了话多的人主导整个讨论。更多的好主意也有机会被采纳。不用抢着争着让别人听到自己，参与者可以更自由地专注聆听。比起只是拥护自己的立场，共创的局面更有可能产生。当所有参与者同时听到相同的信息时，他们可以共同发现其中的模式，从而一个接一个地产生更好的主意，使公开的、生成性的对话得以展开。想法被以一种快速、“无痛”的方式筛选出来。解决方案、结论或决定可以更快地达成。

还会让什么成为可能呢？

释放性结构通过同时交互代替按顺序进行干预/贡献，最充分地利用了有限的时间。

1-2-4-All 把讨论从单个的按线性顺序进行转换为一系列的同时对话，相较被管理的讨论，在相同时间内可以让更多的人参与进来，针对一个问题有可能获得更广泛且多样的贡献，而这正是解决问题所需要的。从更广泛的意义上来说，共同制订计划、共同担责意味着在实施时将更简单和快速；解释行动、说服他人或争取支持的需求也会少很多。

1-2-4-All 是如此简单，可能很容易被视为一个微不足道的变化，甚至有些小儿科，不大可能产生任何改变，特别是对高层的人而言。然而事实胜于雄辩，用 1-2-4-All 取代五大微结构中的任何一个，这个小小的改变就可以完全改变任何小组讨论的结果。

现场看过 1-2-4-All 的运用，或者读过相关说明的人都会理解释放性结构是如何利用分布式控制，以同时交互代替按顺序进行干预或贡献，最充分地利用有限的时间。换句话说，像 1-2-4-All 这样的释放性结构允许并列运行，而非线性运行。与常规微结构相比，1-2-4-All 结构中，每个人都得到了更多的时间，并且每个人的时间都是相同的。良好的结构、并列运行可以让团队更高效地协同，无论人数多少。1-2-4-All 有助于把更多的利益相关者纳入并使其参与到决策的制定中来。

创造了许多安全的空间，可以最大限度地减少权力的影响并鼓励坦诚的交流。

1-2-4-All 也说明了释放性结构是如何避免常规微结构的常见副作用的。释放性结构给每个人同等的机会和时间来参与，提供了清晰的界限，释放并引导能量和创造力；创造了许多安全的空间，可以最大限度地减少权力的影响并鼓励坦诚的交流；发出邀请并促进共创议程和解决方案。

这些特性改变了人们协作以及如何发现和创新解决方案的方式。

利用小变化的力量

逻辑上，大进步只能源自大改变，而小改变几乎不能产生影响。因此，领导力几乎从来都是聚焦于对组织绩效影响更大、更明显的组成部分的。例如：

- 改变“人”。更换、培训、增加或减少员工或领导者。
- 改变“资源”。引进新产品、新设备；增加或减少资金。
- 改变“宏观结构”。重组、改变策略，改造一些核心运营流程。

改变“人”通常包括为经理、领导者和其他人提供培训，以发展他们的技能。遗憾的是，用培训来改变人是一个非常缓慢且复杂的过程，充满了挑战。相较而言，在团队工作中用释放性结构代替常规微结构，是比较容易且可以快速做到的。最多在刚开始的几次，团队需要承担小小的风险并接纳一些焦虑感。要习惯去相信结构将承担“让人参与的工作”，人们来做其他的工作。经验表明，我们也将在这个过程中不断认识到，这些结构提供了足够的控制以避免陷入混乱。在看到这点之前需要给予一些信任。

释放性结构还提供了许多实用的方法，可以使一对一的讨论更加富有成效，从而提高组织的整体参与能力。这个流程通常从学习如何在小组里使用释放性结构开始。从这个经验出发，从各种释放性的邀请或提问中挑选那些适合一对一会议用的。例如，“你的 15%解决方案 (15% Solutions) 是什么（最少可以做点什么）？”同样，许多释放性结构的步骤很适合两人一组完成工作时使用。例如，“什么样？又什么样？现在呢？”——W^3(What? So What? Now What?) 反思结构。

释放性结构解决了组织里的人们很难真正参与的难题。首先，这些结构易学；其次，这些不需要个人魅力或

释放性结构解决了组织里的人们很难真正参与的难题。

任何特殊技能；最后，在未经过正式培训的情况下释放性结构得以传播，让每个人都可以参与制订下一步计划。释放性结构迅速提高了整个组织的创造性和适应性。

在不改变人、资源或宏观结构的情况下，使用释放性结构会影响想法的产生、筛选、选择和决定作出的方式。第 1 章开头的一些小故事揭示了一些细微的结构性改变及其带来的影响。许多改变产生的影响比较小，但有些影响却是重大的，长期累积的影响更是巨大的，因为在组织的各个角落里，每天都有无数次可以使用释放性结构的机会。

释放性结构可以改变人们互动、决策和行动的模式，无论是个人之间、团队内外，还是其他跨界的协作。这种“释放”的变化可以向各个方向扩散：上、下及横向的（见图 3-1）。

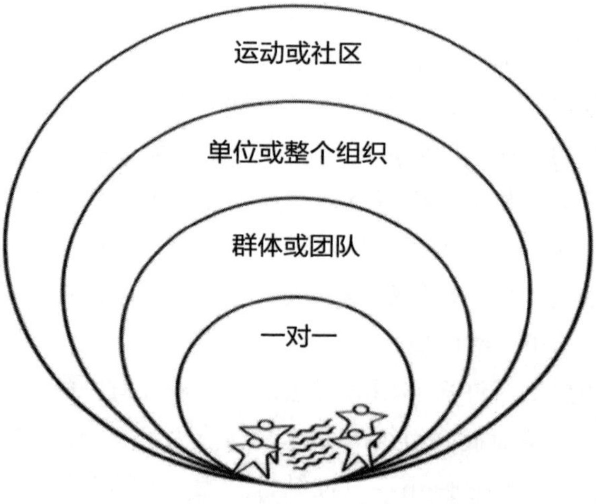

图 3-1　“释放”的变化向各个方向扩散

原则（特征）与实践

释放性结构（相对不那么困难地）让组织的集体智慧得以生发，以共同迎接机遇，应对挑战。每个人都被纳入进来，并发挥他们的聪明才智，每个人都对结果产生影响，又能结构性地作出独特的贡献。在全球范围内，释放性结构实际应用的经验表明，这种集体性贡献的方式可以实现更多的目标。事实上，通过释放性结构创建了恰当的条件时，关键的贡献常常从出乎意料的来源中涌现出来。

“每个人都想改变世界，却没人想改变自己。”
——托尔斯泰（Tolstoy）

根据我们自己的经验以及客户分享的故事，我们确定了当释放性结构成为日常互动的一部分时，组织中会呈现如下十项原则（特征）：

（1）每个人都被吸纳进来并人尽其才。

（2）深切尊重他人和当地解决方案。

（3）无明确目的，绝不开始。

（4）随时随地建立信任。

（5）从失败中学习。

（6）在小组内实践自我发现。

（7）扩大自由和责任。

（8）强调可能性：看见源自相信。

（9）欢迎创造性破坏为创新留出空间。

（10）保持极其有趣的好奇心。

当释放性结构代替或补充了常规微结构时，表 3-1 中总结了组织将逐渐呈现出的风貌。

换句话说，表 3-1 中所列出的原则（特征）成了激发积极变化和持续创新的实践指南。例如，在我们介入的所有项目中，如果一个团体的目的不明确或者所有参与者没有共享的目的时，释放性结构会毫无例外地迅速让目的浮现出来。之所以如此，是因为随着每个人的参与，本可以被掩盖的混乱和差异立刻会显现出来。明确的、共同坚持的目的是稀罕事物，原因很简单，几乎从来没有邀请所有参与者就“我们现在一起合作的目的是什么”这个问题做出过回答。

表 3-1 释放性结构：原则（特征）和实践

原则（特征）	释放性结构使得：面对机遇和挑战，开始或更多地实践并获得更多的输入和支持	释放性结构使得：停止或减少伴随常规微结构的“自动驾驶”模式的实践
（1）每个人都被纳入进来并人尽其才	邀请遇到挑战的每个人分享可能的解决方案或共创新方案。主动跨越各个孤岛和各个级别，超越通常的质疑范围	决策者与行动者分开。任命一些人设计一个“优雅的解决方案”，事后告诉所有其他人如何实施方案。人数少时，通过PPT分享迫使他人认同，对抗阻力
（2）深切尊重他人和当地解决方案	让与工作直接相关且熟悉当地情况的人参与进来。信任他们并发挥他们的集体专业知识和创造力，以解决复杂的挑战。放下控制	导入最佳实践，推动认同，或者假设人们需要更多培训。更重视专家和计算机系统，而不是当地人和专有技术
（3）无明确目的，绝不开始	深入挖掘对你和他人而言都重要且有意义的东西是什么。经常使用9Whys。腾出时间让所有人都参与，明确阐述你对参与该项工作最深切的需求是什么	通过行话来保持模棱两可。用安全的短期目标或谨慎宣称的最终目的，来代替深远的需求或宏大的存在理由。把你的目的强加给别人
（4）随时随地建立信任	营造信任的团队氛围，在这种氛围中，讲真话并重视共同担责是我们的目标。综合大家的意见来筛选想法并作出决策。坚决抵制“当面不说，背后说”。既是领导者又是追随者	过度帮助或过度控制他人的工作。以冷嘲热讽、轻描淡写、批评或惩罚的方式回应他人的想法。赞美然后假装听从他人的想法
（5）从失败中学习	总结每一步。营造安全的“说”的氛围。发现积极的变化。在创新过程中把每个人都纳入进来并人尽其才，包括用户、客户和供应商。安全地冒险	专注于做事和作决定。回避艰难的对话，掩饰失败。当突然出现不可预知的意外时惩罚冒险者

续表

原则（特征）	释放性结构使得： 面对机遇和挑战，开始或更多地实践并获得更多的输入和支持	释放性结构使得： 停止或减少伴随常规微结构的“自动驾驶”模式的实践
（6）在小组内实践自我发现	最大限度地让团体参与，以自行发现解决方案。增加多样性以保持创造力，拓宽潜在解决方案，并丰富同伴的学习。鼓励在多条轨道上进行实验	从高层强加解决方案。让专家“教育”并告诉人们该怎样做。拥有的假设是人们无论如何都抵制改变的。以肤浅的表象代替对话。把一线员工排除在创新和解决问题之外
（7）扩大自由和责任	明确最少的约束并放下过度控制。利用构建邀请的力量。重视快速实验，而不是谨慎行事。严格跟踪进度并将结果反馈给所有人。把错误作为进步的源泉予以暴露并庆祝	允许人们在没有结构的情况下工作，如缺乏明确的目的或最低限度的规范。让规则和程序扼杀主动性。无视人们理解自己的工作如何相互影响所产生的价值。不让一线员工了解绩效数据
（8）强调可能性：看见源自相信	揭示运作良好的地方。基于想象和手头的材料，专注于现在可以实现的目标。采取后续行动，以导向创造和更新	专注于出了什么问题。等待所有障碍减少或理想条件的出现。专注于一次性更改整个系统
（9）欢迎创造性破坏为创新留出空间	召集对话，探讨什么是使得人们远离其工作的本质。即使感觉像是异端，也要消除障碍。使人们更容易处理其恐惧	避免叫停或滞后叫停那些被揭示为障碍性的行为、做法和政策。假设障碍无关紧要或无法消除
（10）保持极其有趣的好奇心	以诙谐、矛盾性问题和即兴的方式互动，激发对当前实践和潜在创新的深刻探索。对于共同工作既有要求也有邀请	通过预先决定解决方案来保持简单。控制所有对话。只问封闭式的是或否的问题。使得在一起工作感觉像干苦差事一样

在大多数组织中，标准做法是导入最佳实践或强加一些上述的实践。

用释放性结构来工作让我们意识到，自我发现和共创是阐明目的并确保目的既普遍又有意义的唯一可靠方法。这个想法要与原则（特征）3（“无明确目的，绝不开始”）、原则（特征）1（“每个人都被吸纳进来并人尽其才”），以及原则（特征）6（“在小组内实践自我发现”）结合起来，并使用适当的释放性结构使这三个要素活灵活现。否则，许多小组成员可能不会认同他们不在场的情况下所产生的目的。他们不会投入精力去推进，或者更糟的是，他们会抗拒或阻碍这个目的的实现。

自我发现和共创的重要性并不仅限于目的。对理解挑战和生成可能的解决方案也同样至关重要，这些方案是更有可能被采用的，适应性更好且更具有成功的可能性。在大多数组织中，标准做法是导入最佳实践或强加一些上述的实践。最佳实践在任何地方都会有效，因为假设太有诱惑力了，令人无法抗拒。同样的假设是，尽管当地的环境和人很重要，但影响不大，不足以产生明显的不同。此外，最佳实践与根深蒂固的观念很契合，就像认为重新发明轮子是浪费时间和金钱一样。遗憾的是，导入或强加最佳实践通常类似于尝试将方形钉子钉在圆孔上。背景、文化和人的重要性比我们认为的要重要得多，当我们对此打折扣时，不可避免地会出现阻力。

客户服务之最佳实践方式

我们来看一个传统的自上而下、专家驱动的解决客户服务问题的案例（见图 3-2）。组织的领导者认为客户服务存在问题，随着竞争加剧，组织更加需要关注客户，因此聘请外部顾问来分析问题的不同维度并向高管层汇报，然后聘请外部专家以一系列最佳实践为蓝本制订解决方案。新的服务理念计划得以制订，该计划和一位关键领导的想法一致，而该领导则是受到一本管理畅销书的启发，并结合了其他公司的成功案例。随后组织制订培训计划，以解决在初始分析中从不同维度发现的问题。接下来，对一线员工开展培训，继而在组织里全面展开。采取一系列沟通策略，以获得员工的认同并消除其对变革的抵制。该项目随后被报告为“任务已完成”。几个月后，劲头儿过去，客户服务质量没有发生太大变化。现在很少有人会提及该变革项目了。

领导者心中潜在的信条是：“我们不知道该如何解决这个问题，身处其中的员工（那些造成问题的且并不比我们聪明的人）甚至更加没有能力弄清楚该怎么做。解决方案和创新只能由外部专家提供。”

针对改善客户服务的问题，我们认为那些最接近挑战的一线员工，也就是所谓的非专家，应该是最有可能提出解决方案并确保方案可以落地实施的人。但是，要真正做到这一点，需要发掘出一线员工身上所隐藏的，或者没有表现出来的专长。这就是释放性结构的用武之地。

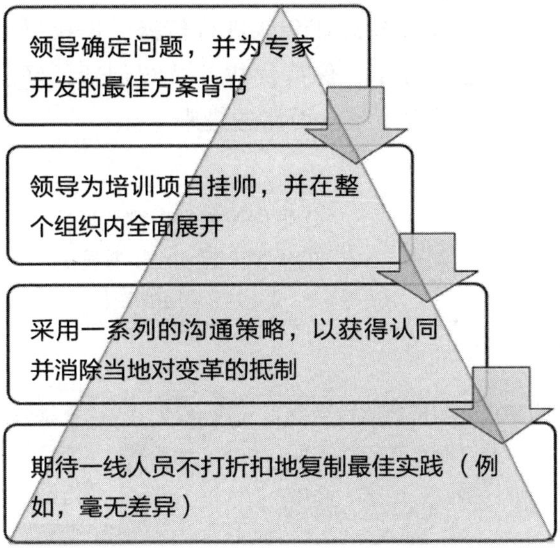

图 3-2 自上而下、专家驱动的变革进程

客户服务之自我发现方式

使用释放性结构时，区别在于从一开始，一线员工、领导和用户都认同客户服务存在问题（见图 3-3）。组织内的几位项目负责人应邀加入。团队探索提供

优质服务的方式，主要是通过向一线员工和客户学习。他们使用**探索与行动对话**、**实地观察与访谈**、**欣赏式访谈**和TRIZ逐步吸引所有一线员工和客户加入。这些结构可以把最了解情况的人纳入进来，并识别出当前的成功行为。**组织即兴原型表演**来推广学习并改进现有实践。主人翁责任感激励更多的员工采取行动，新的非正式领导随之涌现，而**社交网络图**则加强了人际网络。阻碍得以确定，并由当地管理人员主动消除，只有在需要时才呼吁更多的高层领导介入。随着客户服务状况的改善，通过**25/10 集体智慧**寻求更大胆的创意，信心也越来越足。得益于加强的人际网络，出现了更多的创新方法，并在部门内和部门间传播。更多的人被邀请通过**实地观察与访谈**收集信息和想法，并通过**金鱼缸会谈**进行传播。一线员工创建指标以衡量自己的进步，保持优势并持续创新。好点子在没有任何压力的情况下从外面渗透进来。

图 3-3　自我发现、由内而外的变化进程

在这种情况下，领导公开表达的原则是："我们不知道如何解决这个问题，但最接近该项工作的人（包括客户）可以共同做到这一点。他们知道发生了什么，他们需要决定做出什么改变；他们是保持动力并随着时间的推移不断创新的人。作为领导，我们的工作是消除障碍并为自我发现和共创创造条件。"

作为领导，我们的工作是消除障碍并为自我发现和共创创造条件。

发挥集体智慧

无论是否有来自外部的灵感或支持，内部自行开发解决方案的策略都需要建立在信心的基础上，需要相信这将比传统方法更有效。如果这种信心在组织中普遍存在，那么内部开发无疑将是更为普遍的做法。显然，事实并非如此，否则，最佳实践就不会那么流行。为什么会这样呢？

原因有两个：一是许多领导，无论其级别高低，都没有意识到整个组织的聪明程度以及组织可以有多聪明；二是他们和员工还没有学会如何释放和发挥组织的集体智慧和创造力。为什么会这样呢？

组织的集体能力分三个层次：组织知道自己所知道的；组织不知道自己所知道的；组织具有潜力去创造的。领导只能看见第一个层次，而且通常是不完整的。另外两个层次是不可见的。第二个层次的知识已经在那儿了，但是必须加以发掘，才能发挥其潜在的作用，而第三个层次甚至要等到成功、有价值的创新产生后才开始存在。

对实践自我发现充满信心的领导相信可以利用第二个层次和第三个层次来提供成功的本地解决方案。他们也相信自己和其他人会知道如何一次次地、可靠地对这些层次进行解码。在此过程中，通过在不同级别上反复成功的经验建立起广泛的信心。唯有创造不断的成功，才能建立起一个更持久和更具弹性的组织，该组织也将不再持续依赖外部专家。

团队通过"自我发现"的力量找到了自己的生产力和创

一线员工将不再被排除在创新行动之外。

造力，就不会再想回到被强加一个外部解决方案的老路上了。这是他们发展自身能力所获得的奖励，促进了自我发现，且仅在需要时才会请专家。他们对改变自行负责，为实施改变和调适做最佳准备。通过阅读本书第 3 部分的实践故事，不难看出自我发现是所有这些故事的共同点。

释放性结构的用户很快会发现常规微结构的缺点。一旦“释放”就很难回头。一线员工不再被排除在创新行动之外、高层不再决定解决问题的方法、专家不再告诉人们该怎么做，随着对话的遍地开花和信任的建立，对变革的抵制也逐渐消退。

衡量包容性和参与度：IE 商

盖洛普公司最新研究表明，美国 70%的人缺少工作参与度（敬业度）。其中 18%的人对组织要开展的工作更是采取强烈抵制的态度。

这些统计数据令人沮丧，表明组织对于如何改善不同层级和职能的员工的参与度有巨大的需求。盖洛普公司的研究表明，参与度可以提高生产力、降低离职率及提高工作质量。该领域其他的研究还指出，参与度排在前 10%的组织，其每股收益率比同行高 147%，其增长趋势比竞争对手高 90%。

以上数据也表明，能否实现高水平的参与度常常是领导力的优先考虑事项。遗憾的是，在所有组织中，不同级别的绝大多数人都没有发展出相应的专长来把他人纳入并让其有效参与工作。为了评估我们所说的参与度，我们创建了两个新的关键绩效指标（KPI）：

- 第一个衡量的是个人的参与度。
- 第二个衡量并说明了整个团队（团队、部门、职能部门或整个组织）的参与度。
- 将两者都作为诊断工具，可以找出需要改进的方面。

我们将这些指标称为“包容性和参与度商”或IEQ，而不是IQ（智商）或EQ（情商），因为包容必须先于参与。尽管诸如盖洛普公司的此类参与度指标得到广泛应用，对于抓取影响参与度的相关事项的重要性和范围有效，但其衡量的是当参与度缺失时所面临的结果。相反，IEQ衡量的是直接参与的能力，对找出需要改进的方面，以全面打造更高水平的参与能力发挥作用。

个人的IEQ

个人的IEQ是通过回答简单调查表（见表3-2）的得分来评估的。

问卷可以是自评，也可以根据观察进行评估，还可以通过360°全方位流程来完成。分值的范围从1到10。其结果可以立即评估出哪些实践需要改变以提高参与度。

表3-2 个人IEQ问卷

任何经常或定期主持会议或管理项目的人都可以使用该调查问卷。除了第3个和第4个问题外，按以下标准进行打分。当使用问卷调查表为他人打分时，请在所有问题中将“你”和“你的”替换为“他/她”和“他/她的”。

1	2	3	4	5	6	7	8	9	10
	从不……		很少……		定期……		日常……		总是

1. 在会议或项目结束时，你评估参与者参与度的频率是怎样的？ ________
2. 在会议开始时，你会花时间让所有参与者一起形成一个共同的目的吗？ ________
3. 平均来看，在你的会议或项目会议中，听PPT分享所花费时间占比多少？在10%及以下的情况下给自己打10分，在10%~20%的情况下给自己打7分，在20%~30%的情况下给自己打4分，在30%以上的情况下给自己打0分。 ________

4. 在会议中，你使用了多少种不同的互动方式来让每个参与者参与并提高小组的成果？每种方法给自己打 1 分，最多 10 分。	________
5. 在会议或项目会议的议程中，你指定用于每个主题的互动方法和目的的频率是怎样的？	________
6. 在你的会议或项目会议中，有人会担任引导者的频率是怎样的？	________
7. 在你的会议或项目会议中，你进行小组成员重新组合的频率是怎样的？例如，从作为一个整体一起工作到分成小组，或两两一组工作，或独立完成。	________
8. 在你的会议或项目会议中，引导者的角色在小组成员之间轮换的频率是怎样的？	________
9. 你有意识地决定邀请具有不同观点或职能角色的新人加入你的会议或工作会议的频率是怎样的？	________
10. 你在会议或项目会议上做出决定的频率是怎样的？而这些决定对所有或大多数人都会产生影响。	________
11. 在你的工作组里，没有 PPT 分享，而是自由地和大家一起共创议程来让大家参与的频率是怎样的？	________
12. 你会创造机会，让每个人分享他们的想法而无须顾虑正式的职位以共同推进的频率是怎样的？	________
13. 你偏离议程进行非脚本化的会议，让小组成员参与并适应性地回应当下出现的主题的频率是怎样的？	________
14. 你与其他职能部门的人或客户创造机会进行创新（创造新事物）的频率是怎样的？	________
15. 你在一个可以轻松地、便于创造性地混合和重新分组的空间中工作的频率是怎样的？	________

总分	________
IEQ分数（总分/15）	________
把每个问题的得分加起来除以 15，得到的就是 IEQ 分数。	

群组 IEQ

群组 IEQ 是通过绘制所有成员各自的 IEQ 的累积分布得出的，如图 3-4 至图 3-6 所示。群组 IEQ 通过测量曲线下的面积得出：它的范围为 0~10。图 3-4 展示了一个完美的群组 IEQ 分布：100%的成员，每个人的得分都为 10 分。

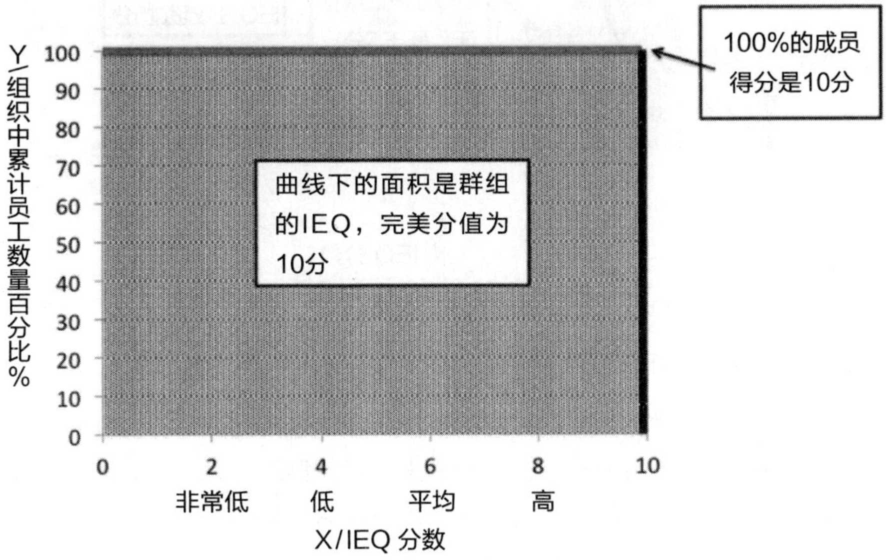

图 3-4　完美的群组 IEQ 分布

使用常规微结构的群组 IEQ

如图 3-5 所示，群组 IEQ 大约为 2 分。该曲线说明了一个组织中 IEQ 的分布。该组织中，只有一部分人通过天生的才干或专业培训发展出了高水平的参与专长。其他人都在使用五大常规微结构。

在这样的组织中，只有一小部分人的 IEQ 分数达到 5 分或更高（在此示例中，大约为 10%）；绝大多数人的 IEQ 分数小于 5 分（在此示例中为 90%），其中大部分人的 IEO 分数为 0～1 分（在此示例中为 50%～60%）。该 IEQ 曲线是深凹的，这是典型的大多数人使用常规微结构开会和共事的组织。

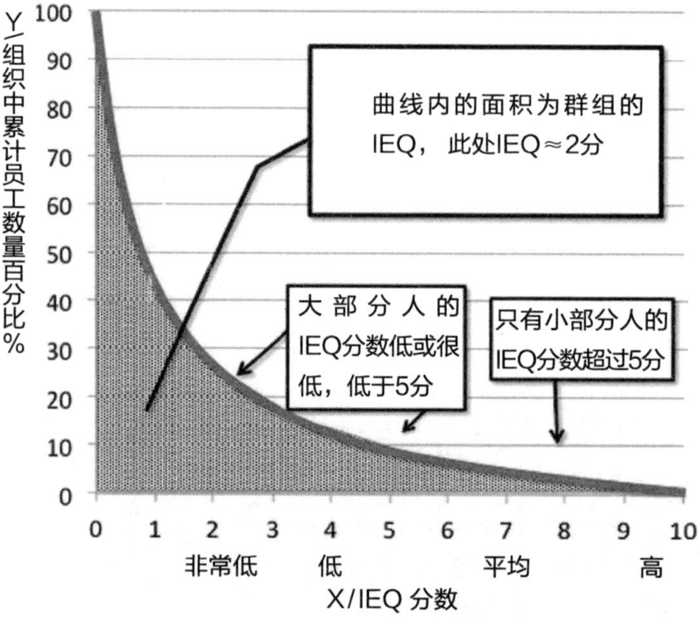

图 3-5　一个使用常规微结构的群组 IEQ 分布

使用释放性结构的群组 IEQ

由于释放性结构易于学习，因此每个人都可以快速提高其参与度专长，并使各自的 IEQ 分数达到 5 分及以上。这样一来，任何群组，无论人数多少，在日常工作中都可以选择使用释放性结构，以将其 IEQ 曲线从凹面变为凸面。在这样的组织中，释放性结构可以帮助所有人（高层领导、经理、一线员工）把他人纳入并使其有效地参与进来。

图 3-6 显示了一个经常使用释放性结构的群组 IEO 分布，其中绝大多数人的 IEQ 分数为 5 分或更高（在此示例中，大约为 88%），只有很少一部分人的 IEQ 分数低于 5 分（在此示例中，大约为 12%）。 曲线下方的面积比较大，因此群组 IEQ 比较高，在此示例中，IEQ 大约是 8 分。

通过对比个人 IEQ 和群组 IEQ，你可以知道自己的现状，可以清楚地了解需要采取哪些措施来改变人们的协作方式、学习方式以及如何共同发现解决方案。在实施改变时，IEQ 为你提供方便的指标来跟踪进度，并确定应该聚焦在哪里。如果你所在小组的人们开始经常定期使用释放性结构，你将会惊讶于小组的 IEQ 曲线所发生的巨大变化。这就是为什么我们说释放性结构是一种革命性创新的原因之一：面对分布如此广泛的普遍性挑战，没有人期待这会产生多么惊人的结果和影响。

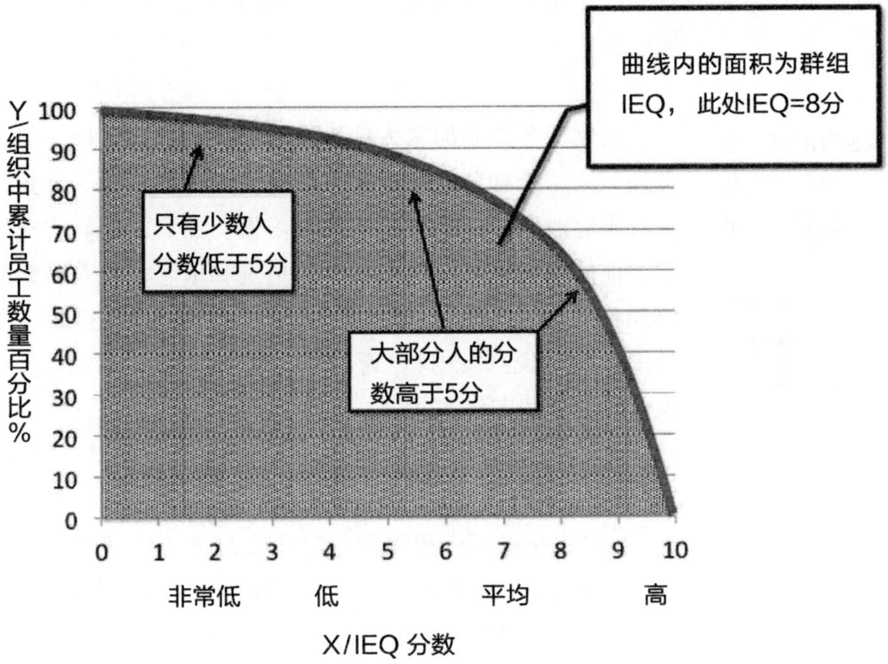

图 3-6　一个经常使用释放性结构的群组 IEQ 分布

释放性结构与文化变革

迈克尔·加丹博士（Dr.Michael Gardam）是多伦多大学健康网络感染预防和控制医学总监。2009 年，他制定了一个为期 18 个月的研究项目，以防止超级细菌在医院内传播。以下是他对当时所发生情况的描述。

这个感染控制项目表明，从把所有人纳入进来并人尽其才开始，是可以实现习惯、价值观和信念的根本性改变的。释放性结构将注意力集中在日常行为上（如洗手、清洁表面、运送患者），并在加拿大各地参与研究的医院中广泛应用。短短几个月内，当地解决方案生成了社会化证据，有更多样化的参与形式并形成了良性的反馈循环。结果非常令人信服，该项目被当地和国家的大众媒体广泛接受。随着发现的传播及其所产生的切实结果，人们的价值和信念也发生了变化。医院的工作人员摆脱了将他们困在原地的老旧的价值观、信念和习惯。

“令我惊讶的是，这个项目从根本上改变了人们的生活和工作方式。”

——迈克尔·加丹博士（Dr.Michael Gardam）

文化变革并非加拿大感染控制项目的正式目标。但在没有任何人“推动”的情况下，文化变革却发生了。首先，参与者决定改变一些常规的行为和习惯。然后，他们成功的新常态促使他们重新考虑自己的价值观和信念，并采用新的价值观和信念。这使得项目组织者和参与者都感到震惊。用加丹博士的话说：“令我惊讶的是，这个项目从根本上改变了人们的生活和工作方式。”

为什么说这是一个有价值的观察呢？以下是其三个原因：

- 文化在组织中很重要，它要么是进步的动力，要么是问题的主要根源，或者很多时候，两者兼而有之。
- 根深蒂固的文化是非常难以改变的。
- 与传统文化变革方式形成鲜明对比，释放性结构提供了一种影响文化的替代方式。

我们先来就文化给出一套统一的语言，文化随着三个要素的相互作用和共同发展而发生变化（见图 3-7）。在相互作用的过程中，第一个要素是未经检验的，对事物真正起作用的，被认为是理所当然的假设，我们称之为信念；第二个要素是人们所称的自己重视或拥护的原则、标准、策略、目标和理由，我们称之为价值观；最后，那些可被观察到的日常行为和互动模式，为便于讨论，在此我们称之为习惯。

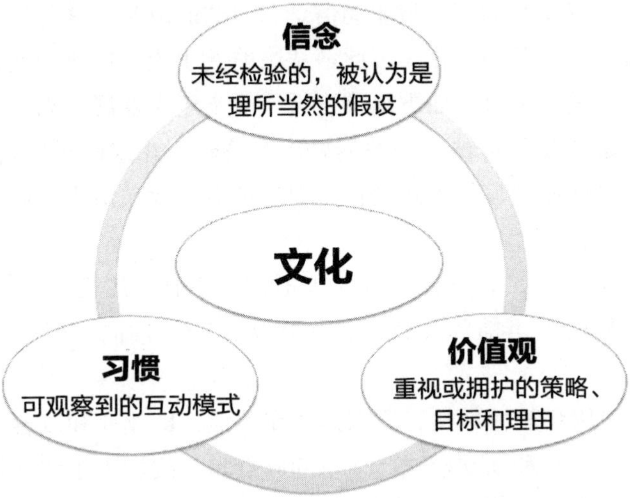

图 3-7　组织文化要素

文化是特定组织或社区中每个人全部行为的总和。简而言之，文化是通过我们在这里如何做事，以及我们在这里可以期待有什么来被体验和被感知的。当组织的文化发生变化时，在能用语言表述出正在发生的变化之前，通常就可以感受到或看到。人们会简单地说单位、公司或社区里的生活不一样了。如果深入研究，你会发现行为和习惯的变化与价值观和共同信念层面更微妙的变化是同步发生的。我们使用前缀"更多的"或"更少的"来确认诸如以下的词汇：官僚的、企业家精神、规避风险的、主动的、孤岛的、僵化的、创新的、充满活力的、重男轻女的、"老好人"、"老黄牛"、以客户为中心以及以产品为中心的。

在大多数组织中，文化变革的努力总是自上而下的。当领导（通常是新任领导）识别出文化范畴内的重大问题，并就未来做出决定时，文化变革就开始了。这是新思维，必须将其转化为新战略、目标、激励措施和不同决策的理由。有时，这种对文化的渴望会导致突然的重大变化，如重组，其旨在迫使人们转向新文化。这种变革方式的中心假设是：前

使用释放性结构，重点是改变习惯，即改变和改善常规做法、行为和互动模式。

成功的新习惯将影响人们的信念，即认为什么是可行的以及什么是可能的。

述价值观要素的变化将驱动信念和习惯的改变。这种想法基于新思维会驱动变化。因此，从当前文化状态过渡到期望的状态，重点是自上而下地按逻辑一步步建立发展规划。该方式的重点是强迫他人采纳新思想和策略，并据此采取行动。采取培训和交流的方式进行知识的传播，旨在消除人们对变革的抵制。

有时这种方式行之有效；有时却行不通，甚至事与愿违，反而强化了当前的文化，或者将文化变革推向了错误的方向。

使用释放性结构，重点是改变习惯，即改变和改善常规做法、行为和互动模式。变革的起点是一线员工了解并想解决的问题。变革并非来自上层领导的强迫，而是由一线员工在其领导的支持和参与下共同发现和共创出来的。

释放性结构旨在帮助人们注意到当前的模式，并提供方法把每个人纳入进来，发现更多有效的实践（习惯），以决定如何从旧模式过渡到新模式。这里说的是，随着自我发现和共创的实践（习惯）被证明是成功的，释放性结构将逐渐激发人们重新思考价值范畴内有意义且行得通的原则、策略和目标。成功的新习惯将影响人们的信念，即认为什么是可行的以及什么是可能的。这种文化演变具备有机成长性，人们通过新习惯已经实现的改变来说服自己，改变是他们做得到的并且也是他们所希望实现的。这就是为什么我们说可以使用释放性结构来“影响文化”而不是“改变文化”；“改变”一词意味着从 A 到 B，而 B 是事前就已经确定了的。

当人们开始使用释放性结构来应对挑战时，很快就会发现这不仅仅是单个问题的解决方案。人们至少会很快意识到，自己找到了一种不同的工作方式来应对棘手的情况。随着向不同方向或进行跨职能的扩展探索，人们取得的成功将引发反思，人们会重新思考他们的某些信念和价值观。个人层面发生了转变。有了这种转变，即使只有几个人，团队和组织的绩效也会开始发生变化。图 3-8 总结了常规方法与释放性结构方法之间的比较。

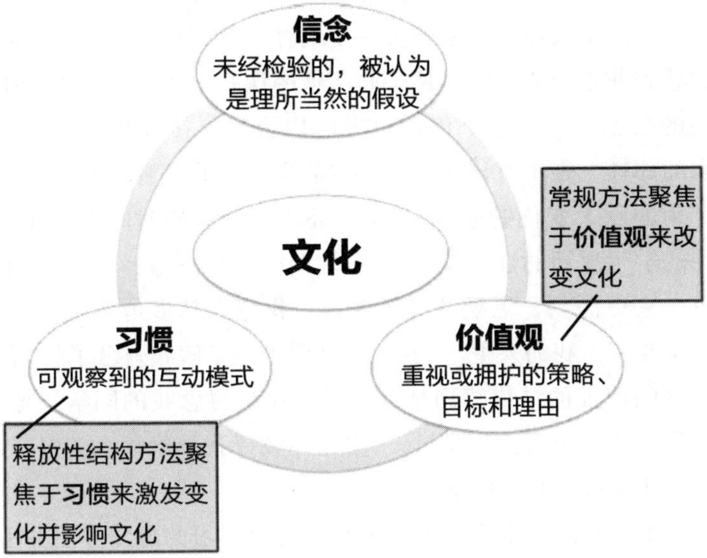

图 3-8 常规方法与释放性结构方法之间的比较

在教育领域，策略的重大变化通常是备受争议、代价高昂且具有风险的。相反，专注于改变习惯、改善日常的实践方法、改变互动方式是廉价且低风险的，因为变化的起点是教育工作者所知道并想解决的问题。改变不必是源自高层的强制，而可以是由参与者共同发现和共创的。

释放性的教育

"我越来越多地听到：'这堂课改变了我的人生。'"

教室通常的布置是：成排的椅子都朝向前方，学生面对前面的教授坐着。如果你足够早抵达阿文·辛加尔教授的课堂，你会惊讶地发现他的学生没有像其他班级的学生那样，坐在椅子上，然后打开笔记本电脑。相反，映入眼帘的是，在没有提示的情况下，在辛加尔教授到来之前，学生将椅子从有条不紊的阵列中挪出来，并摆成一个大的圆圈，然后坐下来。当辛加尔教授进来时，他也会拿把椅子加入学生的行列。随着课程的推进，大家会继续挪动椅子变换分组，具体如何变换，将取决于当天使用哪种释放性结构。

辛加尔教授多年来一直在使用释放性结构，他的学生对此感到非常开心，特别期待聆听他的课程。正如第三部分中他的故事“在课堂上创造更多的内容、连接和想法”所证实的那样，很少有比在教育领域能更明显看到释放性结构所产生的巨大变化的地方。“在过去八年左右的时间里，我听到的学生反馈的性质发生了明显变化。”他写道：“从本质上讲，它更深刻，更触及灵魂深处。我越来越多地听到：‘这堂课改变了我的人生’‘我在这堂课上更了解我自己了’‘我为这门课程的结束感到难过，因为我会想念我的同学’等。而且，我甚至听学生说过：‘谢谢你教授我健康社区的内容，也感谢你教会我如何学习。’”

用不同的教学方法来促进互动小组学习的想法显然并不新颖。例如，在某些学校中，讨论圈和小型学习小组很常见。然而，五大常规微结构仍然主导和制约着教育，其结果是，让所有学生在课堂上参与进来是一个巨大且通常无法克服的挑战。对于任意一个教育工作者来说，使用释放性结构都是一种简单的习惯的改变，它将迅速、轻松地提高他们的绩效。这些新习惯还将改变课堂动态，创造条件为学生建立实践所需的支持性社区。

在正式工作之前，学生需要学习如何与他人进行有效的互动、工作和协同。

教室是一个专属空间。理想情况下，只有当学生和教师在同一物理空间时，才能发挥其特定用途。换句话说，教室将仅用于互动：共同工作、讨论、协作、提问和解答问题等。借助现代技术，如今已不再要求人们处于相同的物理空间来传递信息。教师可以选择虚拟方式分享部分讲座内容，缩短授课时间，为学生和教师留出全新的互动交流空间。教师面临的新挑战是如何使这些互动更富有成效。因此，释放性结构提供了更多的选择和体验，教师可以结合其他方法一并使用。

一些教育工作者或整个学校可能会选择完全取消课堂授课。翻转课堂是否成功，更加依赖于课堂活动是如何组织安排的。这需要选择非常适合不同主题的微结构并运用不同的组合。在线课程也面临同样的挑战。如果他们不限于虚拟讲座，也将需要互动式、支持性的结构。借助 33 种不同的释放性结构，可以构思出无数种组合，以重新设计课堂时间和活动。

在教育中使用释放性结构的另一个令人信服的理由是：学生在正式工作前，需要学习如何与他人进行有效的互动、工作和协同。这是一项非常基础且重要的技能，我们没有理由不为所有学生提供发展其专长的机会，尤其是当已存在一套简单易学的方法（如释放性结构）时。

如果老师在日常教学中使用它们，学生将从直接经验中学习其中的价值。学生可以通过最少的努力，意识到微结构在与他人合作中的重要性。稍加努力，他们便有机会在工作前掌握一些释放性结构的使用方法。

让学生接触释放性结构的最终原因是，大多数人可能会从传统组织中开始工作。因此，对他们而言，在学校或大学里学习释放性结构将是他们发现能提升成功可能性的方法的唯一机会。

最后一点：学校和大学就像其他组织一样，它们也需要创新的方法来解决课堂外许多大大小小的难题。它们需要找到打破孤岛、克服官僚主义障碍和促进创新的新方法。这些都是永无止境的挑战，在这些挑战中，诸如释放性结构之类的方法可以产生巨大的改变。例如，要采用新的方法来解决辍学之类的复杂性问题，并需要得到教育界及社区更广泛的参与。那些在教室里使用释放性结构的人最终也将在教室外面进行实验，结果会发现使用释放性结构也可以改变教师之间、教师与行政部门之间、跨部门、跨学科以及与公众间的互动。

释放性结构极大地改变了结果的生成方式，不需要昂贵的投资、复杂的培训或对宏观结构做出重大改变。

值得期待的

无论在医疗保健领域还是教育领域，亦或是在企业、政府或社区组织中，释放性结构都打破了群体合作的传统模式。释放性结构不需要昂贵的投资、复杂的培训或对宏观结构做出重大改变，也可以极大地改变结果生成的方式。引入释放性结构后，人们一直在使用的许多传统方法（如PPT分享、开放讨论、被管理的讨论、进展状态报告和头脑风暴）都失去了往日的魅力甚至完全失宠了。随着这种转变的发生，一切都将改变。

释放性结构并非强加于整个组织的最佳实践。它们无须依靠昂贵且漫长的努力来改变人们的行为。相反，它们是一组简单的微结构，可以轻松、低成本地替代日常使用的常规微结构。个人和团体可以根据自己的喜好来选择合适的释放性结构，然后灵活地混搭和匹配以应对挑战。释放性结构不仅适用于领导和变革专家，也适用于组织中的每个人。

注意事项：在释放性结构成为你团队的日常实践之后，你的团队就很难再回到原来的样子了。五大常规方法将从人们的日常工作实践中淘汰。正如一位工作坊参与者所说："注意，你可能再也无法容忍另一场无休止的会议了，并且可能会觉得除了自己之外，其他人都在'黑客帝国'！"

"接受的东西不再有效了，有效的东西还没有被接受。"
——贾姆希德·格哈拉杰达基（Jamshid Gharajedaghi）

与所有颠覆性创新一样，没有人能预言结果。互动方式的转变使包容、信任和创新成为可能。并非每个人都会同时做好准备，但是有些人会立刻利用获得的自由和责任进行微小的改变，从而产生突破性的结果。尚未利用的知识、能力和动力将泉涌而出。**期待惊喜！期待微笑！期待热情！释放性结构正在满足所有组织对于参与的深刻需求。**

04

第4章 释放性领导力

领导者如何避免自己所抱怨的问题长期存在

"领导具有非凡能力，可以将自己的影子或光投射到他人身上。"
——帕克·帕尔默（Parker Palmer）

领导者并没有刻意去动员或劝阻员工不说话，也没有想要鼓励他们不合作，更不想在组织中召开数千次无效的会议。恰恰相反！他们之所以忍受着这样的挫败感，是因为别无选择。

在亚马逊的搜索框中输入" leadership"（领导力），你将获得约9.2万个结果，而且这个数字还在不断攀升。这个世界充满了关于领导力的"成熟"思想。那么，为什么如此多的基本问题却持续困扰着世界各地的领导者呢？

当我们问领导者希望看到组织有什么变化时，他们说：

不管工作时间多长，人们真正的潜力发挥得还是太少。

因为人们无法很好地合作，我们浪费了大量的精力。缺乏有效的合作，因此沟通不畅。

内部政治阻碍人们为了同一个目标而团结起来。

有太多的好主意从未浮出水面，一直藏在人们的头脑中，从来也没有机会蹦出来。

经理和专家们经常在最接近问题的人之外的世界里工作。他们彼此之间互不了解或无法很好地合作。与客户的需求及解决问题所需要的人失去了联系。

人们相互之间以及职能之间的关系非常紧张。有时关系根本就不存在。

太多的人正在使用自动驾驶模式工作。他们不热衷于此，不相信团队合作的巨大力量，对会议感到厌倦。

以上种种都是不可避免的吗？我们认为不是。这些问题无论处于组织结构中的何处，总是让领导者感到沮丧。此外，他们用于缓解这些“永久性问题”的许多策略并没有帮助改变情况，有时甚至使情况变得更糟糕。

全球范围内，领导者采用复杂且昂贵的对策来解决这些挫折，求助于奖励计划、跨职能激励措施、变革管理专家、私人教练和外部顾问来达到以下效果：

- 建立信任。
- 让人们大声说出来。
- 打破职能和层级之间的壁垒。
- 激励员工。
- 控制官僚主义。
- 减小变革的阻力。
- 政治最小化。
- 促进合作。
- 更有效地进行创新。
- 使会议变得实用高效。
- 赋予一线力量。
- 让人们贡献自己的全部潜能。

这些计划和投资很少能达到预期的效果。在某些情况下，它起到了一定的作用，但对产生问题的主要原因——日常工作是如何开展的，却没有太大影响，反而常常使问题变得更糟糕，加剧了玩世不恭、愤世嫉俗的情形。

这和你所处的情境，是否有些熟悉呢？

坏消息：出乎意料的结果和副作用

尽管有好的想法或意图，但数代领导者仍然无法让组织变得更有效、更有生产力。坏消息是，缺乏动力的员工、无效率的会议、缺乏合作的工作群组以及领导者抱怨的其他问题，实际上都是管理和大多数组织自身运作的方式造成的不可避免的结果。

为什么是这样的呢？

其实，无论领导者自身对关于领导的哲学是怎样看待的，最终还是全部学会并都采用了自上而下、命令和控制的传统方法，甚至包括那些自认为具有包容性和参与性的领导者。为什么呢？因为那就是他们曾经能认知到的全部可能性。绝大多数组织通常采用这些传统方法，从一级主管到最高管理层。使得自上而下、命令和控制的方法拥有了不容置疑的效度，并且被牢牢地嵌入所有管理层级和职能中。

这就解释了为什么管理层变更或组织结构调整通常不能起到任何作用，

传统的协作方式存在的目的就是完成工作并产生结果，其潜在的假设是这将消耗最少的资源。自上而下、命令和控制的方法并非用来建立信任、激励员工、防止孤岛的形成或解决任何其他让领导者感到沮丧和想逃避的问题。取而代之的是，这些做法不经意间结合在一起，创建了一个设计精美的系统，该系统用于产生低信任度、无能为力感、排斥、沮丧和恐惧。从一个组织到另一个组织，到处充斥着传统的工作方式，唯一的区别只是领导者不同的管理风格。

领导者或多或少都具有包容性、指导性或权威性，最终绝大多数领导者仍会采用相同的方法。这就解释了为什么管理层变更或组织结构调整通常起不到任何作用，因为在大多数情况下，这些传统做法会保持不变，所以就没有影响。

多年来，功能性障碍已成为常态。它们并没有被视为领导力和工作实践的结果，而被视为所有组织的标准缺陷。一种常见的做法是指责“不完美的员工”，然后从探究功能性障碍上岔开。还有一个常见的合理化思维是“到处都一样”。在没有能激发他们灵感的、可替代的方法出现前，关于“替代方法是怎样的”的讨论就不会发生了。

修补症状

如果领导者不反求诸己，没人会强迫他们改变自己的工作方式。他们采用姑息疗法，只是试图改善症状，而非从根源上对症下药。例如，制订员工激励计划，而非从根本上进行改变以避免员工受到负激励（我们中没有一个人具有负激励的基因）；在会议室中张贴更多关于有效会议的海报，而非从根本上改变会议设计和参与方式；进行大规模的重组或全系统的培训，而非创建结构以使每个人都更容易发挥自己最大的作用。

因此公平地说，一方面，领导者要为组织中长期存在的问题负责，因为正是他们长期的实践才导致了这些问题的出现。另一方面，事实上又不能责怪他们，因为他们看不到周围的情况与其他可行的做法。每个人似乎都在做相同的事，或多或少都存在相同的问题。许多领导者尽管存在这些问题，但还是相当成功的，并获得了丰厚的回报。那为什么要改变呢？为什么还要找其他方法呢？以下是一些需要考虑的问题：

- 决策的价值是否取决于组织中其他人的输入和专业知识？
- 业务是否变得更加复杂或难以预测？
- 组织是否需要创新或提高创新速度？
- 竞争是否越来越激烈，并且变化得越来越快？
- 员工队伍是否越来越多元化，并且在地理位置上更分散了？
- 吸引和保留顶尖人才是否越来越困难了？

如果你对以上任何一个问题的回答是肯定的，则需要找出导致团队功能性障碍、员工缺乏动力、会议乏味且毫无成果的根源，以及组织中常规工作惯例所产生的其他副作用。请仔细阅读接下来的内容。

好消息

好消息是，命令和控制并非唯一的游戏，还有更适应现代组织挑战的其他工作实践。这些不同的协作方式既能完成工作，又能克服典型的领导力挑战。你可以在每一次互动中建立信任，吸引所有人参与并发表意见，打破孤岛，邀请人们贡献他们全部的潜力，并减少变革的阻力。本书的33种释放性结构是专门为实现这些目标而设计的，可以用来结构化各种活动，包括日常互动（如会议、一对一谈话和不同规模的项目）、战略制定、变革举措和客户互动。

在第3章中，我们概述了领导力十项原则（特征），这些原则（特征）在释放性结构得以经常应用时已经成为日常实践的一部分（见表4-1）。

表4-1　释放性领导力实践

当释放性结构被融入日常互动中时，领导者开始： （1）每个人都被纳入进来并人尽其才。 （2）深切尊重他人和当地解决方案。 （3）无明确目的，绝不开始。 （4）随时随地建立信任。 （5）从失败中学习。 （6）在小组内练习自我发现。 （7）扩大自由和责任。 （8）强调可能性：看见源自自信。 （9）欢迎创造性破坏为创新留出空间。 （10）保持强烈的好奇心。

乍一看，“每个人都被吸纳进来”像个疯狂的主意。

人们可以通过选择与他人建立联系的方式，来建立让人们茁壮成长的成功组织，除非有必要的专业知识将这些原则（特征）变成现实，否则空谈原则（特征）是没有用的。根据我们的经验，即使某位领导者特别希望成为包容性领导者，他也并不知道该如何做。当他发现释放性结构时，会心花怒放，因为他终于可以掌握切实可行的方法，成为自己心目中的那类领导者了。

在日常工作中，因为采用了释放性结构，人们有了另一种形式的领导力，它适用于不同层级的活动，能立即产生切实的工作结果。我们强调“实践”一词，是因为释放性结构不是思想或概念，而是具体的方法。我们为自己缺乏想象力而深表歉意，将使用这些方法的领导方式统称为“释放性领导力”。在实践中，领导者如果可以放开指挥与控制，就会发现这种领导方式具有包容性、适应性和生产力，还会发现这是特别有益的且令人愉快的。个人和团体都被释放了。

可能性

我们总是说，对于是否要把每个人都纳入进来，领导者无法选择，因为最终必须将所有受决定影响的人都包括在内。

我们来看第一个原则（特征），这是最基本的：“每个人都被吸纳进来并人尽其才”。乍一看，“每个人都被吸纳进来”似乎是一个疯狂的主意，因为这与“高效且只把尽可能少的人吸纳进来”的标准完全相反。我们说要包括所有人时，领导者常常惊讶得连眉毛都要掉下来，会说“不可能”“不切实际”“将永远不可能有任何建树”“我们永远都不可能让大家统一意见”“将花费一大笔钱”，直到他们亲眼看到通过释放性结构把所有人都纳入进来并完成项目，见到收益时才意识到这是可行的。他们是对的！当每个人都被传统方法 / 结构“赶进围栏”执行决策，或者当行动计划在组织内一层层向下推行，或把团队聚在一起进行说服和培训时，他们看到的就是这种情况。“赶进围栏”、层层推行、说服和培训在任何组织都是耗时且昂贵的，但大多数组织就是这样设计的：上层决策，下层实施。

我们总是说，对于是否要把所有人都纳入进来，领导者无法选择，因为最终必须将所有受决定影响的人都包括在内。他们唯一的选择是**何时**以及**如何**把所有人都纳入进来。传统上，“何时”是放在事后，即决定已经做出并且必须开始实施的时候。“如何”包括说服、培训、控制、解决难题、消除抗拒，用于取得已经糟蹋的不成样子的“认同”，以保证成功实施。

我们倡导的“释放性领导力”的做法是**在事前就把人们吸纳进来**，以便他们能够参与对自己有影响的项目并制定决策。也正是因为释放性结构能有效且经济地做到这一点，我们才会倡导这种方法。一旦人们克服了“认为每个人都被纳入进来是不实际或不可能的”这种心理障碍，这种做法的好处就显而易见了，至少实施的承诺和准备度可以大大增加。在共创的过程中，对变化的抗拒得以消解。众人的智慧将提高决策和项目的质量。全新的想法很可能会从大量的互动和讨论中涌现。最后，共同的主人翁精神将使参与者做更充分的准备，不断调整决策以适应不断变化的情况，并在过程中根据需要修正方案。

一旦人们克服了“认为每个人都被纳入进来是不实际或不可能的”这种心理障碍，这种做法的好处就显而易见了。

尽早地、系统性地把每个人都纳入进来所获得的长期效益是显而易见的。不同职能和级别的人之间将建立全新的专业性、社会性的连接，这将显著地增强组织间的连接并减少形成壁垒的趋势。通过更深入频繁的互动，人们将更好地彼此了解。信任会增加，因为如果没有其他原因，现在会有更多的机会让日常未经检验的假设显露出来并对结果进行修正；信任会增加，因为释放性结构不断创造出各种各样的小空间，让人们可以轻松地表达并安全地互动，可以发现他们不仅可以更有效地协同工作，还可以互相帮助；信任会增加，因为人们将体验到一起共事比单打独斗更成功；信任会增加，因为有了释放性结构，人们将比使用传统方法时更加享受在一起的时光。

信任的提升为真实的反馈创造了向上和向周边传播的渠道。这对组织的生产力及减少、避免出现代价“高昂”的错误具有重大意义。整个组织都很聪明，知道问题出在哪儿。但是这些信息和智慧散落在组织的各个角落，并不会自发地流向决策者。释放性结构可以改变这种模式。

释放性结构让更多人有机会做出有影响力的贡献，临时性地担任领导角色。这样，释放性结构就可以在不削弱正式领导力的情况下分配领导力。在传统做法下没有机会表现出的潜在领导力得以显现。可以这么说，它释放了每个人潜在的领导力。

选择

释放性结构易于学习和使用，但是需要打破一些长期的习惯。

你可以选择继续采用传统的工作方式并疲于应付其慢性副作用，或者尝试采用经过设计的新方式来规避副作用。你可以是决定维持现状的主要力量，也可以成为通往截然不同的结局的铺路人，并指引前进的道路。

释放性结构易于学习和使用，但需要打破一些长期的习惯。没有什么特别困难的，但你可能必须走出舒适区。例如，在你的例行会议中已经存在了关于谁坐在哪里、如何处理议程事项、如何进行讨论的既定模式，但释放性结构将改变这些模式。为了给他人腾出空间来作贡献，你作为领导者的角色和参与方式将不得不改变。

刚开始时你可能会觉得有些笨拙，你将不得不从平时坐着的椅子上站起来，四处走动，并通过使用不同的方式来激发你的团队，为其注入能量。这些新结构将降低你惯常的控制水平，并让你的存在变得更加透明。这意味着其他人也不得不走出自己的舒适区。这就是迈克尔·加丹、艾莉森·乔斯琳、乔恩·韦莱兹和其他人在第三部分的故事中所描述的。

如果你决定改变自己的方式，那么你很快就会看到释放性结构是如何改善你的绩效，以及你领导、主持或参与的各个小组的绩效的了。事实上，释放性结构是通过改变群组互动的数量、质量以及互动的深度来改变其绩效的。公式很简单：同样一个小组，当互动性更好时，绩效会更好，而且通常好得令人惊奇！

现实中领导者通常会认为，短期内他们会被团队或部门的表现方式困住，因为他们认为提高绩效的唯一方法是换人或培训，毫无疑问，这两项改变都需要时间，因此不难理解为什么领导者会感觉被卡住。幸运的是，一个团队可以在无须换人或训练人们改变其行为的情况下，通过改变小组使用的结构，来改变其成员互动和合作的方式，从而产生令人惊讶的更好的结果。而且，这个改变是此刻就可以立即完成的。改变结构是短期内提高绩效的唯一实际选择。借助释放性结构，领导者可以非常轻松地完成这一转变，并且不再因为团队绩效不佳而陷入困境。

致怀疑论者的话

乍一看，使用释放性结构来实现领导层，尤其是高层所期待的那种重大变革似乎太过容易和简单，太直接，也太省力了。释放性结构看起来可能不像知名咨询公司所提供的大型、复杂的干预措施。有人可能会认为它们不重要、不够深刻或不够有趣，不足以引人注意。

近距离观察一下你就会发现，简单，正是释放性结构背后所蕴藏的巨大力量。采用常规结构时，提升绩效是非常困难的，并且要求有大量的人才加入。但是采用释放性结构来提升绩效却是非常容易的，这源自其设计本身。可以说，正是这些结构在起着提升绩效的作用。

释放性结构很容易产生显著的结果，因为你不必依靠个人的才能或专业知识来获得参与者的敬业度。微结构代替了个人的才能（的提升），这些微结构是特别设计的，可以利用组织的集体智慧来完成重要任务。你不再需要通过拽着人们前进或进行个体转变来取得结果。相反，你会接受人们原本的模样，并使用适当的结构来调动他们的工作积极性，并做出自己最大的贡献。你会发现，人们会按照自己的自由意志来改变行为，而这恰恰是任何外部的影响力、专家或培训课程无法做到的。

释放性结构能产生显著的结果源自其简单的特性。因为如果不简单，就没人会使用。

释放性结构能产生显著的结果源自其简单的特性。因为如果不简单，就没人会使用。如果不能轻松地适用于人们的工作、日程安排和时间表，释放性结构就不会得到采用。因为简单，所以所有组织中的每个人（从上到下）从一开始就可以将释放性结构应用到有的互动中。在这种情况下，所有这些小变化的累积效应都是巨大的。

想想在亚洲，人们采用竹子结构来做建筑脚手架，脚手架看上去简单轻巧，但强度却很惊人。用它建造摩天大楼，和用它建造小型房屋一样可靠。我们的 33 种释放性结构就像一块块竹制脚手架，针对不同的建筑物，可以组合起来量身定制，以解决任何级别的复杂性。通过学习释放性结构的定制设计来应对不同性质的复杂挑战是一门艺术，我们可以终其一生持续改进。

重大转变和回报

领导只能忍受人们或职能之间长期存在的关系功能失调，因为并不知道如何改变。

采用释放性结构带来了重大转变：更多协作性的决策，更多众包性 (crowdsourcing) 的解决问题、创新以及策略制定。释放性结构将“做事的”和“做决策的”连接为一个富有生产力的整体。

借助释放性结构，扩大了参与决策人员的范围，并让传统意义上仅被视为“做事的”或“执行的”人参与讨论。传统的结构意味着，实际上可以被真正纳入进来并参与塑造未来的人总是太少。释放性结构消除了这种限制，加上现代化技术的运用，现在，不只是一小群人或特遣队员，而是数十、数百甚至数千人，都可以有效地贡献他们的知识和才能。

但放弃以小组形式闭门造车进行决策的“便利性”，是对流传数代的长期习惯的一种打破。这并不是一件容易的事，而且可能会遭到那些失去传统特权而产生怨恨的人的强烈抵制。有些人甚至可能会发现，自己不能接受这种新的参与度和透明度。

最大的回报当然是：高效的领导者可以采取在日常解决问题、制定决策和制定战略规划时把不同的人纳入进来，以释放隐藏在组织中的巨大贡献和创新的方式。

很容易看出，仅凭个人才能是不能成就一支成功的团队的。互动的质量和关系的质量在工作中被体现出来，每个人都可以看得到。

最大的领导力挑战

人是组织生活中最大的复杂性和惊奇的来源。在一起成功地共事需要运用我们所有的智力、创造力和控制情绪的才能。

但近乎普遍的共事方式仍然是围绕着延续了数个世纪的等级制来展开的：由一小部分人决定，绝大多数人被迫执行。尽管美其名曰是参与式的，其实依然是由权威在统治着。

想想我们为什么会被这种方式困住：任何规模团队的绩效表现都取决于其成员素质的质量乘以成员互动的质量。领导者通常将注意力集中在提高个人素质上，因为他们发现处理个人或群体间如何互动是令人沮丧且令人感到痛苦的，因此他们常常避免解决摩擦或冲突。

团队规模不大时的困难，在大型团队里（部门、事业部、企业或单元、邻里、社区、国家）将变得极其复杂。这就是为什么逃避是如此常见的短期策略。换句话说，领导者之所以长期忍受人或职能之间关系功能的失调，是因为他们不知道如何改变。长期以来的普遍应对方式都是采用重组或更换领导者的方式，以期待这些改变可以使冲突或功能失调的现象消失。实际上，人们事先不可能知道这样做会产生什么不同。最常见的是，这并没有起到任何作用，或者更糟的是，组织的稳定性被破坏了并加剧了功能失调。

但是，要建立一个高绩效的组织，人与人之间互动的质量即使不是最重要的，至少也与人自身的品质同样重要。以一个运动队为例，我们很容易看出，仅凭个人才能是不能造就一支成功的团队的。在这里，互动的质量和关系的质量在工作中被体现出来，每个人都可以看得到。对教练和球员的评估是根据他们作为一个团队整体的执行力来做出的。默契很重要。

在组织中，互动的默契通常被隐藏起来或被遮挡在视线之外。使用释放性结构不仅可以大幅提高互动的数量和质量，而且可以将其可视化。这种对互动的可视化将使参与者关注互动本身、注意到差别、反思并进行创造性的调整。某些释放性结构，如**STAR 罗盘、生态环、我需要你做什么**，其设计旨在用来诊断关系问题。许多其他的结构几乎会自动生成改进方案。如此，改变来自内部将更有意义，所建立的信任会更持久。

在这种情况下使用释放性结构，组织变革最有希望看到的是，每个实施变革的人都拥有这些改变。"拥有"意味着他们已经被纳入变革计划的制订中，他们理解并相信变革本身。因此，人们准备好实施变革，并会在将来根据需要进行修正。

释放性领导力始于你

领导力意味着孤独、肩负决策的重担和责任，至少一定程度上容易被孤立。尽管你无法避免对决策负责，但你可以实质性地改变决策的制定方式，以及谁应该被纳入决策流程。更大的包容性（greater inclusiveness）将影响你决策的质量及其效度；影响其实施以及需要调整时快速响应的能力；将使你从肩负的重担中释放出来。更大的包容性将改变会议的质量和气氛，将改变你工作、生活的质量。这些益处是你认真对待并采用"释放性结构"的回报。

释放性结构通过个人的体验和感受得以传播。

改变自己的行为和做法是第一步。采用释放性结构是一个公开的行动，当人们在一起工作时就会发生，并且很快就会显而易见。这会在整个组织中发出强大的信号：可以采用一些灵活的新结构来代替长期存在的刚性传统。当更多的人被纳入进来参与日常决策和解决问题时，这将成为明显的实证，“时代真的在变”。

释放性结构通过个人的体验和感受得以传播。如果没有直接的个人经验，就无法想象其能有什么作用。释放性结构之所以得以传播，是因为人们欣赏其所能达到的效果，并享受其所创造的动态条件。从上至下，无论哪个层面都是如此。领导者不应强制所有人都使用释放性结构，也不应要求所有人都保持同步，只要对使用释放性结构提供显性支持和大力倡导，就能看到更快、更有效的传播，并从中受益。

意识到常规微结构弊端最有效的方法就是，体验使用释放性结构后所发生的情况。通过体验释放性结构所提供的具有反差性的、让人们一起共事并取得更好结果的方式，使得常规微结构根深蒂固的、隐形的弊端显现出来。这种可见性是成功的关键因素，因为组织倾向于陷入不断强化自己的模式中，而很少意识到自己已经陷入了恶性循环。改变这些模式需要打破并摒弃过去的经验，拥有一个成功的经验是进入新的良性循环的第一步。成功以令人惊讶的方式到来，即收到邀请并再次尝试使用。如果后续取得更大的成功，则会激励你在新的方向再进一步。

——

唯一可以了解释放性结构是什么、具有什么可能性以及如何使用的方式就是：在日常工作中体验它们。第四部分中的实践指南是你开始了解“什么是可能”的起点。33 种释放性结构能完成的工作只受限于你的想象力，把多种结构组合起来使用将会有更大的可能性。从今天开始付诸实践，由此开启你释放自己和周边人的旅程。第 4 部分内容将使你拥有轻松解密释放性结构的力量。

2 第二部分

入门及进阶

第二部分将使你拥有轻松解密释放性结构的力量，旨在指导你从一次使用一个或两个释放性结构，到将其中一些结构串在一起使用，直至最后能为大型活动编写故事板。具体如下：

- 入门小插曲。
- 打消他人顾虑、克服自身恐惧的建议。
- 释放性结构菜单页，附带简短的说明，以方便选择。
- 根据在组织中的职位，快速查找可使用的释放性结构。
- 匹配矩阵，与五大目标相匹配的释放性结构。
- 释放性结构工作坊说明。
- 应对常见挑战的释放性结构串使用示例。
- 针对大项目或重大举措的详细故事板设计示例。

> “人们倾向于逗留在自己的舒适区，因此最好的结果总是在惊喜中产生的。”
>
> ——布赖恩·埃诺（Brian Eno）

05

第5章
入门：第一步

开始采用释放性结构工作似乎让人觉得不堪重负或令人生畏。如何一次性掌握所有结构并知道何时及如何最好地使用？答案是：一定不要这样做。不要一次性学习所有结构，也不要一次性一起用。要学一个，用一个，再学一个，再用一个或两个一起用。你还可以按照老掉牙的吃大象的方式开始：一次咬一口。或者换个比喻，想想孩子们掌握搭建乐高积木的过程。开始他们玩耍并学习搭建简单的物体，如塔或简单的立方体。然后他们解决了如何搭建更复杂的结构，如房屋、桥梁和城堡。最后，他们学会了建造一整座城市或一架飞机。

“领导具有非凡能力，可以将自己的影子或光投射到他人身上。”
——帕克·帕尔默（Parker Palmer）

你如何开始使用释放性结构取决于你最先是在什么情况下接触释放性结构的，以及你所拥有的资源、采取行动的自由度和你对不确定性的容忍度。我们喜欢用“接触性传染”一词来做比喻，因为释放性结构就像发烧一样。大多数被“接触性传染”的人都会“发烧”，由于他们在日常工作中采用释放性结构，又让其他人被“传染”，其他人也会“发烧”并进一步传播。这就是为什么释放性结构的动力可以源自组织中的任何职位，不论其是否拥有资源，也不论其权力大小。这里用一些小插曲来说明这些是如何发生的。

拉里（Larry）是一家医院的首席执行官，他想建立一种充满活力和创新的文化。由于他既有权力又有资源，因此他把整个IT部门以及临床、人力资源和财务负责人召集在一起，开始使用释放性结构，举办了为期两天半的工作坊，总共180人参加。在工作坊结束三天后，拉里在与他的执行团队、医师和董事会开会时亲自使用了14种释放性结构。

多尼亚（Donia）没有权力或资源，她在一个由六位分析师和一名经理组成的小部门中担任市场研究分析师。在参加了释放性结构工作坊后，她建议在部门会议开始时使用三人行咨询(Troika Consulting)。她的经理同意了。“三人行会议”取得了巨大成功，成了部门里工作动力和关系转变的第一步。

瓦妮莎（Vanessa）是一名公共关系经理。她和一个负责产品的同事在参加释放性结构工作坊的现场心血来潮，当场决定优化即将举办的客户座谈会。他们在工作坊期间生成了完整的新设计，并在接下来的周末实施了这个新设计。参与者的反馈非常热烈，瓦妮莎说服自己开始在日常工作中使用释放性结构。

阿文德（Arvind）是一位传播学教授。 在一次会议中，他目睹了金鱼缸会议这个结构的使用后，开始在自己的课堂上尝试使用该结构。学生们的反应是如此积极，以至于阿文德一发不可收，逐渐成为其他释放性结构的常规用户，并开始有意识地向学生和其他教授传播并组织工作坊，现在他自称“被释放的教授”。

雪莉（Sherry）是一名致力于保护患者安全的护士。她开始在医院自己所负责的病区使用TRIZ，以一种非常有趣的方式让所有人都参与其中以防止感染。她问大家：“我们如何确保让每位患者在来访期间都暴露于超级细菌中？”每个人都明白了这个信息并开始改变，从而形成了更安全的做法。

内尔（Neil）是一名组织发展（OD）顾问。在一次全国性会议上体验了两次释放性结构后，他立即将其引入自己的咨询实践。通过电话获得一些指导后，在为不同的客户群体服务的过程中，很快他就采用了25种释放性结构甚至更多。

释放性结构菜单

当被要求提供一种将释放性结构与特定挑战相匹配的简单方法时，我们经常会说：“如果你的目标是把每个人都吸纳进来，人尽其才，并取得特别棒的结果，那么任何释放性结构都会比传统方法更好。”

一个更认真的答案是，“如何将挑战与释放性结构相匹配取决于你自己和实际的情况。”好的匹配需要对当地背景有一定的了解，并且对与你合作小组的过往经历有很好的感知。释放性结构具有足够的灵活性，可以适用于日常的团队、出于特殊目的而成立的小组或分布广泛的一组参与者，但每次使用都会得益于将潜在结构与你的目标进行精心匹配。

只需从你最喜欢的结构开始，或者从看起来最简单、感觉最舒适的结构开始。

查看33种释放性结构菜单（见表5-1），并通过描述来明确达成你心中目标的第一个步骤。提出类似如下问题：我们第一步做什么？我们需要从哪里开始？谁需要参与？什么样的释放性结构可以达成我们想要的结果？每个结构将达到什么效果？我们下一步将做什么？然后选择一个符合你第一步目标的结构向目标迈进。想要更详细地了解，可以阅读第四部分“释放性结构实践指南”的描述。

从菜单中选择恰当的释放性结构不需要太费力。只需从你最喜欢的结构开始，或者从看起来最简单、感觉最舒适的结构入手。在不同的情况下，如日常会议或解决团队冲突，多数人从使用一个或多个最喜欢的释放性结构开始。从最初的成功入手，他们将开始和他人一起不断实验，并随着时间的推移不断扩展。不必担心能否找到完美的选择；如果目的明确，总会有几种释放性结构可以帮助工作取得进展（见表5-2）。请记住，任何释放性结构都会比传统方法更好。

表 5-1　33 种释放性结构菜单

即兴社交 （Impromptu Networking） 关注人、目的和松散连接的力量	**最小规格** (Min Specs) 通过制定“必须做”和“不得做”的清单来释放创新	**探索与行动对话** (Discovrey & Action Dialogue - DAD) 在视线范围内发现应对重大挑战的解决方案
TRIZ 设计一个完美的逆向系统，为创新创造空间	**智囊团** (Wise Crowds) 挖掘“众人的智慧”	**整合-自主** (Integrated-Autonomy) 从“二选一”到“二者都”的创意解决方案
W³反思法 (What,So What,Now What?) 反思进展并随时进行调整	**悖论问题** (Wicked Questions) 构建能激发所有人想象力的自相矛盾的挑战	**STAR罗盘** (Generative Relationships STAR) 了解能产生惊人价值的关系模式
畅谈咖啡馆 (Conversation Café) 认识挑战并达成共识	**从目的到实践** (Purpose to Practice) 用于共同担责、适应性和弹性的设计	**关键的不确定性** (Critical Uncertainties) 准备和实施策略，以面向不确定的未来
欣赏式访谈 (Appreciative Interviews) 发现获得成功的根本原因并基于此继续前进	**即兴原型表演** (Improv Prototyping) 为长期挑战开发创造性的解决方案	**金鱼缸会谈** (User Experience Fishbowl) 与更大的社区人群分享从实践经验中获得的洞察
1-2-4-All 循环交谈自我反思，两人一组或多人小组	**共识-确定性矩阵** (Agreement- and-Certainty Matching Matrix) 为不同类型的挑战匹配方法	**携手共画** (Drawing Together) 绘制出先于逻辑理解的洞察
9 Whys 明确目的	**我需要你什么** (What I Need From You) 让需求浮现并打破壁垒	**扰沌** (Panarchy) 同时在多个层面上传播创新或好想法
15%解决方案 (15% Solutions) 注意自己现在拥有的影响力和自由裁量权	**听到-看到-尊重** (Heard,Seen,Respected) 练习更深入的聆听和同理心	**三人行咨询** (Troika Consulting) 与同事一起指导你的下一步
生态环 (Ecocycle Planning) 把团体纳入进来，开发并筛选其活动组合	**社交网络图** (Social Network Webbing) 绘制非正式的联系和适应性	**名人采访** (Celebrity Interview) 与专家或领导一起探索重大挑战
轮转和分享 (Shift & Share) 从草根和边缘开始传播好想法	**设计故事板** (Design Storyboards) 详细设计会议和创新的元素	**启发式帮助** (Helping Heuristics) 练习循序渐进地帮助他人和寻求帮助的方法
25/10集体智慧 (25/10 Crowd Sourcing) 查找优秀的想法并采取行动	**开放空间技术** (Open Space Technology) 释放大团体的内在行动力和领导力	**实地观察与访谈** (Simple Ethnogrphy) 对用户体验进行实地观察

表 5-2　释放性结构选择配对表：什么能满足你的目的?
—— 与 LS 设计卡或与下一页的 LS 菜单一起使用 ——

1. 迅速分享挑战和期望，建立新的连接	12. 为达成目标仅指定“必须做”和“不得做”的清单	23.发现、激发并释放解决长期存在的问题的落地解决方案
2. 明确和澄清你们在一起的目的	13.在快速循环中挖掘整个群体的智慧	24.从“非此即彼”的解决方案转向坚实的“兼而有之”
3.一起回顾迄今为止的进展，并决定需要进行哪些调整	14.阐明一个团体要想成功必须面对的矛盾挑战	25. 揭示并理解能创造惊人价值的关系模式
4.停止适得其反的活动和行为，为创新留出空间	15. 通过非语言表达方式揭示洞察并指明前进的道路	26. 在一系列看似合理但不可预测的未来中开发成功策略
5. 发现并基于成功的根本原因继续向前	16.在尽情游戏的同时，制定有效的解决方案以应对长期的挑战	27.定义出五个基本要素，以实现弹性而持久的计划推进
6.让每个人都同时参与讨论问题/生成想法/建议	17.将挑战区分为简单，复杂，错综复杂几个类别	28.分析所有的活动和关系组合，以确定进展的障碍和机会
7.与更大的团体分享经验成果	18.传播好点子，并与创新者建立非正式的连接	29.了解嵌入式系统如何互动、变化，传播创新和演变
8.探索并聚焦于每个人现在就具备资源并可自由开展的行动	19.练习更深入的倾听&与同事的共鸣	30. 明确跨职能的基本需求，接受或拒绝支援请求
9.快速生成并筛选团队中最有力的可行想法	20.绘制非正式的关系网并决定如何加强网络联系，以达到最终目的	31. 把领导人和专家的经验与个人连接，以应对手头的挑战
10.立即从同事那里获得实用和富有想象力的帮助	21.确定高效举措或会议的步骤要素	32.循序渐进的帮助他人、接受帮助和寻求帮助
11.让每个人都参与到对深刻挑战的认识中来	22.释放大规模团体的内在行动力和领导力	33.观察和记录用户在现场的真实行为

注：用两三句话，写出关于你的挑战或聚会，然后……

1. 在你希望实现的每个目标旁边打钩。
2. 按照开始、中间和结束的逻辑顺序对目标进行分组。
3. 删去不太重要的目标，精简你的清单；留着以后用。
4. 如果你的目标被减少到3–5个时，你就有了第一个目标串。
5. 如果需要，可以再开发一两个备选目标串。
6. 与他人分享、修改并关注第一步或第二步。
7. 将你的目标串与结构串进行匹配，并检查时间安排。
8. 把可选目标保留起来，以便在实施过程中根据需要即兴安排。

—— 没有 LS 设计卡时使用 ——

本表中的 LS 旨在实现同号码项下的目的

复制并沿着线条剪切，制作单独的卡片易于操作并串起来使用

1.即兴社交 （Impromptu Networking） 5—20 分钟	12.最小规格 (Min Specs) 20—50 分钟	23.探索与行动对话（DAD） 25—70 分钟
2.9 Whys 5—20 分钟	13.智囊团（Wise Crowds） 10—60 分钟/人	24.整合-自主 (Integrated-Autonomy) 60—80 分钟
3.W³反思法 (What, So What, Now What?) 15—45 分钟	14.悖论问题 (Wicked Questions) 20 分钟	25.STAR罗盘 (Generative Relationships STAR) 25 分钟
4.TRIZ 30—45 分钟	15.携手共画 (Drawing Together) 30—40 分钟	26.关键的不确定性 (Critical Uncertainties) 60—100 分钟
5.欣赏式访谈 (Appreciative Interviews) 30—60 分钟	16.即兴原型表演 （Improv Prototyping） 15—20 分钟/轮	27.从目的到实践（P2P） 25—120 分钟
6.1-2-4-All 10—12 分钟	17. 共识-确定性矩阵 （Agreement-and-Certainty Matching Matrix） 30—45 分钟	28.生态环 (Ecocycle Planning) 60—95 分钟
7.金鱼缸会谈 (User Experience Fishbowl) 25—70 分钟	18.轮转和分享 （Shift & Share） 35—90 分钟	29.扰沌（Panarchy） 1—2 小时
8.15%解决方案 (15% Solutions) 15—20 分钟	19.听到-看到-尊重（HSR） 25分钟	30.我需要你什么 (What I Need From You) 45—70 分钟
9.25/10集体智慧 (25/10 Crowd Sourcing) 20—30 分钟	20.社交网络图 (Social Network Webbing) 45—60 分钟	31.名人采访 (Celebrity Interview) 25-60 分钟
10.三人行咨询 (Troika Consulting) 15—30 分钟	21.设计故事板 (Design StoryBoards) 20—70 分钟	32.启发式帮助 （Helping Heuristics） 15 分钟
11.畅谈咖啡馆 (Conversation Café) 35—60 分钟	22.开放空间技术 (Open Space Technology) 90 分钟—3天	33.实地观察与访谈 （Simple Ethnography） 1—6 小时

安全第一

准备好开始使用释放性结构了吗？请为你的首秀挑选一个安全的场所。当然，每个人对安全的感觉未必是一样的。医院首席执行官拉里既拥有资源和权力，个人又非常自信，因此工作坊一结束他就立刻开始使用释放性结构，什么也不能阻挡他把每次会议都作为尝试不同结构的机会。可能有人觉得从一种较为简单的释放性结构（如 1-2-4-All 或三人行咨询）开始会更自在。还有人倾向于和一小群自己信任的同事开始，先试试水，以增强信心并获得支持的安全方式。没有特别的规则，也没有对错。所需要做的只是尝试并体验结果。正如我们已多次强调过的，实践是学习每个释放性结构并发现由此产生的可能性的唯一途径。

强烈建议（如有可能）与你的合作伙伴一起开始你的早期实验。通过与可信赖的合作伙伴对话来决定使用哪种释放性结构，比只是在脑海里独自对话要容易得多。知道你的伙伴可以加入并支持你，你会感到轻松很多。最快的学习方法就是找一个能现场观察并事后帮你复盘的伙伴，这比独自练习要有趣得多。另外，合作伙伴一定会注意到你可能错过的重要细节。邀请你的伙伴特别注意观察你的担忧和恐惧，这可能包括你如何阐明目的、如何邀请参与、如何对小组成员间的动态做出反应、如何对新生成的见解和行动做出回应，以及与计划的偏离应如何调适。

如果你决定在开始使用释放性结构时与合作伙伴一起工作，请选择会对你的表现直言不讳地提供诚恳、直接反馈的伙伴。任何可信任的同事，无论其释放性结构的专业知识是怎样的，都会成为有益且机敏的观察者，这比你“脱网独自工作”更为可取。

打破传统

无论一个组织的使命和地理位置如何，释放性结构通常都与其习惯、传统和文化大相径庭。对于不熟悉释放性结构及其所能产生结果的新用户而言，这种反常现象可能会引发焦虑或恐惧。与新用户一起工作时，你需要注意他们的担忧。例如，可能有人会提醒你，人们会对此感到困惑或拒绝参加；可能有人会告诉你，“它”在这里行不通，不适用于“这种”文化或“这群”人。

经验告诉我们的正好与之相反。在比利时期间，我们建议采用即兴社交与五十名弗拉芒心脏病专家一起举办一个工作坊，这些专家当时正站在一个大房间里，准备晚餐前喝一杯。有人告诉我们，这种方法永远都行不通，因为它不适用于这批高级专家。“弗拉芒心脏病专家会双臂交叉盯着你，他们的眼神就足以杀死你”，信息是如此清晰明确：“不要这样做，你会让自己和我们都感到尴尬！”

可能有人会告诉你，“它”在这里行不通，不适用于“这种”文化或“这群”人。

但我们坚持这样做了，结果一点也不令我们感到惊讶，心脏病专家都很喜欢即兴社交。实际上，我们很难让他们从互相的交谈中停下，然后入座吃饭。这的确是旨在激发更多协作的会议的完美开端。他们立即带着新建立的信任和连接，投入到下一步行动计划的制订中。

显然，正如人们预期的那样，打破传统既唤起了人们的兴奋也引发了恐惧。这就是我们在多个国家和所有类型的组织中所发现的。有些人迫不及待地开始使用释放性结构，而另一些人则担心是否会被接受，如果偏离传统方法，他们的老板、同事、学生或客户会如何评判他们。你可能会遇到以下情况：

- 担心结果不可预测。
- 必须抗拒超越自己专业领域的风险，因为释放性结构将跨越边界。
- 担心会出现未必受欢迎的、更多的且多样性的观点。
- 害怕失去控制或以“错误的结果”收尾。
- 对未知或不确定性的莫名恐惧。

幸运的是，因为与参与者所熟悉的传统结构相比，释放性结构总是会产生更多令人满意且令人振奋的交互作用，所以这种恐惧感很快就会消失。使用释放性结构是无法提前对结果做出详细预测的，在任何背景或文化情境下，高水平的参与最终都会产生不错的结果。因此，新用户感到焦虑是正常的，但可以放心，因为释放性结构总能产生比预期更好的结果。那些体验过一次释放性结构的人很快就会发现，预期的结果很容易缓解挥之不去的焦虑感。

你自己的恐惧

对于将释放性结构引入组织，你有怎样的怀疑或恐惧？常见的是开始使用释放性结构时人们会感到不确定。“我不想看起来不知道自己在做什么”“我担心人们会认为这个工作超出了我的专业知识或职责范围”“我担心这一切看起来都很琐碎或敏感”，这是我们常听到的一些担忧。其他人则表示，担心在组织中使用释放性结构可能会暴露出令人尴尬的意见上的分歧。我们曾听说，不按常理出牌（例如，把专家请进来）来解决问题有多么令人不舒服。人们担心，使用释放性结构将引发无用的、不可控制的混乱，即冒险去做不熟悉和意料之外的事情时，所引发的对学习新事物、采取新方式的恐惧。

对于所有这些担心和恐惧，我们必须说，做吧！没有比立刻深潜进去并采用第一个释放性结构工作来克服恐惧更好的方法了。正如我们所说，从哪个释放性结构开始其实无关紧要。像大多数人一样，你可以从自己喜欢的几个结构开始用起来，并随着时间的推移扩大范围。随着经验的累积，每个释放性结构在特定情况下的独特优势将逐渐清晰，你会知道如何将它们结合起来以形成强大的组合来使用。你将学习一门新的语言，“让我们来做 TRIZ！”之类的话也会脱口而出。随着熟悉度的提升，你即兴发挥的能力也会增强。你将能够当场决定使用某个特定的释放性结构，或者根据当时的情况用另一个结构来代替。

随着你使用释放性结构取得成功的能力不断提升，你的信心也会越来越足，你的恐惧感会随之减少，但永远不会完全消失，因为不可预测性永远不会消失，你的成功总是伴随着很多的惊喜。这是从使用释放性结构中获得满足感的很大一部分原因。随着你逐步把更多的人、更多的职能部门和更多级别的人纳入进来，拥抱多样性，更加令人惊喜和兴奋的结果也会随之出现。

三种促进日常运用的路径

个人在组织中所处的位置不仅决定了其第一步该如何做，而且会影响后续为提升使用的流畅度而可采取的路径。

高层领导

拥有资源的高层领导者可以迅速地把许多不同的人聚集起来参加一次工作坊，一次工作坊大约可容纳 200 人（请参阅“沉浸式工作坊”），他们还可以通过建立机制来鼓励传播并支持不断增加的实践应用。一个身体力行使用释放性结构的高层领导者将向整个组织发出强有力的邀请，让更多的人加入体验的阵营。大量关键用户由此涌现，以克服现行工作的系统传统机制造成的巨大惯性。

我们有意使用“邀请”一词，因为我们认为，领导者利用其权力来强制推行释放性结构并不是一个好主意。相反，我们建议要为人们创造学习的机会，并让他们按照自己的节奏和舒适度进行。我们相信，随着自发采用者的热情和能量的不断增加，释放性结构的使用将得到最蓬勃地发展。因此，领导者的作用不是将其强加于人，而是在其被需要和受欢迎时提供大力支持。此外，领导自己必须成为用户，因为除此之外，绝对没有其他方法可以让他们充分了解释放性结构是如何提升组织绩效的。

领导每天都有很多机会开始实践，这些实践很容易被组织中的其他人复制。例如，用“设计故事板”代替常规会议议程表将非常显著地支持使用释放性结构，其不仅能明确每次会议的目的，还明确了达成目的的详细结构。

当人们体验并发现借此可以实现的结果时，释放性结构的传播最为有效。对领导来说，这意味着为人们创造机会，让他们在工作坊中接触释放性结构，或者让人们更方便地与他人一起结伴学习；这意味着在组织里的不同职能中支持实践社区的发展，以便让人们可以轻松地通过社交网络结伴学习；这意味着鼓励实践并分享成功或失败的经验。

不要试图说服任何人，语言是苍白的，但体验是鲜活的。

经理、个体贡献者和实践者

与高层领导相比，经理、一线员工及诸如教育工作者、护士等专业人员不大可能拥有大量资源。因此，他们实践的起点不是工作坊，而是直接运用单个释放性结构或在团队以及与同事的会议中运用几个结构。根据我们的经验，采取小步前行但经常使用，每次都进行彻底的复盘是最有效的推进方法。我们始终倡导要与一个伙伴一起工作，因为这会使学习过程更有效、更快、更安全，也更有趣。

我们经常会被问到："我想从现在开始使用释放性结构，但是我如何说服周围的人呢？"我们的回答始终是："不要试图说服任何人，语言是苍白的，但体验是鲜活的。"换句话说，只要一有机会，你就可以使用释放性结构，然后让喜欢它的人向你学习。然后再利用下次机会，下下次机会，以此类推。通过你带来的体验，人们可以发现并说服自己相信释放性结构的价值。

还请记住，所有使用释放性结构的新用户，只要愿意，都具备发起实践使用的潜力。首先要找到一个合作伙伴，然后有意识地为他提供帮助，或者邀请他参与体验来增强吸引力并提供支持。许多情况下我们看到，释放性结构的使用者应邀举办小型工作坊来扩大影响。例如，花费两三个小时讲解一些基本的结构，或者应邀帮助设计或引导会议。传播可以是自发的，也可以是有计划的。

内部或外部顾问

对于具有影响力但资源有限的内部或外部顾问，可以从关系最紧密的客户开始使用释放性结构，这是最有效的入门方法。随着经验的积累，他们很快将不得不做出选择，是为了自身利益把专业知识只留给自己呢，还是把尽可能多的客户变成用户。后者显然是更强大的策略，但这要求顾问除了要成为熟练的用户外，还要成为教练和老师。和客户一起共同设计和引导，最终也可能不再仅仅是指导一个人，而是要举办小型或大型团体工作坊来指导一群人。

随着工作的开展，可能需要在整个组织里向上探寻，超越最初接触到该组织的第一个用户，让高层领导参与并获得他们的支持。顾问要尽快放手，把释放性结构的引导交给他人，这并不容易。毕竟，这就像是在挖自己的墙角，看起来像是一种糟糕的商业模式。如果每一步你都分享自己的经验并邀请新用户接管，丰富他们的实践，谁还会需要你？虽然这听起来像是很合理的担心，但帮助组织充分获得释放性结构的好处所需要做的工作范围是如此之广，以至于没有哪个独立顾问会因此而没事可做，更可能是需求越来越多。涟漪会变成波浪。

对于那些通过阅读而非直接体验来学习释放性结构的人，显然，1-2-4-All 是一个起步时可以使用的非常安全的结构（请参阅“释放性结构实践指南”或第 3 章中的说明）。释放性结构是如此有效，任何会议都进行得非比寻常的有效，至少要找个机会体验一下使用 1-2-4-All 的优势。因此，从这个结构开始，然后当你觉得可以时，再尝试另一种结构。有十多种简单的可以尝试的结构，如三人行咨询、即兴社交、欣赏式访谈、W^3 反思法、畅谈咖啡馆、9 Whys、智囊团、15%解决方案。表 5-3 针对不同职位，列出了在组织中开始使用的路径。有关这些释放性结构的概述，请参见本章前面的 33 种释放性结构菜单（见表 5-1），然后根据“释放性结构实践指南”上的讨论将其转化为行动。

接下来就是将两个或多个结构组合起来使用，这可以让你更上一个台阶。找到热爱这个工作的同道中人并分享彼此的故事。尝试在生活的各个方面使用释放性结构：不仅在工作中，在学校、家庭和社交圈中它们也都有一席之地。

表 5-3　任意职位的五种开始路径

拥有资源可以让许多人参与的领导者	经理、个人贡献者和实践者	内部或外部顾问
1.赞助一个沉浸式工作坊	在日常工作中尝试使用一个基本的释放性结构，如1-2-4-All或TRIZ	在日常工作中尝试使用一个基本的释放性结构，如1-2-4-All或TRIZ
2.为你所在部门或公司的员工赞助学习小组（实践社群）并跟进	参加工作坊或跟随一个有经验的人来丰富你的应用组合。找一个伙伴	参加工作坊或扩展你的经验。为客户提出建议并组织第一个工作坊
3.鼓励在团队管理会议和项目中使用	尝试新的释放性结构并邀请社群的人来指导	通过项目扩展经验，开始教授领导设计并运用释放性结构来引导
4.开始在制定战略中使用	开始在工作群组以外的会议和项目中使用释放性结构	建立非正式的学习群组，邀请领导加入，衡量结果
5.扩展到制定组织战略时使用	为同事和经理提供指导或组织工作坊	邀请用户和准用户参与一系列小型工作坊

沉浸式工作坊

显然，学习并开始使用释放性结构的方法很多。我们认为，如果可能，其中最有效的一个方法就是体验沉浸式。释放性结构沉浸式工作坊就像是一门外语沉浸式课程，可以让你暂时远离熟悉的文化。在沉浸式工作坊中，除了体验释放性结构的语言和实践，并无其他安排，没有 PPT 分享、被管理的讨论、进展状态报告、头脑风暴或开放讨论。同一个组织里的人参加沉浸式工作坊（或者更好的是，在组织内举办沉浸式工作坊），可以形成释放性结构关键用户群，使其在组织内拥有一席之地并更有可能得以传播。

学习释放性结构并不难，但至少需要体验过一次才能理解并相信通过它们所能实现的目标。原因是其对结果的影响是违反直觉的，无法用占主导地位的自上而下的命令和控制型的组织文化来解释。幸运的是，你可以在不到一小时的时间里对大多数单个释放性结构有实际的了解，足以抓住要点，然后以很小的风险开始尝试使用。采用这种方法，因为见证了在简单、清晰的结构支持下，放开控制权时可以实现的目标，所以沉浸式工作坊的参与者通过反复的体验形成了新的思维方式。同伴的练习和复盘也会让他们对新方法增加更多的信心。参与者通过亲身经历发现了释放性结构原则的有效性，而非道听途说。

学习释放性结构并不难，但至少需要体验过一次才能理解并相信通过它们所能实现的目标。

目的是什么？

沉浸式工作坊的目的部分取决于参与者是来自同一个组织还是来自不同组织。

对于来自同一个组织的参与者，通常有以下目标：

- 让人们体验并学习在工作中他们需要一起实践什么。
- 就所有参与者共同关心的现实挑战和问题一起工作。

• 探索领导者、一线员工及多个职能部门一起工作时可以实现的目标。
• 发展足够多的关键用户，让释放性结构在组织里较容易拥有一席之地并得以传播。

沉浸式工作坊本身的设计就是释放性结构所有原则的快速缩影。例如，“把每个人纳入进来并人尽其才”（原则 1）在工作坊中是以参与人员的构成来体现的：把组织里不同层级和职能的人纳入进来，并有意识地让工作坊小组的构成与日后开始使用释放性结构一起互动工作时一致或相似。

对于来自不同组织的人参加沉浸式工作坊的目的是：

• 在短时间内体验多个不同的释放性结构。
• 欣赏释放性结构的普遍适用性。
• 发现一群不同的人在一起工作时有什么可能性。

同处一室的参与者来自不同的组织，可以接触到众多想法以及来自不同职位和领域的人。与其他类型的公开工作坊不同，沉浸式工作坊并不针对特定受众，如那些专门针对领导者、经理或人力资源等专业人士的工作坊。相反，该工作坊的构建使得每个人都可以提出自己的挑战，秉持的想法是参与的人越多样，就拥有越丰富的经验。

在多个组织参与的工作坊中，人们可以亲眼目睹在极具多样性的小组中可以实现的可能性。这为参与者提供了独一无二的机会来扩大社交网络并获得支持，以便其在自己的组织中采用释放性结构。另外，他们错过了在组织内部举办工作坊的主要好处：他们必须回到自己的组织——那里还没有人体验过释放性结构的力量，必须树立可信度并发展关键用户，在工作中实现新的可能性。不过，最大的好处是，他们可以了解到其他组织对同样的长期问题的体验，以及其他组织是如何解决这些问题的。

把谁纳入进来

释放性结构是关于一起工作的方法。最好的学习方式是共同学习。对于内部工作坊，要把具有共同利益的领导者、经理和一线员工这样多样性的人群纳入进来。只要能把代表整个组织的人群和管理层纳入进来，任何规模的群组都可以快速地一起学习这些方法，我们有过很多一次性同时与近 200 人合作的经验。一个典型的释放性结构沉浸式工作坊邀请方案如图 5-1 所示。

图 5-1　释放性结构沉浸式工作坊邀请方案

注：聚焦于单位或群组的改变，着眼于整个组织或社区。

之所以将一线员工和领导都纳入进来，是因为大多数组织面临的重要问题都涉及多个职能部门、层级和规则，而工作的完成在一线，不是在管理层。让他们聚在一起学习新的合作方式，可以创造机会，让他们可以自行发现共同应对挑战的方法。一起学习是发现释放性结构如何产生比预期更好的结果的有力方法。工作坊把多个层级和职能部门纳入进来也促进了实践社区的发展，从而可以在整个组织或社区中快速启动释放性结构。当每个人都在平等的立场上开始而无须等待许可的时候，信心就会得以树立。

对于组织里的领导来说，参加沉浸式工作坊是一种释放性的体验：他们发现自己无须控制了。随着一线员工表达自己的心声并越来越自信地参与工作坊作出贡献，领导者对要他们自己负责任的担忧也越来越少。这不仅使组织的一线充满活力，也让管理人员能够共同体会到，在那一刻，领导力和放下是可以兼容和互补的。

领导该有怎样的期待

赞助并参与组织中第一个沉浸式工作坊的领导预期可收获令人惊讶、不安、兴奋或令人放心的体验，或者上述所有感受。大型工作坊很可能是第一次，在同一个空间中聚集了如此多的层级和职能部门，共同按不同的方式组合起来解决问题，因此，发现什么是可能的本身就是非常令人惊异的体验。按照释放性结构所要求的，放开控制，这可能会令人不安。但幸运的是，好处很快就会显现，这提供了让人放心的依据，表明放开控制权可能更是一个负责任的选择。随着越来越多的参与者获得信心并作出贡献，共享的经验可能会令人振奋：哇！沉浸式工作坊对那些对传统方法感到沮丧并正在寻求创新的领导者特别有吸引力。每个人都参与其中并取得具体成果的体验是令人兴奋且令人放心的。

沉浸式工作坊的关键要素

自 2004 年以来，我们已经在拉丁美洲、欧洲、北美等 20 多个国家和地区举办过沉浸式工作坊。组织类型包括跨国企业、医院、政府、学校和非营利组织。值得注意的是，无论文化差异是怎样的，在全世界所有地方都取得了相似的结果。

为期三天的沉浸式工作坊可能具有表 5-4 中所示的主题和方法。每次工作坊的设计都针对组织个别的需求、特定的创新机会和共同的挑战。工作坊结束后，一对一的咨询是将体验转化为立即可采取的行动最行之有效的方法。

沉浸式工作坊旨在向参与者快速介绍大量的释放性结构，这是一种快速的“逐个体验”的学习方法。这个想法是让人们意识到释放性结构所能带来的各种可能性。此外，一次性涵盖多个结构也强调了针对任何特定挑战并非只有唯一的方法的理念。参与者还会收获另一个重要且清晰的信息：边做边学；一旦看到了释放性结构的应用并在工作坊中体验过，回去后你就可以用起来了。

沉浸式工作坊对每个释放性结构提供单独的体验。组织方设计团队确定对参与者当前重要的议题和问题，并设计体验活动来应对这些挑战。组织方快速提供多个体验，让大家体会到释放性结构可以为每个人和每件事提供方法。每个参与者都可以学习到，针对大部分情况可以有不同的释放性结构以供选择。根据我们的经验，无论出于何种原因，不同的人会被不同的结构吸引。沉浸式工作坊实际上可以确保参与者至少体验到一种他们喜欢的且适合当前挑战的结构。

表 5-4　沉浸式工作坊三天日程安排举例

第1天	第2天	第3天
即兴社交 迅速分享挑战和期望，建立新的连接	**社交网络图** 绘制非正式的关系网并决定如何加强网络联系，以达到最终目的	**探索与行动对话** 发现、激发并释放解决长期存在的问题的落地解决方案
1-2-4-All 让每个人都同时参与讨论问题/生成想法/建议	**悖论问题** 阐明一个团体要想成功必须面对的矛盾挑战	**9 Whys** 明确和澄清你们在一起的目的
欣赏式访谈 发现并基于成功的根本原因继续向前	**即兴原型表演** 为长期的挑战制定有效解决方案的同时，保持高趣味性	**STAR罗盘** 揭示能创造惊人价值的关系模式
最小规格 为达成目标仅指定“必须做”和“不得做”的清单	**金鱼缸会谈** 与更大的团体分享经验成果	**我需要你什么** 明确跨职能的基本需求，接受或拒绝支援请求
TRIZ 停止适得其反的活动和行为，为创新留出空间	**携手共画** 通过非语言表达方式揭示洞察并指明前进的道路	**关键的不确定性** 在一系列看似合理但不可预测的未来中开发策略
15%解决方案 探索并聚焦于每个人现在就具备资源并可自由开展的行动	**名人采访** 把领导者和专家的经验与个人连接，以应对当前紧迫的挑战	**从目的到实践** 定义出五个基本要素，以实现有弹性且持久的计划推进
三人行咨询 立即从同事那里获得实用和富有想象力的帮助	**畅谈咖啡馆** 让每个人都参与到对深刻挑战的认识中来	**生态环** 分析所有的活动和关系组合，以确定进展遇到的障碍和机会
W^3反思法 一起回顾迄今为止的进展，并决定需要进行哪些调整	**开放空间技术** 释放大规模团体的内在行动力和领导力	**第4天和第5天** 辅导+设计不同环节让个人和团队就一个挑战寻求帮助。我们一起共创接下来的步骤
	25/10集体智慧 快速生成并筛选团队中最有力的可行想法	

短期沉浸式工作坊

显然，由于并不总是能组织为期三天的工作坊，因此，只要依据以下目标来指导设计，一系列短期工作坊将会是有效的替代选择：

- 揭示释放性结构在应对各种挑战中的有效性。
- 确保每个人都有可能发现他或她想立即开始使用的一个或多个释放性结构。
- 通过针对不同主题的练习，帮助参与者共同建立信心。
- 展示释放性结构如何让新想法和答案反复自下而上地涌现。
- 说明释放性结构是模块化的且是如何轻松组合在一起的。
- 显示使用释放性结构生成结果是容易的。
- 还原一线工作条件下的速度。

作为一个粗略的指导原则，三个小时的工作坊可以体验四到五个释放性结构，而全天的工作坊则可以涵盖前述的两倍。在组织内部，经验丰富的用户还可以安排一系列微型工作坊，一次仅涵盖一个释放性结构，并让参与者分享他们的经验。我们的网站上提供了日程、演示材料以及一些开放工作坊的过程和结果的说明。

释放性结构辅导课程

辅导的目的是使参与者易于采取第一步，使释放性结构成为日常实践。参与者报名参加一小时的辅导，独自或与同事共同解决一些具有挑战性的问题或达成目标。辅导的目的是设计一系列释放性结构，以帮助他们应对挑战。典型的辅导将从一系列提问开始，以澄清问题或使更深层次的问题浮出水面，然后将继续涉及更多问题，包括谁需要参与、共同的目的是什么、有哪些资源或限制、希望获得怎样的最终结果等。在此过程中，辅导者确定了可能的步骤以及可以用来支持每个步骤的释放性结构，然后鼓励参与者提出自己的想法和偏好，以确定使用哪种释放性结构。辅导结束时至少要有一个具体的设计，以便参与者可以立即开始实施。第6章描述的结构串使用的实例，揭示了通过辅导可能出现的设计类型。

辅导结束时，人们知道自己可以做什么，只要愿意，他们就可以取得自己想要的结果。“将这些全部带回家”时他们清楚该做什么以及可以期待什么。下一步是决定单飞还是与一些伙伴合作，以便将相同的流程应用于一个又一个的挑战……

06 第6章 从第一步到结构串

学习使用释放性结构就像学习一门新的语言。首先，你要学习单词；然后，将它们组合成一个简单的句子，很快你就会用新学的语言组成一系列的句子了。

“如果你真的想了解某个东西，请尝试改变它。”
——库尔特·勒温（Kurt Lewin）

在第5章，我们使用简单的一句话来描述每个结构，以帮助你决定什么时候可以使用何种结构。当单个释放性结构足以应对某个挑战时，那句话就抓住了接下来将发生什么的核心。当从简单的应用变成更大的项目或需要通过更多步骤以达成更雄心勃勃的目标时，你需要把几句话连起来以描述和思考将要发生的事情。换句话说，你需要的不是一个或两个释放性结构，而是一系列释放性结构。我们称之为结构串。编写适用于挑战并能产生强大影响的结构串是你掌握释放性结构语言的第二步。设计结构串是非常有趣的工作，总会激发一群人去发现解决问题或利用机会的创新方法。为简化这项工作，我们开发了一套释放性结构设计卡，可以让你轻松快速地得出许多组合，或者你也可以简单地通过释放性结构菜单获得启发，确定要把哪些结构包含在结构串中。

与伙伴或一群人、设计团队一起完成结构串的编写是特别有效的方式。这始终是一项有意义的投资，因为会让人们自动澄清挑战的真实性质以及正确解决挑战所需采取的步编写工作总是从一系列问题开始的，如“我们要完成什么？为什么这是重要的？为什么？为什么？为什么？我们工作的真正目的和最深刻的需求是否清晰？谁将受到影响？……”

骤。使用 1-2-4-All 很容易让一大群人同时生成许多替代结构串，然后从中选择最具吸引力的。让他人参与进来编写并选择结构串不仅能让每个人都同步，而且还大大提高了小组即兴创作和快速适应的能力。

本章给出了有关编写结构串的建议，并提供了一些示例。我们认为，编写活动类似于作曲，其目的是要创建一个相互依存的整体方案，而不仅仅是几个释放性结构的堆砌。我们的目标始终是要获得比通过传统结构所能取得的好得多的结果，并打造团队快速适应的能力。

与释放性结构匹配的挑战

如果没有对挑战的性质以及所需完成任务更深层目的的明确认识，就无法确定哪种释放性结构更合适。因此，编写工作总是从一系列问题开始，如“我们要完成什么？为什么这是重要的？为什么？为什么？为什么？真正的目的和最深刻的需求是否清晰？谁会受到影响？目的是否明确？是否是所有相关人员共同的？若非如此，我们该怎么办？这对谁特别重要？还有谁可以贡献？有先锋队员吗？当这项工作完成后，会有什么不同？哪些对上、对下、对外和横向的连接会产生不同？主要障碍是什么？通常这个挑战是如何应对的？有哪些常规方法可以用？第一步做什么最有意义？合乎逻辑的第二步和第三步是什么？”

弄清楚这些问题的答案后，就可以轻松编写适合应对该挑战的一个或多个结构串。如果答案不合适或缺失，则表明在之前需要采用一个或多个释放性结构以增加清晰度。例如，如果目的不明确，请考虑把 9 Whys 放在你的结构串比较靠前的部分。使用释放性结构菜单或设计卡片中的动词和单词来激发你的记忆力和直觉思维。如“连接”“复盘”“创造空间”“发现”“成功”“生成想法”“分享经验”“第一步”“互相帮助”“反思”“集体智慧”“激发行动”和“传播思想”，这类词在不同情况下将触发不同的反应和想法。这些方法将为你在设计时对需要采用什么结构给予有效的提示。

此外，你所面对的每种情形都可能会在你脑海中形成一个诊断性的触发，即指向使用特定释放性结构的关键点或条件。没有产出的会议、团队陷入困境、产品或服务表现不佳及“分析性瘫痪”都是形成触发的例子，指向某个或某些特定的释放性结构。请密切关注这些有用的提示。

最后，在结构串中，挑选的第一个结构应该是你感觉用着顺手的，也是你喜欢的，并且是你认为会激发参与者积极响应的。

五类结构串

33 种不同的释放性结构可以构成成千上万种组合，我们从中选择了一些例子，可以让你快速了解自己可以编写的结构串。我们将其分为五大类。下面概述的结构串示例将适用于任意数量的参与者，无论大型团体还是只有两个人的小团体。不要犹豫，开始编写你自己的结构串吧！

目标 1：找到日常解决方案

寻找诸如以下的触发因素：会议死板或毫无启发性、人们花在分享 PPT 上的时间多于做事的时间、死板的做法成了阻碍、自上而下的倡议没人响应、引进的最佳实践不受欢迎等。其中任何一项都清楚地表明需要做出改变。例如，停止没有产出的活动，挖掘隐性知识来激发新想法，发现本地解决方案，建立信任以及协调行动。

结构串示例

TRIZ+1-2-4-All+15%解决方案+三人行咨询

用 TRIZ 为新想法腾出空间，停止没有产出的活动或刻板行为。邀请所有人用 1-2-4-All 生成新的想法。让所有参与者确定他们可以立即做什么，他们的 **15%解决方案**是什么，然后邀请他们在三**人行咨询**会议中帮助同伴扩展并加强各自的 15%。

9 Whys+1-2-4-All+15%的解决方案+25/10集体智慧（适用于15人以上的团体）

用 9 Whys 阐明目的。使用 1-2-4-All 邀请所有参与者生成他们无须额外资源、详细计划或特殊批准即可采取行动的**15%解决方案**。然后邀请所有参与者提出需要更多资源的更大胆的解决方案。在 15 人以上的团体中，使用 25/10 **集体智慧**筛选解决方案。

携手共画+1-2-4-All+15%解决方案+三人行咨询

邀请所有人通过非语言的表达方式来触达、揭示用以应对共同挑战的、隐藏着的见解和解决方案。通过**携手共画**创建共同的画面。使用 1-2-4-All 诠释图画并对涌现的解决方案和第一个步骤进行筛选和分类。要求所有参与者确定他们马上可以做什么，“你的 **15%解决方案**是什么？”然后邀请他们在**三人行咨询**环节帮助同伴扩展并加强各自的 15%。

金鱼缸会谈+1-2-4-All+悖论问题

帮助他人铺平学习和适应的道路，邀请一些志愿者通过**金鱼缸会谈**分享他们在面对复杂挑战时的经验和行为。通过 1-2-4-All，邀请所有人提出**悖论问题**，以揭示该小组在后续步骤中必须解决的悖论目标。

目标 2：共同关注到模式

寻找诸如以下的触发因素：小组成员愤世嫉俗、人们不再看到积极变化的机会、小组感到陷入困境、令人惊讶或震惊的偏离预期或扰乱市场的事件。以上任何一项都表明需要做出改变，例如，寻找新的方式来理解复杂的挑战、扩大解决方案的范围、通过将更多人纳入共同诊断模式以确定更多的行动计划并澄清系统范围内所需要的协同。

结构串示例

W^3反思法+欣赏式访谈+最小规格

结合 W^3 反思法澄清当前事实（小组从哪里开始探寻），这意味着是什么以及所建议的行动是什么。通过**欣赏式访谈**发现过去成功的模式和条件。通过**最小规格**将列表减少到必须做的和绝对不能做的，以确保成功推进。重新审视现在做什么的行动机会，并找出符合最小规格的内容。

轮转和分享+悖论问题+1-2-4-All

通过**轮转和分享**把各种创新活动公开化。通过**悖论问题**照亮通往更多成功和新颖混搭的狭窄道路。使用 **1-2-4-All** 对后续活动进行分类整理或拓宽道路。

畅谈咖啡馆+W^3反思法+ …… 下一个结构串

在经历了令人惊讶或震惊的发展之后，让每个人都参与**畅谈咖啡馆**，以反思并探索新情况的意义。分享事实和见解，用 **W^3 反思法**决定接下来的步骤。编写一个结构串，以便在后续步骤中取得进展。

即兴社交+STAR罗盘+1-2-4-All

促进分享、反思，用**即兴社交**来产生一些新的连接。使用 **STAR 罗盘**，共同诊断阻碍小组绩效的互动模式，并确定每个人及正式领导者可以采取哪些措施来纠正这些情况。使用 **1-2-4-All** 生成下一步行动。

我需要你什么+W^3反思法+金鱼缸里的智囊团

使用**我需要你什么**，邀请参与者阐明与其他职能部门有效合作的团队的战略性需求，并找出每个小组可以或不能期待得到什么支持。接着每个小组通过 **W^3 反思法**来复盘，决定自己现在该做什么？最后，所有团体的发言人都参加金鱼缸**智囊团**咨询会议，以激发更良好的关系和协调。在**金鱼缸**做智囊团的环节，让所有人同步。

目标 3：勾绘出原型

寻找诸如以下的触发因素：当前的活动、服务或产品效果不佳；有创造力的人感到沮丧或被孤立；没有明确途径生成新思路来吸引投资；重要的客户需求被忽略；给当前产品"打补丁"非常昂贵。以上任何一项都表明需要做出改变。例如，在迎接新事物出现的同时，揭示和明确已经在起作用的事物；画出成功的“块”，并以新的方式将它们组合起来；释放所有人的潜力来建造原型；加快协调、进步和迅速传播。

结构串示例

欣赏式访谈+TRIZ+生态环

通过**欣赏式访谈**，发现使过去的成功成为可能的模式和条件。借助TRIZ消除创新障碍。通过**生态环**明确组合中所有产品/服务的状态，并确定可以立即采取行动的机会。

金鱼缸会谈+实地观察与访谈+即兴原型表演

通过请最具备相关知识的人在金鱼缸中分享经验，揭示应对挑战的已知局限性。使用**实地观察与访谈**，利用生成的信息指导收集观察资料。利用这些信息进行**即兴原型表演**。

实地观察与访谈+W^3反思法+设计故事板

使用通过**实地观察与访谈**获得的结果来确定进行原型创造的机会。通过W^3 **反思法**中的三个步骤来复盘。使用**设计故事板**制订详细的计划进行现场测试和调适。

探索与行动对话+1-2-4-All+设计故事板

通过一系列的**探索与行动对话**重点关注应对长期挑战中隐藏着的解决方案。对话还将邀请同伴在自己的实践中开始采用成功的行为。使用1-2-4-All回顾个人和小组的成功，以便那些更高级别的解决方案得以显现。通过**设计故事板**勾画出路径，以确定如何进行跨小组或跨部门协作。

目标4：释放当地的行动

寻找诸如以下的触发因素：人们不愿冒险；正等待行动许可；层层的繁文缛节扼杀了创造力；花在分享PPT上的时间多于行动；陷入“分析性瘫痪”。其中任何一个信号都表明需要做出改变，例如，在没有详细计划或详尽预算的情况下，在大型团体中释放有目的的行动；以最小的授权限制来激发自由和责任感；改善对各种活动的协调。

结构串示例

开放空间技术+最小规格+25/10集体智慧

利用开放空间技术释放各项当地行动。然后，在**最小规格**所明确定义的边界内，通过 25/10 **集体智慧**来确定更大胆的计划，并邀请志愿者将其推进。

9 Whys+即兴原型表演+设计故事板

用 9 Whys 使参与者明确一起工作最深层的目的。使用**即兴原型表演**揭示解决这个更大目的时遇到的挑战，以及通过多样化参与而涌现的解决方案。将这些片段放到**设计故事板**中向前推进。

关键的不确定性+智囊团+15%解决方案

使用**关键的不确定性**，为不可预测的未来生成强大的压力测试策略。使用**智囊团**和 **15%解决方案**为每个人提供有关实施行动计划的跨学科建议。

目标 5：通过向外、向上扩展来传播创新

寻找诸如以下的触发因素：创新没有传播到其他群体、采用的创新规范不适合多样化的运营实际、地方一级的解决方案没有扩大规模、当地单位“博弈”或忽略了创新标准化实践的正式努力。以上任何一项都表明需要做出改变，例如，在团队、单位之间传播思想或创新，从当地扩展到区域、全球或政策级别，推动跨边界的变动和转化。

强有力的结构串示例

9 Whys+最小规格+生态环+扰沌

使用 9 Whys 说明你的工作对更大目标的意义，并使用**最小规格**确定必须做和不得做的事情。借助**生态环**，可以在你所在组织层面明确活动组合以及关系的状态。使用**扰沌**可以澄清在其他级别上影响你举措的活动和关系，并确定行动的机会。

9 Whys+社交网络图+15%解决方案+三人行咨询

用 9 Whys 阐明目的。然后，使用**社交网络图**确定可以吸引的个人和团体，无论他们是否有正式或非正式的连接。通过 **15%解决方案**，每个人立即决定自己可以采取哪些措施来增强和发展网络。使用三**人行咨询**，让每个人都可以就做什么和如何做获得进一步的建议。

名人采访+最小规格+生态环

通过**名人采访**与正式领导者建立更深刻的理解和信任。使用**最小规格**来确定传播改变必须做和不得做的事情。在**生态环**上绘制活动和关系的状态，并确定改变的机会。

探索与行动对话+1-2-4-All+扰沌+设计故事板

使用一系列的**探索与行动对话**发现针对长期挑战的隐藏性解决方案，然后使用 1-2-4-All 供所有参与者决定在他们的本地实践中应如何采取获得成功的行动。通过**扰沌**来集思广益，启发如何在其他级别上取得成功。通过**设计故事板**勾画出向上、向下和向外协调的路径。

从目的到实践+携手共画+整合-自主

使用**从目的到实践**来创建以共担权责为基础的组织设计。通过**携手共画**激发出富有想象力的解决方案，以应对既整合又自主的运营挑战。使用**整合 - 自主**描绘出跨越分布广泛的办公场地的特定工作（原则）。

这些结构串示例说明了在短时间内（通常不到 1 小时或 90 分钟）可以达成的目标，以及根据挑战的具体情况来编写更多其他结构串有多容易。为被惊艳到做好准备！通常我们无法在计划时间内完成结构串的编写，在还未使用全部结构串时，我们就已经具备和小组一起规划下一步的基础了。要确保留下结构串的记录，以便与他人分享。

07

第 7 章 从结构串到故事板

> “任何足够先进的技术都有其魔力。”
> ——亚瑟·克拉克（Arthur C. Clarke）

当一个项目或变革举措太大时，靠单个结构串是无法达到目的的，因而需要进行全面的设计。所谓的全面设计，其实也只是一系列按逻辑顺序连接在一起的结构串。本章给出了三个示例，这些示例是我们在这些方面的典型经验：

- 通过会议启动有多个利益相关者参与的协作项目。
- 通过一次静修会制定战略并建立新的管理团队。
- 通过一次峰会推动跨多个地区的大型运动。

正如你将看到的，某些情况下的设计可能非常简单，但在其他情况下则需要详细的故事板。

乍一看，这些设计似乎显得过于雄心勃勃或理想化。我们请你暂时搁置自己的评判：我们发现，随着参与者对释放性结构的了解越来越多，他们的想法和行动也在不断加快并深化。释放性结构能实现更多的可能性。其体验可能是令人叹为观止的，让人不禁怀疑这是否是真的。随着包容性的提升，人们将建立更多的信任，因为相信所以看见。有了共同的信念，就有可能取得更大的飞跃，并大胆地向前迈进。这就是我们一次又一次看到的情形。

启动有多个利益相关者参与的协作项目

来自多个组织（学校、小型非营利组织和企业）的25位领导者开始聚在一起工作，以吸引一家大型基金会出资资助开展一项涉及整个社区的活动。其目标是建立一个更健康、更充满活力的社区，他们需要一个“大创意”来促进协作并激发社区运动。一位出资者对此产生了浓厚的兴趣。大家感受到了张力，压力出现了。

所有设计均由内含逻辑顺序的步骤组成，每个步骤都有其目的，并由特定的释放性结构所持。

这次会议的设计旨在帮助整个小组逐步形成一个经过深思熟虑的大创意。会议过程由七个按逻辑顺序排列的步骤组成，每个步骤都有其目的，并由特定的释放性结构支持。在下面的过程中，用于激发参与度和生成想法的问题出现在每个设计的释放性结构下方。供会议引导者使用的重要过渡性说明用斜体字表示。

设计的逻辑顺序如下：

- 帮助参与者之间建立连接。
- 发现参与者之间的共同点和不同点。
- 找到切合参与者全部兴趣点的主题和模式。
- 从全部主题和模式所得到的启发中提取创意。
- 确定最具吸引力的创意。
- 深入挖掘，寻找到能给社区带来最大好处且能吸引到最大支持的创意。
- 阐明参与者作为一个团体绝对不能做的事情，以使其创意成为现实。
- 确定还必须把谁纳入进来。
- 决定下一步的行动计划。

由于25位领导者彼此并不相识，因此议程的第1步旨在帮助他们建立新的人脉关系，为后续协作铺平道路。第2个目的是揭示他们所面临的共同的和不同的挑战和期望。议程的第1步是使用**即兴社交**，具体如下：

第1步：即兴社交（15分钟）。

- 你希望我们的创意能解决什么挑战？你能为社区带来的一项新举措是什么？你从一项新举措中能收获什么？

在第2步中，参与者使用1-2-4-All确定切合其意愿的主题和模式，具体如下：

第2步：1-2-4-All（一轮或两轮）（10~20分钟）。

- 我们一起工作能产生什么不同的结果？请列出具体的行为以及健康的或经济的结果。

从个人分享中寻找两到三个主题。如果回答是具体的，并且从参与者的眼神中能看到这些也是具有吸引力的，那么进行一轮1-2-4-All就足够了。

在第3步中，使用25/10 **集体智慧**筛选出最佳的十个大胆创意，具体如下：

第3步：使用25/10集体智慧形成大胆创意（15分钟）。

- 如果你胆子再大十倍，你会怎么做？要让球滚起来第一步要做什么？

找出最有创意的想法并张贴在一张大的挂图上。

在第4步中，参与者使用1-2-4-All确定最有可能的想法，具体如下：

第4步：1-2-4-All（10分钟）。

- 你认为哪些想法会对社区产生重大影响？有没有一个出类拔萃的想法？你和你的组织可以支持并推动这个想法吗？

寻找一个最突出的创意。

在第 5 步中，参与者阐明他们绝对不能做什么。

第 5 步：使用 TRIZ 给创新创造空间（15 分钟）。
- 我们如何确保自己仅是名义上的协作社区团体，即除了自己之外，根本没有获得任何人的支持？

期待一个成功的提案，并开始在参与者之间建立一种行之有效的行为模式。

在第 6 步中，参与者确定还必须把哪些人纳入进来，具体如下：

第 6 步：社交网络图（20 分钟）。
- 我们还需要吸引谁来参与这个提案？我们应该开始和谁一起工作？谁会阻碍行动？谁能快速推进行动？谁是我们社交网络里可以依赖的专家？

把具体的人名写下来让其具备实操性。

在最后一步中，参与者就接下来的行动计划达成一致，澄清下个任务的五个方面（目的、原则、参与者、结构和实践）：

第 7 步：下一步行动计划。
- 写出建议书。
- 使用**从目的到实践**准备建议书。

开始编写建议书时，**从目的到实践**将提升小组将计划付诸实施的准备度。

在紧张、短暂的三小时会议后，25 位领导者对使用释放性结构的体验感到惊讶，对结果感到开心。他们有了自己的创意，这是他们共同工作的成果，他们明晰了下一步的工作并为接下来要开展的工作做好了准备。

制定战略并建立新的管理团队

新任命的系统首席执行官正在召集一个精心挑选的高管“梦之队”。 高管及其直接下属（30 人）应邀参加为期一天半的战略静修会。静修会的目标包括让团队走到一起共事，找出更具创新性的共事方式，回顾并形成市场战略。该组织目前正处于的有利市场地位使其能快速发展。

下面是由四部分组成的故事板议程，每部分都由为其量身定制的结构串支持（见表 7-1、表 7-2、表 7-4 和表 7-5）。

表 7–1　管理团队静修故事板（第 1 部分）

时间 / 主题	目标	释放性结构	为什么采用这个方式	步骤/时长
7:30 am 早餐会 8:00 am **欢迎**	让参与者相互熟悉；聆听不同的观点；开始共创边界；形成跨职能的松散连接	即兴社交	发出信号，每个人都被邀请并可以释放自己的潜能参与转型工作；解决方案分散（我们事先不知道本地解决方案）	两人一组进行三轮讨论（5分钟轮换）；5分钟总结 你有什么大的挑战？你希望为团队带来什么或从团队中获得什么
8:20 am 赞助人 **欢迎+准备**	连接并立即将棘手的问题提出来	名人采访（CEO）	以娱乐性的方式，从个人视角提出挑战和战略	事前提出棘手的问题让CEO做准备 25 分钟采访
8:50 am **明确目的**	增强个人和团队的使命感	9 Whys	邀请个人和整个小组承担责任，并共同设定界限 强烈的使命感生成自发性组织并吸引人们参与工作	为什么你的工作对团队很重要？在5分钟内完成配对采访 是否有理由让你的工作得到更大的关注？（四人一组）

第 1 部分（见表 7-1）的目的是发出明确信号，邀请每个人作为团队的一员走到一起，参与下一步行动，为制定大胆的战略做好准备。从**即兴社交**开始，该系列的释放性结构相较于通过大量 PPT 分享那样更具控制性的会议实践发生了巨大的转变。随即，人们会感受到自己与他人的连接变得更加紧密，从而更有可能作出贡献。CEO **名人采访**进一步敞开大门，指出了大家必须共同应对的重大挑战。这里给出的非常明确的信息是，领导者在静修会结束前也并不知道答案是什么。用 9 Whys 阐明目的，突显了这群人对公司和社区更广泛的重要性。在人际连接更紧密、团队目的更明确之后，在第一次休息前，静修会就为团队采取大胆的行动做好准备！

表 7–2　管理团队静修故事板（第 2 部分）

时间 / 主题	目标	释放性结构	为什么采用这个方式	步骤/时长
9:25 am **激发更多的创新**	创造一个让创新可以涌现的环境	 TRIZ + 1–2–4–All	TRIZ通过极其有趣的方式让人们参与非常困难的创造性破坏。创新需要开放的空间来扎根	3 个10分钟时间段 我们如何才能可靠地创建一个团队，让领导者更少的承担风险从现实走向未来……我们不能相互支持吗
10:20 am **发展战略**	让所有人参与进来以澄清战略及接下来的行动 在所有成员（新成员和既有成员）间共同努力朝相似的答案前进	 疯狂茶话会+Safari 战略	将注意力集中在（并避免陷入分析瘫痪）主要的五个问题上，这些问题可以迅速形成对战略和后续步骤的共识	成对地通过疯狂茶话会来完成14个开口句式，这些句子围绕以下主题： • 我们周围正在发生什么以至于需要我们做出调整? • 老实说，我们从哪里开始? • 鉴于我们的目的，现在看看什么是可能的? • 如果我们不改变，将面临什么风险? • 我们如何摆脱当前状态迈向未来

续表

时间 / 主题	目标	释放性结构	为什么采用这个方式	步骤/时长
11:30 am **总结** 12:00 午餐	收集每个人和整个团队的洞察和行动	W^3反思法	让每个声音都能被倾听，消除无用的争论，继续采取行动	每项10分钟，按以下顺序进行： 什么? 所以呢? 现在做什么呢?

第 2 部分（见表 7-2）的目的是让每个人都参与行动计划和战略的制定。这是又一次巨大的转变，因为在过去参与者并没有完全被纳入进来。TRIZ 通过识别要停止或需创造性破坏的行动或行为，为新思想的涌入提供空间。消除大障碍的决定通常会引发对创新的狂热。

为避免太过跳跃，**疯狂茶话会** +**Safari 战略**活动有助于快速创建一个更大的场景，在该场景下新战略需要得以执行。

在疯狂茶话会活动中，参与者组成两个同心圆，一个外圈，一个内圈。每个人都要面对另一个同伴，并在 30 秒内完成一个开放式的句子（见表 7-3）。时间到了，邀请参与者向右移动，面对下一个同伴完成下一个句子，以此类推。源源不断的句子把每个人的注意力都集中起来，大家一起回答 Safari 的问题（例如，如果我们什么都不做，那么对我们来说最糟糕的事情是……）。疯狂茶话活动会以一种非常有趣的方式迅速引发了一系列更深刻的思考和战略见解。然后，Safari 战略的五个主要问题把大家的注意力集中起来，并形成了对战略和后续行动的共识。

表 7–3 疯狂茶话会 + Safari 战略活动

疯狂茶话会开口句式

- 首先启发我从事这项工作的是……
- 我们必须学会与之共处的是……
- 我们必须适应的不确定性是……

续表

- 在目前的形势下，我发现具有挑战性的是……
- 在我们采取下一步行动之前，我们不能忽略……
- 我们应该停止做的（或撤资）是……
- 我希望在这项工作中能发生的是……
- 我看到我们的一个巨大机会是……
- 如果我们什么都不做，那么对我们来说最糟糕的可能是……
- 我们没有进行过的勇敢对话是……
- 帮助我们前进的行动或做法是……
- 我们正在进行的一个让我充满信心的项目是……

五大Safari战略问题

- 周围正在发生什么以至于需要我们做出调整？
- 老实说，我们从哪里开始？
- 鉴于我们的目的，现在看看什么是可能的？
- 如果我们不改变，将会面临什么风险？
- 我们如何摆脱当前状态迈向未来？

有了行动的想法以及战略背景的轮廓，W^3 反思法可以用来让参与者在静修会结束前早早开始收获向前迈进的最好主意。这为每个人提供了更多的时间把已经释放出来的行动、想法结合起来思考。同样，每个声音都被倾听，呈现了所有可能性的意义，许多参与者都将给出令人惊讶的见解。

表 7–4　管理团队静修故事板（第 3 部分）

时间 / 主题	目标	释放性结构	为什么采用这个方式	步骤/时长
1:00 pm	共同深化行动战略	 智囊团	激发个人行动和支持技能	4~7人的团队：每个人都要接受咨询

续表

时间 / 主题	目标	释放性结构	为什么采用这个方式	步骤/时长
继续深化战略思考和行动	建立信心，挖掘和筛选团队智慧	 25/10 集体智慧	生成并对启发性战略分类	每个人在20分钟内提出并整理大胆的行动构想
	既见树木，又见森林	 生态环	推进战略关系和产品服务组合	战略关系和产品分为以下几个阶段：新生、成熟（僵化陷阱）、创造性破坏、再生（贫穷陷阱）
	共同加强跨界协调	 我需要你什么 金鱼缸会谈	有助于解决跨职能边界的难题	**我需要职能部门领导做什么：** • 战略 • 运营 • 子公司管理团队 • 慈善 • 系统管理团队 • 财务
5:00 pm **第1天总结** 5:30 pm	随时收集涌现的见解和行动	 W^3反思法	使每一个声音都能被听到，消除无用的争论，继续采取行动	每项10分钟，按以下顺序进行： • 什么? • 所以呢? • 现在做什么呢?

第 3 部分（见表 7-4）的目的是在前两个部分的基础上进一步深入探讨针对个人和小组挑战的解决方案。**智囊团**和 **15%解决方案**通过关注个人问题来开始工作，通过同伴咨询建立内部信心并激发实际行动。以更多的个人信心为基础，**25/10 集体智慧**将为整个团队带来大胆的战略。退一步既见树木又见森林，所有新出现的和现有的战略将全部呈现在**生态环**图形中。

整个战略组合的全貌得以出现，而**生态环**中的每个项目都有建议来推进工作。为了立即获得实际结果，使用“我需要你什么”将注意力集中在一项需要高水平跨职能部门合作的重大挑战上。跨边界解决一个战略难题对解决许多其他困难都会有帮助。当小组成员有机会看到并感受到工作在向前推进时，就会产生创造性的张力。

用 W^3 **反思法**结束第一天，每个人（尤其是思考较深的思想家）都会有时间思考当天的行动，更有可能就战略的制定和实施形成共担权责感。经过这样的一天后，尽管所有人都会筋疲力尽，但都会为此感到振奋，因而需要一个充满乐趣的夜晚来解压。

表 7-5　管理团队静修故事板（第 4 部分）

时间 / 主题	目标	释放性结构	为什么采用这个方式	步骤/时长
8:00 am **开场反思**	完善当天的议程	1-2-4-All	让所有人参与制定当天的议程	问："我们今天能做什么来推动团队和我们的战略向前？"
8:20 am **进入行动**	在对参与者最重要的战略上激发行动	开放空间	开放空间技术促进了自由和问责制。由于参与者创建了自己的议程，因此后续跟进活动得到了加强	主题：要达成我们的目的，我们需要做什么或停止做什么？两个60分钟的并行时间段
10:30 am 为惊喜做准备	随着惊喜的出现，以敏捷和快速的方式创造性地适应	关键的不确定性	想象合理的市场场景以测试当前战略并迅速适应市场变化	创立四个可能的方案。然后，制定稳健的对冲战略以确保未来能在每种情况下都成功运作
11:30 am **总结** 12:00 pm **结束**	收集涌现的见解和行动	W^3反思法	使每个声音都能被听到，消除无用的争论，继续采取行动	每项10分钟，按以下顺序进行： • 什么？ • 所以呢？ • 现在做什么呢？

时间到了第二天早上，第 4 部分（见表 7-5）的目的是让小组投入行动，并为

将来的工作打下基础。该小组通过**开放空间技术**专注于行动和战术。在前一天**生态环**、25/10 **集体智慧**和**我需要你什么**构想建立的基础上，**开放空间技术**将注意力集中在如何推进一个战略上。会议召集人引导小组的工作，以生成行动计划。

该小组使用**关键的不确定性**评估了每种战略在未来四种运营环境中的有效性。这项活动中发现的差距和创新机会将在下一次静修会中得到解决。这为该小组正在进行的工作提供了创造性的张力。

最后一轮，用 W^3 **反思法**结束静修会，让大家尽情感受工作坊期间产生的友情、成就感和动力。详细的行动计划和后续行动将在会议记录文件中被汇编，仅需付出一点额外的努力。**生态环**、**我需要你什么**、**开放空间技术**和**关键的不确定性**环节的输出对立即采取后续行动并为准备下一次静修会特别有帮助。

推动跨多个地区的大型运动

一项民族运动发起两年后，发起者邀请了来自五十个州的四百名领导者参加了在该国首都举行的全国峰会。一些州运动的开展已经达到较高的水平了，而另一些州则刚刚起步。我们的目标是激发每个州更多的参与，恢复对变革的希望，并在深化战略思考的同时激发大胆的行动。来自各州的团队将用两天的时间学习和分享。

全国峰会故事板分为三个部分（见表 7-6 ~表 7-8）。

表 7-6　全国峰会故事板（第 1 部分）

时间 / 主题	释放性结构	为什么采用这个方式	步骤/时长	注释（会议记录的一部分）
8:00 am 社区欢迎	 即兴社交	鼓励并释放所有人应邀参与变革的信号；解决方案分散（我们事先不知道本地解决方案）	两人一组进行三轮（5分钟轮换）；5分钟总结 你所面临的大的挑战是什么？你希望为社区的领导团队带来什么/从团队中获得什么	引导顾问 全体参与者 混合式参与

续表

时间 / 主题	释放性结构	为什么采用这个方式	步骤/时长	注释（会议记录的一部分）
8:15 am **发起人欢迎发言+场地准备**	名人采访	以有趣的方式从细微和个性化的视角看待挑战和战略	简单介绍&欢迎辞 采访变革领导者 提前准备问题	发起人名人与主持人 合成者 按区域分组 *领导力洞见
9:00 am **澄清目的**	9Whys	邀请每个人和整个小组作为一个整体拥抱自己的变革，并共同设定界限。强大的目的生成自发性的组织	为什么你的变革工作很重要？在5分钟内完成配对采访 集中精力开展这项工作是否合理？四人一组 详见描述	引导顾问 合成者与收割者 图形记录者 按区域分组 *目的声明
9:25 am 激发更多创新 茶歇	TRIZ	TRIZ通过十分有趣的方式让人们参与非常困难的创造性破坏。创新需要开放的空间来扎根	3个10 分钟时间段 我们怎样才能保持做同样的事并期待不同的结果	引导顾问 收割者 合成者 图形记录者 混合式参与 *停止做的行动

目的必须强大，才能吸引广泛的参与，这是成功运动之命脉。

第 1 部分（见表 7-6）的目的是邀请每个人共同制订下一步计划，以促进更加多元化的参与，激发大胆的行动和更深刻的战略思考。从**即兴社交**开始，这一系列的释放性结构相较于 PPT 分享或其他一些更具控制性或非有意排他性的常规实践，开始有明显转变，每个人能立即感到更多的连接。对发起人中的一位领导者进行**名人采访**，向所有人——尤其是那些最接近挑战的人揭示了大家必须共同创造性地应对的重大挑战，进一步敞开了欢迎参与的大门。这里明确的信息是，即使是专家级别的全国性领导者，也不会在工作完成之前就知道答案。

用 9 Whys 把所有人都纳入进来以阐明目的，突显了不同个人和地区的贡献对更广泛的民族运动的重要性。更重要的是，目的必须强大，才能吸引人广泛的参与，这是运动成功之命脉。随着各种关系的确立并在不同级别都建立了更加集中的目的之后，就可以采取大胆的行动了。TRIZ 释放了“停止做”的行动。看到巨大的障碍将被消除，改变未来的想法也由此激发。

在整个峰会期间，如故事板中“注释”列中所示，引导顾问、发起人、图形记录者和参与者收获、合成和发布从这四百人的大群体中所释放出的全部智慧。随着峰会的进行，洞见和行动的想法得以被收集，以便在会议结束时发布会议记录性文件。

表 7-7　全国峰会故事板（第 2 部分）

时间 / 主题	释放性结构	为什么采用这个方式	步骤/时长	注释（会议记录的一部分）
10:30 am **成功故事**	 **欣赏式访谈**	积极的故事可以吸引更多的成功，并有助于确定有效的投资	两人一组，四人一组，然后所有人一起。跨州收集条件和成功案例	引导顾问 混合式参与 *成功的根本原因
11:30 am **行动计划** **午餐**	 图形游戏计划	图形游戏计划使参与运动的每个人都可以看到战略背景和行动。使用图形游戏计划进行优化升级可以帮助协调进行中的工作	图形游戏计划放在参与者资料包中+超大的团队“餐垫”。加入国家级专家以提供少量指导或仅参与区域团队的计划	引导顾问教练在区域小组中 * 在大屏幕上显示两个游戏计划

时间 / 主题	释放性结构	为什么采用这个方式	步骤/时长	注释（会议记录的一部分）
1:00 pm 开放空间 非会议①	 开放空间技术	开放空间技术促进了自由和问责制。由于参与者制定了自己的议程，因此后续活动得到了加强	主题：我们需要做什么或停止做什么来推进变革？ 参与者生成议题并召开会议 两个60分钟的并行时间段，大约从下午1:30开始，到3:30结束	发起人分享最小规格 引导顾问开启开放空间技术 混合式参与 *开放空间技术主题和日程
3:45 pm 发展对下一步的共识	 疯狂茶话会+Safari战略	将注意力集中在（并避免过度分析）五个大问题上可以快速生成对战略和后续步骤的共同理解	两人一组，通过疯狂茶话会完成15个开口的句子。在混合组中进行排序和筛选，然后在团队中进行筛选。在大屏幕上投影少数几个得票最多的答案，收割者收集并与合成者沟通	引导顾问 合成者 混合，然后在区域小组中和教练们一起
4:30 pm 第1天结束	 W^3反思法	使每个人的声音都能被听到，消除无用的争论，并继续构建游戏计划	每项10分钟，按以下顺序进行： • 什么？ • 所以呢？ • 现在做什么呢	引导顾问 在区域团队里 *最重要的5个战略问题的答案

第 2 部分（见表 7-7）的目的是使每个人都参与制订行动计划及区域性战略。同样，这一系列的释放性结构又是一次转变，因为过去并没有把参与者完全纳入

① 非会议：指一种由参与者发起，而不是由主办者发起的非正式会议。——译者注

进来，并且大家一直在等待中央或上面来的指示。为了更深入地探讨个人或区域小组面临的挑战，**欣赏式访谈**开始时，要更关注成功的根本原因，并通过讲故事来分享。每个人都被邀请与另一个州的人分享成功的故事。配对访谈将建立内部信心，并激发联盟内和联盟间的实际行动。

随着同伴学习的开展，以及脑海中所形成的行动想法，图形游戏计划（表 7-7）被用于收集顶尖的想法，以便在每个区域团队中不断向前推进。诸如图形游戏计划（图 7-1）之类的视觉工具使一天剩余时间中，所有人围绕的战略工作将变得更清晰、引人入胜且更透明。参与者可以单独或一起理解整个上午产生的各种行动和想法。同样，在探求推进自己所在区域和全国性转型战略的所有可能性时，每个声音都得以被倾听。

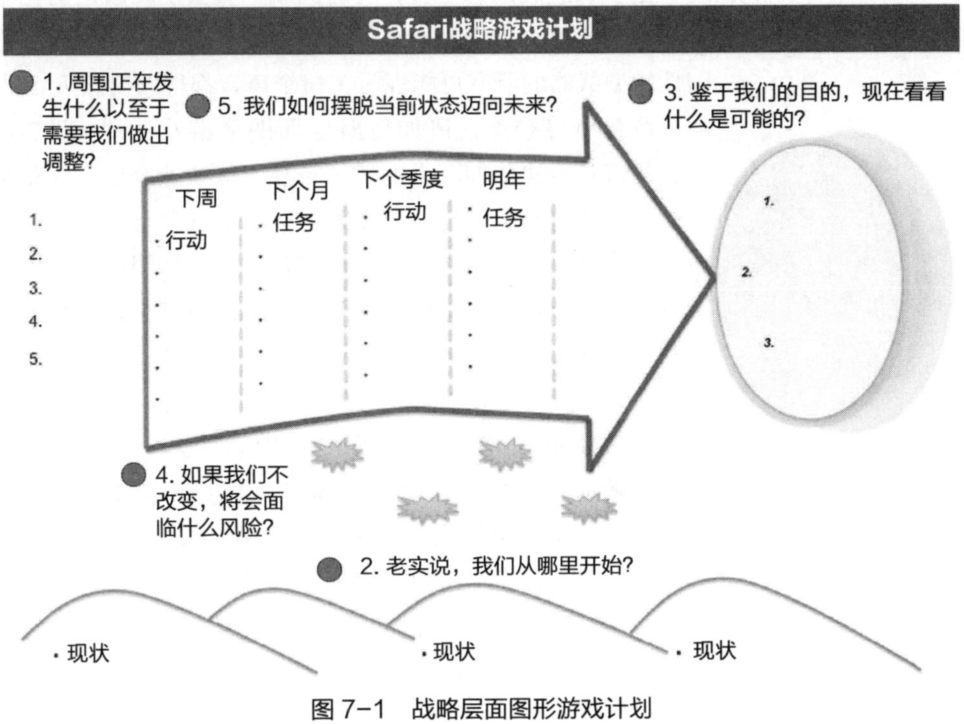

图 7-1　战略层面图形游戏计划

午餐后，小组通过**开放空间技术**更深化行动和战术。借助上午从**名人采访**、9 Whys、TRIZ 和**欣赏式访谈**中所获得的洞见，**开放空间技术**将注意力集中在每个区域中可以推进转型的应停止或开始的活动上。召集人在会议期间引导小组会议，

每个人都可以看到他或她的贡献是如何帮助他人和全国性转型的。

记下有关后续行动的信息，必要时可在峰会后继续领导小组。具体的行动计划便得以生成了。

然后使用疯狂茶话会 + Safari 战略为新兴战术增加乐趣和战略背景。疯狂茶话会的开口句式引发了热烈、广泛而通俗的对话，随着疯狂茶话会的展开，新颖的想法和更深刻的见解不断涌现。Safari 战略的五个主要问题把注意力聚焦，并对战略和后续步骤产生了共同的理解。（表 7-3 中列出了疯狂茶话会 +Safari 战略触发因素。）

用 W^3 **反思法**来结束这一天，继续收获前行的最佳想法。总结工作在峰会结束前早早就开始了，这使得区域性小组中更多有想法的思考者，有时间就一整天所释放出的行动和战略进行综合思考。同样，在探求推进自己所在地区和全国性转型战略的所有可能性时，每个声音都得以被倾听。

在整个峰会上，诸如战略层面图形游戏计划（图 7-1）之类的视觉方法使四百人的群体智慧得以快速合成、收获和发布。随着峰会的进行，工作人员收集见解和行动想法，以便在会议结束时发布会议记录性文件。大型挂图记录了正在进行的工作。每个人都可以看到他或她的贡献是如何帮助个人和进行普遍性转型的。这是艰苦的工作，预计会有一点疲倦。因此需要一个充满乐趣的夜晚来放松放松。

开放空间技术一直持续到峰会第二天的早晨（见表 7-8）。随着更多行动和动力的释放，**25/10 集体智慧**在每个地区乃至全国范围内生成了大胆的战略并按优先级排序。参与者感觉到，在本地和全国范围内还有更多的可能性，并且是在他们能触及的范围内。为了帮助来自各地区的参与者在返回家园时能够立即行动起来，计划再次捕捉了在各州能吸引人们广泛参与的各种顶级战略和行动。

退一步既见树木又见森林，将所有新的和现有的战略用**生态环**呈现出来。每个区域团队都完成了其本地组合图，并就关键战略关系为全国生态图作出了贡献。区域和全国活动之间的协同作用和差距将呈现出来。建立新的关系并吸引多元化的参与是一些正在涌现的明显挑战。全国和各州领导者在看待自己取得的成就和前行的道路上获得了新的视角。

在结束这个以人为本、自行召集、自我获益的峰会时，W^3 **反思法**让大家尽情感受着峰会期间涌现的同伴情谊、信心、成就感和动力。会议结束时，大家起立鼓掌，并领取会议记录带回家。

表 7-8　全国峰会故事板（第 3 部分）

时间 / 主题	释放性结构	为什么采用这个方式	步骤/时长	注释（会议记录的一部分）
8:30 am 开放空间 非会议 **11:15 am** **生成大胆想法与设定优先次序**	 **开放空间技术**  **25/10** **集体智慧**	开放空间技术促进了自由和问责制。由于参与者制定了自己的议程，因此后续活动得到了加强 快速使整个团队参与并确定战略优先级	主题：我们需要做什么或停止做什么来推进转型? 参与者生成议题并召开会议 两个60分钟的并行时间段 大胆的想法+在索引卡上传递并对第一步打分	图形记录者 收获者 编辑、合成者 混合式参与 *新闻墙60~80个召集人报告 *前10个大胆的想法
12:00 午餐			按开放空间技术的小组分房间	
1:00 pm **行动计划**	 **图形游戏计划**	聚集开放空间技术所释放的能量和动力 图形游戏计划使所有参与人员都能看到战略背景和信息	对超大团队继续以“餐垫”进行图形游戏 加入国家级专家以提供少量的指导或仅参与区域团队的计划	辅导教练 收割者与合成者 按区域性团队 *在大屏幕上投影两个游戏计划

续表

时间 / 主题	释放性结构	为什么采用这个方式	步骤/时长	注释（会议记录的一部分）
1:45 pm **战略性行动**	**生态环** **组合回顾**	每个人都可以筛选确定优先次序并增进与不同联盟成员的关系	战略关系分为以下几个阶段：新生、成熟（僵化陷阱）、创造性破坏、再生（贫穷陷阱）	引导顾问 合成者与收割者 先按小组，然后混合 *生态环组合图
3:00~3:30 pm 总结及结束	W^3反思法	建立在游戏计划上，总结可以带走的见解和行动	每项10分钟，按以下顺序进行： •什么？ •所以呢？ •现在做什么呢？	引导顾问 发布峰会会议记录

为大型项目进行设计

尽管上述示例的结构串和详细的故事板可能功能很强大，但我们不希望你复制它们。这并不是秘方或最佳实践。每个设计构成都应与实际背景和独特的用户需求相匹配。使用释放性结构进行编写设计，始于你对用户需求的理解。

为雄心勃勃的目标和大型活动做准备，类似于上面有关推进运动的示例，看起来很复杂，其实并非如此。这实际是一个简单的过程：你可以通过明确的目的引出用户最深层次的需求，并使用与其一致的微结构相匹配。如上面社区会议的例子所示，一个简单的议程可能仅需明确要使用的结构、旨在激发想法的问题、为每个主题分配的时间以及从一个结构到下一个结构过渡时要关注的关键问题的注释。

更详细的故事板方法可以让你仔细定义实现目的所需的全部微观组织元素，即构建邀请、所需空间和材料、参与方式、分组、步骤和时间分配。

设计概述

简而言之，为活动、会议或举措撰写议程或设计故事板涉及一个准备阶段和一个四步撰写过程。

• 准备

通过询问“为什么”来澄清目的：为什么这次活动会议或举措很重要？问：“经过这个体验之后会有什么不同？我们应该开始做什么？我们应该停止做什么？”继续前进直到无法深入为止。

继续前进直到无法深入为止。

• 创作

选择适当的释放性结构，帮助你逐步达到目的或实现目标，最好与合作伙伴或多元化的设计团队合作（请参阅第5章）。对于长时间进行的大型项目，强烈建议你与设计小组合作。针对介于当前和期望的最终结果之间的每个目标或挑战，尝试回答以下问题：

（1）什么样的释放性结构适合这一挑战？

筛选并对选项进行排序。参考第5章中的释放性结构菜单和“释放性结构实践指南”中“让什么成为可能”的描述。许多释放性结构都非常适合混搭。便签可以帮助你更灵活地调整、再调整或放弃。

（2）这项活动可能会产生哪些见解或结果？

如果需要，请重新阅读释放性结构菜单和“让什么成为可能”的描述，预见小组成员之间积极而迅速的行动。过去拖慢进度的事物可能很快会消失。将你的大纲分解成可以独立设计、独立运行的步骤或部分（不要从一开始就尝试进行全面的设计）。

（3）现在让什么成为可能？

尝试去预见对理解的飞跃，并准备好采取行动。先信而后见。释放性结构将建立“团队天才”和速度。如果可能，请对设计元素进行预测试。与设计合作伙伴或将要参加小组会议或活动的人员一起尝试或邀请他人参与。考虑在不同阶段、不同小组中进行测试和审核。依靠设计团队成员来完成工作，带着你的经验前行。

（4）下一步可以采取什么行动或活动在小组成员之间建立动力、广度和深度？

重复上述步骤。

你将不断发现并创造、调整设计。打乱顺序和时间可能会使其进展得快一些，或者可能需要多个环节。创作并不是一门精确的科学，此处的简短描述仅说明了为产生可行设计需要考虑的事项。

即使设计的某项活动最终看起来好像不是正确的选择也没有关系，释放性结构的组合是有意按模块化方式进行的：当一个活动没有产生预期的结果时，请即兴发挥，选择另一个结构并继续向前。重复设计环节，无论是事前还是当场，从准备工作到后续跟踪，你的技能都能很快得到提高。

3 第三部分

来自实践的故事

我们发现世界各地的人们将释放性结构应用于各种不同的活动中。通过释放性结构取得显著成果的例子似乎也没有任何边界限制，无论是在工作场合改变开会方式这样简单的成果，还是扭转整个企业局面的硕大成果。根据我们的经验，没有什么场合或情形是释放性结构不能起作用的。唯一的限制是你的想象力，以及你对通过尝试新的、不同以往的结构来与他人互动的意愿。

在本部分所举案例中，你将遇到律师、业务主管、教授、立法者、护士、医生、学生，以及其他发现并将释放性结构付诸实践且取得非凡成果的人。选取他们的故事是为了表明：选择一个或多个释放性结构并将其引入你的日常工作其实很简单，并且这能让你从组织里不同层级的人员中获得更大程度的包容和更好的协作。

“我们不是因为困难才不敢；而是因为不敢我们才感到困难。”
——塞内卡（Seneca）

正如你将读到的，这些故事发生在各种类型的组织中，从卫生保健、学术，到全球商业企业、地方司法和立法系统，以及国家和国际研发领域。这说明了在各种情况下，释放性结构可以实现的深度和广度。

本部分每个故事都展示了领导者如何运用释放性结构来实现一个宏伟的目标，包括从通过一项法案到防止致命的感染，再到扭转业务局面。尽管有许多障碍和反对者，但这些领导者还是鼓起勇气，聚集了所需的能量走出了一条本不存在的前行之路。通过体验释放性结构，他们成功地将许多其他人纳入进来共同探索下一步。一路上，他们发现了更好的组织方式。

我们选取的这 11 个故事不仅展示了释放性结构会让什么成为可能的范围，还展示了释放性领导力在此过程中是如何产生的。所有故事的主角都邀请大家采取行动或作出贡献。很少有决定是预先做出的，正式的权威也很少被动用。僵硬的旧方法被创造性地破坏了，为创新腾出了空间。通过令人惊讶的转变，超出预期的结果实现了。

以下是这些故事以及释放性结构肩负的挑战：

修复破碎的儿童福利系统——蒂姆·贾斯科-菲舍尔（Tim Jaasko-Fisher）
习惯于对抗性互动、对系统变化冷嘲热讽的各种利益相关者如何跨越职能界限工作，以解决长期存在的问题。

让具有包容性的高风险决策变简单——克雷格·耶特曼（Craig Yeatman）
包容性领导力如何也能大胆且果断。

扭转业务局面——艾莉森·乔斯琳（Alison Joslyn）
领导者如何成功邀请组织中的每个人承担起更多责任，以扭转业务局面。

创造未来医疗保健实践——克里斯·麦卡锡（Chris McCarthy）
艰苦的工作、技术、想象力及新颖的协作方式如何带来真正的创新。

在课堂上创造更多的内容、连接和想法——阿文·辛加尔（Arvind Singhal）
一名教授如何超越“讲台上的贤者”的教学法而取得成功。

获得承诺、责任感和贯彻始终——尼尔·麦卡锡（Neil McCarthy）

如何加快共同决策的步伐，并在跨国企业的不同领导者中贯彻到底。

鼓励持久的文化变革，预防院内感染——迈克尔·加丹（Michael Gardam）

如何在解决一个大难题的同时进行持久的文化变革。

戏剧化地改变行为以阻止感染——雪莉·贝朗格（Sherry Belanger）

如何通过游戏的方式成功解决严重且长期的挑战。

开发医学教育能力——戴安娜·马格雷恩（Diane Magrane）

当成功需要每个人一起发现什么在起作用，同时一起做出改变时，医生和研究人员如何能够同时跟随并做出引领。

通过蒙大拿州参议院第29号法案——琳达·伯克·莫斯（Lynda Bourque Moss）

在这个无情的立法世界里，如何基于当前的工作机制和选民的愿望取得成功。

超越自上而下的命令和控制文化——乔恩·韦莱兹（Jon Velez）

领导者如何改变IT组织的文化，负责任地放下控制。

修复破碎的儿童福利系统

——蒂姆·贾斯科－菲舍尔（Tim Jaasko-Fisher）

年轻的律师蒂姆·贾斯科–菲舍尔说：“儿童福利法是一个高风险领域，仅从字面上看就意味着幼儿的生死。”他利用释放性结构来改变破碎的儿童福利系统。

蒂姆·贾斯科－菲舍尔是一位年轻的律师，对改变儿童福利法充满热情。他对该项工作的奉献一定程度上源自他对陷入系统困境的人们的同理心，无论是对系统的管理者还是对预期的受益者而言，这个系统运作得都不顺畅。

儿童福利系统旨在帮助那些遭受虐待或被忽视的家庭和儿童。但是，蒂姆说：“事实上，尽管每个在该领域工作的人都承认要解决问题就需要建立跨部门的合作，但资源通常被割裂开来。”他相信修复该系统的最佳解决方案来自当地从事此项工作的人们。蒂姆从华盛顿大学法学院投入到该项工作中，利用释放性结构让法院系统发挥效用，把跨越职能和专业的创新释放出来，用以服务儿童和家庭。一个例子就是他为系统中代表不同职能和专业的参与者组织设计的一个专题讨论会。

组织设计领导者工作坊

参加蒂姆工作坊的人包括儿童福利工作所涉及的所有职能人员：法官、律师、法院书记员和社会工作者，共有 70 人。如此庞大、多元化的团队齐聚一堂、相互交谈是一个难得的机会，蒂姆希望充分利用这一机会。他组织本次会议的目标是让众多参与者以有条理的方式思考他们的工作。这是一个大胆的想法。

蒂姆回忆说：“参与者分为两种类型，分别是：认为已经无能为力的人和正在寻求有效方法积极参与的领导者。”有一位属于第一种类型的参与者，他简洁地总结到：“我的法院系统就像一艘着火的船，火在烧船，船在水上，你能告诉我到底该怎么做吗？！”

蒂姆很清楚，理性的知识框架对于这群人来说不是最有效的方法。第二种类型的参与者，即积极参与的领导者对新方法很感兴趣，他们理解如果放下过度的控制可能会带来更多积极的变化。蒂姆在本次会议上选择的释放性结构旨在让这两种类型的人都参与进来，并引发蒂姆和其他人认为可能的系统变革。

蒂姆使用**设计故事板**设计了会议的总体意图以及每个环节的细节。故事板包括交互方法、时间分配、成功指标和插图。一小时会议的设计包括**即兴社交**、**社交网络图**、**共识－确定性矩阵**和 1-2-4-All。

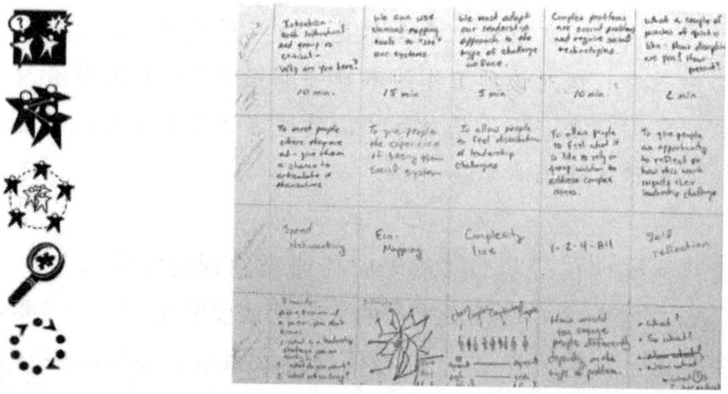

上图是蒂姆为儿童福利系统的领导者制作的**设计故事板**。蒂姆希望参与者能够以有条理的方式思考，就像他在设计这个故事板时那样。

蒂姆以**即兴社交**开始会议，而不是惯常的 PPT 分享。他回忆说：“这并非我们领域中参与者习惯的互动方式，尤其是在会议开始时。它为参与者在本次工作坊中如何开展工作定下了基调，并显著提升了房间里的能量水平。”当天，与会人员就有机会与其他三人简要分享他们在领导力方面所面临的挑战上希望取得的进展、他们希望从工作坊收获什么以及他们会为对话带来什么见解。

蒂姆后来引入了**社交网络图**。他认为，这种方法能特别有效地帮助被孤立和被剥夺权力的人体验到法院系统各个层次和职能之间的相互联系。他告诉我们："通常情况下，对于一个案件应该怎么办理，双方的意见并不一致。而案件的法律部分的程序，其性质是对抗性的，有时甚至会造成合作困难。"

"一个旨在对抗的法律程序使合作变得困难。"

匹配的过程有助于参与者设想一条路径，从他们各自孤立的位置走向对同一问题有承诺的协作网络。它还帮助人们认识到，在整个过程没有权威的情况下，他们是如何取得成功的。

在会议晚些时候，蒂姆请参与者通过举手的高度来示意他们在工作坊中的参与程度：手放在膝盖上表示完全不参与，手举过头顶表示参与非常积极。在 70 名参与者中，没有一只手的高度低于肩膀的位置，并且有一位司法人员站在椅子上使他的手举得更高。

在最后一部分，蒂姆邀请人们确定他们先前所谈及的领导力挑战是简单的、复杂的、错综复杂的还是混乱的。他邀请参与者在整个会议室中分散开来，然后说明挑战的类别。站在房间前面的人表明挑战是简单的；站在房间后面的人们表明挑战是混乱的；选择复杂和错综复杂的人们站在两者之间。这种视觉化的、令人记忆深刻的表现形式让人们看到了大家面临的各种类型问题的分布。

大多数问题都位于错综复杂的领域，而 1-2-4-All 的练习则引发了关于应对每种挑战所需的领导技能的对话。人们发现，当向房间的后面走动时（从简单走向混乱），解决该问题所需的社交互动程度在提升。简单的问题可以在很大程度上依靠权威和专业知识来解决，但是复杂的问题需要社会化干预、共识和对话技巧。蒂姆对工作坊的意图和设计使人们发现了这一洞见。

“无精打采地听PPT分享时，谈论协作是行不通的！”

对设计故事板的反思

显然，**设计故事板**的限制推动着蒂姆的创造力。他说：“故事板有助于我和其他人看到会议环节中的模式。冗余和无聊的模式被揭示出来。无精打采地听 PPT 分享时，谈论协作是行不通的！”

那次工作坊仅仅是个开始。蒂姆对于法律系学生和法院系统利益相关者的目标是让人们对自己的学习承担更多责任。蒂姆相信：冷漠是敌人。在与利益相关者合作进行设计时，他说：“故事板中的开口框在不需要我干预的情况下即可吸引所有参与者，使过程向前推进。”蒂姆热切地解释道：“答案没有脚本。互动的格式塔和美感被揭示出来了。我对自己和法院系统的工作人员提出了更多的要求。”他说：“这就像提问一样简单，你告诉我，框框里应该放什么？”

让具有包容性的高风险决策变简单
——克雷格·耶特曼（Craig Yeatman）

一个做好充分准备的领导者邀请董事会或管理团队的成员共同参与制定新产品发布、投资和其他高风险决策下一步行动方案的努力能否获得好的回报呢？除非领导者以明确的目的开始并愿意放开过度的控制，否则就行不通。一旦这样做，就可以非常快速且果断地采取大胆的举措。基思（Keith）对克雷格·耶特曼的采访对此进行了揭秘。

克雷格·耶特曼是总部位于南非的WorldsView™咨询公司的常务董事和WorldsView投资公司的首席执行官。他成功创办了多家公司，并向该领域的专业人士传授企业领导力和组织发展方面的知识，目标是推进建立可持续性组织的技能发展。听说在Plexus Institute会议结束后，克雷格在国内掀起了一波巨浪，因此基思采访了他，去了解他在商业领域运用释放性结构更多的相关经验。

基思：是否有那么一刻，让你决定将在实践中义无反顾地使用释放性结构？

克雷格：我经常讲授为期两天的“组织发展基础”项目，其中包括讲座和PPT分享。课件资料很复杂，房间里坐满了上至经验丰富的公司高管，下到年轻的专业人员，他们都在从事组织发展工作。大多数的下午完全是在浪费时间，因为在最后的议程中，几乎没有哪个教材的内容能够让其最终“落地”。

有一次在第一天下午，我脱离了教材，拿起了《释放性结构》手册。我将两个半小时的授课内容当场转换为几个问题，并使用1-2-4-All代替了演示文稿。

基思：也就是说，你用一个即兴的1-2-4-All微结构代替了一个经过精心准备的“最佳实践”的PPT分享。接下来发生了什么？

克雷格：下午剩下的时间过得飞快。丢出去的问题创建了强大的沟通教学平台。第二天早上，我深吸了一口气，将原来的课件改用释放性结构来设计。我结合了**即兴社交**、**三人行咨询**、**畅谈咖啡馆**（在南非称为Lekgotla），并在“教学”中穿插了小段的**25/10集体智慧**。

所有人都深深参与其中。在工作坊结束近四个月后，我听说小组还在运行，主动“自愿”地继续推进相关工作。

那就是我的时刻。从那时起，我就成了合格的释放性结构学习者，并把行动学习作为我的课堂教学。

“我经常需要帮助领导者做出有关投资、新产品发布和战略的决策。由于将人们召集在一起代价很大，需要体验强烈的、富有创意的和高效的结果，因此我感到压力很大。对于这种类型的会议，我现在正在使用释放性结构。”

基思：因此，“组织发展基础”教学项目的成功让你开始使用释放性结构。你是否在业务环境中尝试使用过释放性结构来解决困境或进行高风险的决策呢？

克雷格：我经常帮助领导者做出有关投资、新产品发布和战略的决策。由于将人们召集在一起代价很大，需要体验强烈的、富有创意的和高效的结果，因此我感到压力很大。对于这种类型的会议，我现在正在使用释放性结构。

例如，在我为一家公司主持的市场营销会议上，执行董事会成员有3个小时的时间向独立的非执行董事介绍预算、计划和合并战略。我建议他们提前分发演示文稿，并完全放弃现场PPT分享。我们按照参与者会阅读材料包并抓住关键问题的假设投入工作。

你也许会料到，会议当天，非执行董事希望拿到更多信息和常规演示文稿。我要求他们等到我们使用释放性结构

1-2-4-All 之后，再决定是否真的需要演示文稿。我要求每个人写出合并后和在没有合并的情况下的业务故事……并提出问题："在合并和不合并的情况下，两年后及未来的收入、利润和利润率会是怎样的？"

每个参与者都参与了故事情节要素的构建，并通过 1-2-4-All 逐步添加了细节，拓展了深度。执行董事和非执行董事在一起分享彼此的想法，每个人都能很快将故事情节内化。这个对话只花了 15 分钟。然后，做出下一步的全部决定只用了 10 分钟。当我们在桌旁挪动着统计投票时，每位董事都面带微笑，神情轻松，事后大家都普遍认同这是就此类问题做出决定的好方法。

克雷格告诉我们，会议剩下的时间里，非执行董事以"Lekgotla"的方式向执行董事提供建议，"Lekgotla"就是畅谈咖啡馆的本地版本。克雷格相信，采用这种释放性结构可以加强两个集团之间的联系，并且可以使合并沿着正确的道路前进。

克雷格：没有人再提出要演示文稿了，因为没有必要了。合并的相关文字工作在 14 天后完成，两家公司的员工 30 天后就汇聚在一起了。大约四个月后，我听到一些员工在一起交谈，并说他们好像一直就在一起共事似的。我认为这与董事会以这种温柔的方式做出决策有关，并且与负责合并的高管从董事会会议中所汲取的精神有关。

基思：显然，你认为会议的结果是非常积极的。这次会议的氛围为何如此不同？

克雷格：回想自己在会议中的经验，我知道自己很快就会感到无聊、躁动、不耐烦并不断地看时间。通常，议程的主题和线性顺序并不吸引人。在等待发言时，我往往带着破坏性和不耐烦。我打断别人或开玩笑，很大程度上是因为议程正迫使我把注意力转移到错误的谈话上。相较于如果我们只谈论重要挑战，我的贡献在这种情况下可能只有 20%。

在这次会议上，我所有的精力以及其他成员的大部分精力都没有受到束缚。

基思：你认为是什么使得你们能如此迅速地获得积极成果并发展出共识的？

克雷格：在会议过程中，释放性结构可以帮助人们确定议程。通过每个人的贡献，这些问题自行得以展开。如果我们议程的目的是明确的，那么对话的焦点便是自我整理、涌现，然后我们就得以迅速进入实质性问题，这减轻了领导者或引导顾问需要提前安排好全部主题、议程及其顺序的压力。问题、想法和解决方案的创造流是无法事先编写脚本的。

基思：你在组织发展和可持续性方面的专业积累已经超过25年。你的成功部分来自你对引导方法的精通。释放性结构为组织中所使用的众多变革方法带来了哪些价值？

克雷格：首先，释放性结构阐明了五大常规微结构（PPT分享、被管理的讨论、进展状态报告、开放讨论和头脑风暴）在吸引人们参与方面的局限性。

从24岁开始，我最喜欢的就是将人们聚在一起进行创业。我花了几十年的时间把合适的人聚在会议室里，并把注意力集中在紧密计划的议程上。我运用自己全部的技巧并做出详尽的准备工作，尽管如此，我开始注意到自己最大的努力却生成了公式化和未加思考的回应。我的议程错了吗？我邀请的人不对吗？

“发现释放性结构后无异于像挨了一记耳光。问题出在常规的微观结构，而不是议程或挑选出来的参加对象本身。于我而言，直到这一点被挑明之后，我才意识到这是显而易见的。五大常规方法无法实现这个目标。”

发现释放性结构后无异于像挨了一记耳光。问题出在常规微结构，而不是议程或挑选出来的参加对象本身。于我而言，直到这一点被挑明之后，我才意识到这是显而易见的。五大常规方法无法实现这个目标。而拥有33种释放性结构，把每个人都吸纳进来并积极参与是非常实用的。

基思：我很好奇，是什么让你在从事顾问、引导者和企业家的实践中能做出这些“小改变”呢？

克雷格：三件事让这成为可能，我先体验，然后更认真地实践释放性结构的创意——那也是我的天性；来自丽莎·金博尔、亨利·利普曼诺维奇（Henri Lipmanowicz）和您的宣教和支持；还有就是我自己所看到的结果。

我的天性：我经常和妻子开玩笑说，当人们聚在一起时，我只喜欢两个地方，要么登上领奖台，要么在酒吧里远离人群。我很少喜欢与人交谈，这让我在团体聚会时成了一股破坏性力量。

我喜欢说话，也喜欢谈论对我重要的事情。作为一种在一群人中管理自己的方式，当我被教导说“要写，不要说”时，我内心的感觉就像是试图在一只小鸟般的身体中装进一头精力充沛的鲸。

当某个释放性结构的名称出现时，在一群人中间，我可以用自己喜欢的方式自由自在地参与而又不对周围的人产生不良影响。在日常的组织生活中，真的可以有33种或更多的“好方式”在一起共事吗？

宣教与支持：丽莎·金博尔的工作为我提供了动力并给了我启发，一个引爆点就是在释放性结构网站上投入精力——每个释放性结构都采用一致的“语言模式”。这让我有信心，从我熟悉的模式（1-2-4-All、**畅谈咖啡馆**、**欣赏式访谈**）切换到我不太熟悉的其他模式。

释放性结构为微情境提供了大量的结构，而我拥有如鲸般的巨大能量，很容易在那水中畅游。释放性结构于我而言很容易上手，也很容易带领其他人一起使用。目前，在全部释放性结构中我大约已经使用过15种释放性结构，有时单独使用，有时几个组合在一起用，但还没有全部都尝试过。

结果：我还没有尝试过全部的释放性结构，但因为看到了结果，所以每次我都会用一个释放性结构代替一个控制性结构，即常规微结构。

“我还没有尝试过全部的结构，但因为看到了结果，所以每次我都会用一个释放性结构代替一个控制性的结构，即常规微结构。”

基思：你可以为其他刚开始使用释放性结构的领导者提些建议吗？

克雷格：当一群人聚在一起时，应该是有目的的。在弄清楚目的之前不要开始。自己打印一份随身携带的《释放性结构》手册。我喜欢手头带着“目录”。轻量地计划，从成人学习研究和科学的良好实践中汲取经验勾画出流程，然后使用更简单的释放性结构获得信心。基思和亨利深思熟虑后按复杂程度由弱到强依次将它们排序，因此你可以从**即兴社交**或 1-2-4-All 开始，然后逐步尝试其他的。如果有可能，尽快组合起来使用，在不知不觉中你将熟悉“语言模式”，并有信心随着活动的展开充分使用全套的内容。

克雷格的经验表明了释放性结构如何邀请人们在那个当下共同塑造下一步。我们称这种现象为“同时相互塑造”。这是一个非常富有成效的“流动状态”，每个人都可以发挥自己的最大才能。释放性结构使深入的对话和大胆的行动成为可能，这些都是无法事先计划的，而是从小组成员间当下的互动中涌现出来的。

扭转业务局面

——艾莉森·乔斯琳（Alison Joslyn）

“在黑暗的时候，眼睛开始看见。”
——西奥多·罗特克（Theodore Roethke）

数据表明一切都行进在错误的方向上，艾莉森·乔斯琳需要快速扭转业务局面。她想到了一个策略：“过去我们以产品为中心的模式取得了巨大成功，现在我们需要将以客户为中心的思维注入到公司中。我的管理团队中只有少数成员接受了这个想法，但我认为我们 250 名员工中的每一位都需要加入并身体力行。”问题是如何实现这个目标。

艾莉森·乔斯琳曾是一家跨国公司在委内瑞拉子公司的总经理，当时她借助释放性结构来扭转其业务单元的局面。短短一年时间里，该业务单元在关键绩效指标上就从落后于行业一跃达到行业领先水平。

艾莉森所在部门的市场地位和增长率都在下降。产品供应面临挑战，市场份额丢失，竞争对手在客户心目中的地位不断提高。对此，员工感到灰心，这一点在员工满意度调查中也得到了证实。

说到艾莉森的变革计划，该计划从选择释放性结构开始并持续运用。她说：“一年后，所有绩效指标都表明我们正朝着正确的方向发展。我们正中靶心。我们在委内瑞拉的经济增长排在第一名，而且现在我们的内部文化调查得分也非常高。”

“一年后，我们正中靶心。“

艾莉森从未有过让所有人都参与变革举措的经验，这个概念在她所接受的管理培训中甚至都没有涉及过。事实上，在研究生院的经历让她对广泛参与的好处表示怀疑：“团队合作是一种负担。它没有增加太多价值，而且看起来是如此艰难和令人沮丧。我宁愿自己做。单兵作战曾让我战果累累。”

为了应对在委内瑞拉的挑战，她开始寻找方法。幸运的是，拉丁美洲地区的副总裁开始了一项新的实验。她回忆说：“我受邀参加了周末为地区和国家领导者举行的领导者静修会。”“采用自下而上的方法把每个人都吸纳进来并释放所有人的力量，这非常适合我们的情况。几个月后，我们开始了面向全部员工的开放空间会议。”

开放空间技术 + 强大的领导力

艾莉森的开放空间会议是一个戏剧性的开端。70 多个支持这一变革举措的子项目得以涌现，其中许多一线员工发挥了出乎意料的领导作用。尽管艾莉森和管理团队并不看好所有的子项目，但员工的热情和主动性令他们感到振奋。

同时，艾莉森参加了在巴西举行的释放性结构讨论会，回来后以更多的方式在最初**开放空间技术**成功的基础上乘胜追击。艾莉森与 70 个项目负责人一起，开发了**最小规格**来约束并实现自组织。尽管如此，还是很混乱。在 70 个项目中，有 17 个获得了正式支持，其中有 10 个在接下来的 6 个月内可以存活在**最小规格**的要求中。

“我刻意煽风点火。因为使用释放性结构并非一蹴而就的事。”

“兴奋的情绪在员工间蔓延，我采取了非常坚定的立场，刻意地煽风点火。”艾莉森告诉我们。“使用释放性结构并非一蹴而就的事。”她将释放性结构的使用推广到自己的管理团队会议、营销策略的制定、大型的销售会议中，并最终推广到与客户的互动中。她说：“本来可以止步于成功的开放空间会议，但是我坚持要这么做。”

先内部后外部的实验浪潮

绩效改善和将释放性结构引入业务中的情况是一浪接着一浪的，不同职能部门和各个级别在整个组织中按照自己的步调采用了不同的释放性结构。释放性结构最开始运用在销售会议中：单向 PPT 分享和公式化的销售培训主导了传统会议，而生动活泼的释放性结构方法的引入激发了全新的热情和参与度。

“一旦销售总监和一线销售经理‘全部参与进来’，每个人都会紧随其后。”

起初，市场销售总监很犹豫是否要将互动式的释放性结构引入日常工作中。市场营销的相关经理首先尝试了释放性结构。一位产品经理在与一群受过高等教育的专业人士组成的客户的晚间会议召开中使用了**畅谈咖啡馆**。过去，这类会议通常包括 PPT 讲座、简短的问答和晚餐。**畅谈咖啡馆**首次产生了真正的参与度：客户连手机都没有拿出来过，而同行之间和普通人与专家的交流是合二为一的，充满了浓厚的学习气息。

销售人员很快就付诸行动。销售部门的每个人都是按照严格控制的层级结构自上而下组织的，并不期望能很快采用新方法。但是，在第一次与医师客户举行的大型会议中使用了 1-2-4-All、**金鱼缸会谈**和**畅谈咖啡馆**之后，销售代表开始从有影响力的医生那里听到反馈：客户喜欢新的会议形式，他们想要举办更多这样的会议，想要学习释放性结构并将其应用于自己的工作中。

“有事实显示，竞争对手试图复制我们的成功。”艾莉森告诉我们，“很快，销售总监，尤为重要的是，还有一线的销售经理全部都参与进来了，所有人都紧随其后。”

其他部门的行动也开始了。艾莉森和人事总监指导管理团队中的其他人使用。两人一起运用**设计故事板**勾勒出了受释放性结构启发的议程，从而制定策略。为了扩大早期取得的成功，管理团队希望推广其使用，并为所有产品经理和销售经理设计了“释放性结构基础培训”课程。

基础培训工作坊从熟悉的工作任务开始：设计一个成功的新产品发布会。在没有特定流程或使用释放性结构时，“自动驾驶模式”开启：形成一些体量庞大的小组，其中只有少数几个人占主导地位。其他人保持安静不做发言，相对较弱的想法被放在一边，各小组间鲜有合作。

工作坊的第二个环节，是分配给与会人员同样的任务，但又有所不同：使用一个或多个释放性结构设计一个成功的新产品发布会。其结果就像白天和黑夜一样区别明显。与之前的方法相比，1-2-4-All 引出了大家很多更好的想法，TRIZ 则为意外迸发的创新策略腾出了空间。参与者感到他们作出了贡献，他们自身就是推动新产品发布的一份子。最后，他们总共使用了 6 种释放性结构，那种感觉好像要飞起来了！

社会认可先于商业结果

“我们实现了更深层次的探索和互动的自由。”

回顾过去，艾莉森回忆说：“传播在各个层面上都在发生。”但这到底意味着什么呢？她说：“社会认可先于传统认可。我一直在寻找早期指示：是否出现了很多不同视角的观点？人们精力充沛吗？团体混合在一起吗？手机被收起来了吗？最高层的人能像同伴一样共事吗？销售代表互相帮助吗？”艾莉森积极寻找那些能暗示更大转机的小事件。

更为重要的是，艾莉森还能觉察到公司与客户之间关系的变化。她说：“我坐在会议室的后面，与 60 名全科医生进行了第一次会议。他们身体前倾，专心地听着，提出的是实际的问题而非通常的‘我比你聪明’的说辞，我们实现了更深层次的探索和互动的自由。”

起初我们还担心如果不让专家做传统形式的发言会不会让他们感觉损失了力量和声望。但出乎意料的是，专家们也很喜欢就更多非专业人士面临的实际问题自由地进行更深

网络成员从一开始就意识到他们需要新的方法来加深对患者需求的了解，并学会摆脱当前的现实。设计思维与释放性结构的协同混搭发挥了作用。对达成任务特别有效的释放性结构包括**开放空间技术**和**社交网络图**。

“开放空间技术允许我们探索已知的，更重要的是允许我们探索未知的。如果不去探索陌生领域，那么大多数创新都将夭折。”

开放空间技术

自从创新学习网络于2006年成立以来，该组织在每年都会在一次面对面会议中使用**开放空间技术**。克里斯说，**开放空间技术**特别适合行动导向和创新者们“我们在失败中前行”的精神。“我相信好玩的好奇心是吸引人们投入这项凌乱工作的最好方法。**开放空间技术**允许我们探索已知的，更重要的是允许我们探索未知的。如果不去探索陌生领域，那么大多数创新都将夭折。”

在**开放空间技术**环节，来自不同组织的创新者发现了对冒险进入陌生领域充满好奇心的同类。重量级的问题为广泛的行动注入燃料，确认研究主题。具体例子如下：

- **虚拟世界：我们如何使用虚拟世界的技术来帮助发明新规则？**

这个问题为现实世界的应用打开了一扇门：使用Google实时天气和路况数据对灾害预防计划进行本地化；通过将特殊的虚拟现实环节纳入培训课程来减少感染的传播；通过Wii技术刺激运动，改善受伤退伍军人的康复状况并在全国范围内推广医院轮班变革创新。创新学习网络成员一直在直接和间接地促进彼此继续发掘更多的可能性。

- **药物管理：如何使医院中管理药物的方式更安全、更以人为本？**

在短短两个月的时间里，凯撒永久、美国联盟医疗、阿勒根特[1]和阿森松[2]共同分享了有关其当前状态、实践、改进和创新的事实和专业数据。全部四个系统立即变得更加智能。凯撒永久继续对药物管理流程进行创新，发明了一个被称为 KP MedRite 的系统，然后把该系统与创新学习网络合作伙伴共享。

• 随处关爱：我们如何使患者能够在任何地方接受护理，而不必去医院、诊所或其他医疗机构？

这个问题引发了广泛的研究和应用议程。众多的发明开始以有形的方式出现，如家庭医院、购物中心的护理和上门拜访，以及不那么有形的护理方式，如 e-ICU、Twitter 和虚拟实践来呈现，让人眼前一亮。听起来像科幻小说（机器人医生）或复古（家访）的方法开始具有实际意义。

• 医疗保健游戏化：游戏如何帮助人们改变他们的行为，实现改善健康、预防疾病或者帮助人们带着慢性病安然生活等目的？

发明的应用程序包括一个名为“冰雪世界”的虚拟现实游戏，该游戏用于治疗那些无法忍受更多止痛药的烧伤患者；耐克 + iPod 联合开发了一款“具有传感器功能的智能鞋”，可以帮助运动员提高运动成绩和健康水平；还有一些电脑游戏，可以让孩子学习如何与糖尿病共处，并增加他们生活中的趣味。

“当我们首次启动创新学习网络时，我们不确定它是什么，也无法确定它。五年后，我们知道，这是内容、技术和友谊的甜蜜点，并使我们年复一年地聚在一起。”

这些游戏旨在供个人使用，玩家也可以经常与具有相同情况的同伴或社区建立联系。得益于各种应用的启发，游戏设计师们有效展示了如何以强有力的方式把技术、临床和社

① 此处指的是阿勒根特健康联盟（Alegent Health Partners，LLc）。——译者注

② 此处指的是阿森松医疗 Ascension Health，美国第二大医疗保健系统。——译者注

会动机结合在一起，打消了怀疑论者的疑虑。

与其他看似存在问题的创新学习网络实验一样，开发游戏既严肃又非常有趣。创新学习网络的许多发现都是“改变游戏规则”式的，每一次成功都源自谦逊的开始。第一次开放空间会议仅给出了即将开始的议程的模糊提示。克里斯说：“当我们首次启动创新学习网络时，我们不确定这是什么，也无法确定它。五年后，我们知道，这是内容、技术和友谊的甜蜜点，并使我们年复一年地聚在一起。”

社交网络图

创新学习网络中一部分隐藏的能量是在非正式网络和关系基础上建立起来的、完善的**社交网络图**。每个成员组织都有一个指定的“网络编织者”，负责将人员与人员进行匹配，并将人员与特定项目匹配。这是 2006 年和 2007 年进行的详细社交网络匹配工作产生的成果之一。

另一个结果是，许多成员现在拥有本地内部网络以匹配外部全球的创新学习网络。克里斯指出：“在启动创新学习网络一年后，我们意识到我们甚至不知道凯撒永久的内部创新者是谁，更不用说外界了。”撰写本文时，凯撒永久的内部网络（称为加菲猫创新网络，简称 GIN）已从刚成立时的 5 名成员发展到超过 400 名成员。创新学习网络成员还意识到，拥有更强大的内部创新网络的成员，正在更实际地利用全球网络。

“开放空间技术之所以起作用，是因为以往参加会议的人们很少有机会主导、运作和决定会议本身。当然，伴随着所有权而来的还有责任感！”

对结果的思考

克里斯说：“当你意识到简单真的更好时，**开放空间技术**就是其中一个让人恍然大悟的时刻。谁会想到一群正在忙碌的人可以制定自己的议程并自编自导呢？**开放空间技术**之所以起作用，是因为以往参加会议的人们很少有机会主导、运作和决定会议本身。当然，伴随着所有权而来的还有责任感！”

开放空间技术和**社交网络图**是创新学习网络成员共同创造未来医疗保健的主要方式。 通过对基本医疗保健需求的重新审视，使得结合了新技术和强大社交网络的创举做到了关注未来。

在课堂上创造更多的内容、连接和想法
——阿文·辛加尔（Arvind Singhal）

“我听到学生的反馈在本质上已经明显改变。从本质上说，它更深刻，更直击灵魂。”

阿文·辛加尔是德克萨斯大学埃尔帕索分校传播系塞缪尔·雪莉（Samuel Shirley）和埃德娜·霍尔特·马斯顿（Edna Holt Marston）的教授。他还被任命为阿肯色大学克林顿公共服务学院的威廉·J·克林顿杰出研究员。本文改编自《被释放的教授的讲话》。

陶醉于职业声望的教授经常听到他们的学生说：“教授，我很喜欢你的课。我学到了很多，谢谢您。”这类表达，无论是口头的，还是在课程评估和感谢便签上写下来的，都温暖着心灵，鼓舞着灵魂。在过去的29年中，我就是被如此温暖的氛围所吸引并鼓舞着的。

但在过去8年左右的时间里，我听到学生的反馈在质上已经明显改变。从本质上说，它更深刻，更直击灵魂。我越来越多地听到，“这堂课改变了我的人生”“我在这堂课上学到了很多关于自己的东西”“我为这门课程即将结束而感到难过，因为我会想念我的同学”，等等。而且，我甚至还听学生说过：“谢谢你教我健康社区的知识。也感谢你教我学习方法。”这样的表述不单丰富了教授的生活，还丰富了学生的生命！

我是如何解释学生反馈中这种质的变化的呢？也许是因

“我选择了明亮、鲜艳的色彩来代表释放性结构，它像是在人满为患的房间中那个带电的能量。”

为我变老了，更聪明了。也许我将课堂和现实世界联系起来的能力已经显著提高了。也许我已经学会了更好地管理课堂冲突。也许我已经可以轻而易举地讲出一个引人入胜的故事来说明一个观点。或者，以上所有！

我相信可能不只有一种解释。在过去的8年中，我越来越多地接触并实践了一些替代方法来设计并运用在课堂互动中，如释放性结构。

在课堂上采用释放性结构带来了什么？我的一位学生（我们称她为GC）在她的学习反思中写道：

在辛加尔博士的课堂上，我们按照用释放性结构所构建的课堂和活动展开的方式来实践释放性结构。这些结构提供了易于学习的氛围，因为这是适应性很强的让人参与其中的方法，使来自不同背景的个人可以快速、轻松地将自己融入讨论之中。我们可以通过简单地重新布置椅子，消除交谈中的顺序和层级，甚至腾出一些空间来脱离课程意图体现这一点。通过这些实践，我们正努力把我们的思想和行动去中心化。通过释放性结构，我们正在学习不固守个人立场，不拒绝别人所说的话。

阿卡迪亚·罗赫（Acadia Roher）在克林顿公共服务学院参加了我每月一次的释放性结构选修工作坊，她总结了自己的课堂经验，并附了以下图画和描述：

我的图画代表了我所见证的在不同情境和小组中使用释放性结构时所呈现的能量、专注和不断扩展的人性。我选择了明亮、鲜艳的色彩代表释放性结构，它像是在人满为患的房间里那个带电的能量。但能量不是混乱的，而是聚焦的，它通常能比传统结构创造更多的内容、连接和想法。紫色的核代表着释放性结构带来的焦点，由此开始，是不断向外扩展的能量圈和迸发出的想法。

课堂变鲜活了

读到诸如GC和阿卡迪亚的评论时，我乐开了花。听到释放性结构有助于在课堂上创造更多的内容、连接和想法，这是无价的！有趣的是，释放性结构允许这种情况发生而无须额外的资源。教室、老师、学生、黑板、笔记本电脑、投影仪以及在教室中度过的时间保持不变。释放性结构带来的变化是，某些结构性条件可以提高参与者之间的互动质量，从而导致截然不同的结果。

“释放性结构所带来的变化是，某些结构性条件可以提高参与者之间的互动质量，从而导致了截然不同的结果。”

让我们举一些简单的例子。将学生从传统的按行和列排列的教室中转移到把座位围成一个圆圈的坐席中时，学习环境和交互的性质会改变。圆圈结构使每个参与者都可以被平等地看到、听到和识别到。没有后座或前座，没有隐藏的空间。圆形设置可以鼓励更多的参与，使在场的人可以以口头和非口头的方式确认、支持或对其他人提出质疑。

与按传统结构布置的教室相比，笑声在圆形教室中的蔓延速度要快得多。我第一次注意到更多的微笑和点头。叹息声和喘气声也会更加明显，这提供了深思的机会，并为采取纠正措施提供了空间。作为一名教授，我经历了更多的眨眼、点头、古怪的表情，我的“触角”一直在处理更真实、准确和及时的反馈。这样的反馈使人们变得敏捷，即兴地去改变原有路线或维持既定路线。

在教室里做分组教学时，我经常会用“发言棒”。“发言棒”代表一种简单的结构：握住棒子（可以是笔）的人讲话，其他人就只是听。纳瓦霍人（Navajos）一直在使用“发言棒”，以对正在说话的人表示尊重。一个人说完之后，通常会将棒子传给下一个人。这样一直持续到所有人都发过言为止。在分为各小组的情况下，“发言棒”可以轮流几圈，以便参与者有机会扩大和深化自己的想法，并在其他人想法的基础上添砖加瓦。没有单个人掌控的情形，对话也不会像传统课堂上头脑风暴时那样“打乒乓球”（从一个跳到另一个跳）。

可以感觉到，“发言棒”放慢了谈话的速度，使谈话变得更深入、更丰富。（有关详细信息，请参阅第4部分中的**畅谈咖啡馆**。）一旦“发言棒”开始传递，参与者通常会进入一个场域，就像爵士即兴演奏一样，互相激荡着。在10～15分钟内，一小群人可以进行有条理的、相互尊重的、深刻且富有创造力的对话。而且，人们可以在教室中同时进行多个小组对话，以确保班级所有参与者都参与其中并同时进行。

简单的结构，例如，围成一圈坐着，引入一根发言棒，并为人们提供平等的被看见和被听见的机会，这改变了教室中连接和互动的质量。想象一下，在长达16周一个学期的课程中，如果每周有两次或三次这样的机会！更多样化的输入对当前问题会产生更广泛和更深入的理解。有趣的是，在前一两个星期内，课堂会变得更有动感，抱着的手臂开始松开，话语开始流淌，微笑浮现，笑声响起，叹息声和喘气声变得更加明显并被接纳。随着时间的流逝，信任随着关系的加深而不断增加。

“我意识到班级已经开始像一个相互连接的整体一样，我感到无比的快乐。”

到第三周上课时，甚至在我进入教室之前，喧嚣的对话声就在门口向我打招呼。多个对话正在进行中，他们交换电话号码，大部分人认识了其他人，并能叫出名字。课后，学生们很舒适地随处闲逛，对他人的同情心也是显而易见的：有人提供搭车的便利，有人把椅子搬回原位一排排地放好，有人把黑板擦干净了。当这种情况频繁发生时，我会感到无比的快乐，并意识到班级已经开始像一个相互连接的整体一样了。我确信并且这个观念被不断强化，我们必须一起做一些对的事情，从而建立一种社区意识和一个安全的集体空间。

我的个人转变

我经常反思释放性结构的实践是如何提高了我作为教授的生活质量。我该如何有差别地备课？在上课时我该在意什么？谁是知识的仲裁者？我什么时候说？什么时候让对话继续？等等，没有明确的答案，也没有任何现成的“处方”。但我有以下几点经验：

“我经常反思释放性结构的实践如何提高了我作为教授的生活质量。”

（1）释放性结构的实践使我摆脱了在课堂上唯一的“教”的负担，成了讲台上的贤者、知识者和内容提供者。

（2）释放性结构的实践使我能够看到参与者个人和集体带入课堂的大量经验和知识资源。这些资源通常是隐藏的、潜伏的，并且需要安全的环境来让其发出声音。发生这种情况时，参与者可以向同伴学习，这是一种不那么有层级、通常更有效的共同学习机制，而不仅是受教授左右。

在操作层面上，仅仅是把“教”这个事“放手”的想法就会深刻改变我的课堂设计方式。

我现在非常留意座位的安排方式。例如，在一个可以“看到”每个人的圆圈中，而不是在排成行和列的坐席中，以及这些空间布置（位置）如何影响教学。

我还非常留意自己在面对参与者时的“定位”。我是坐在班级参与者中做众多参与者的一员，还是站在讲台后面，用PPT翻页器控制着？我在空间中的“定位”象征着什么？

我一直在思考如何创建和构造结构参数，以便使参与者的对话更加聚焦，同时又可以扩展并加深。我正在制定策略，如何让所有参与者都可以同时参与进来，无论是作为个体默默地思考、在对话空间中与同伴互动，还是在小组中作为贡献者或倾听者。

现在，当我准备走进教室时，我不会问“我需要做什么”，而是会问“我们需要做什么”。我专注于参与者在课堂上“正在做什么”，通过做的体验可以验证学习的发生。我必须不断地提醒自己，抑制自己想讲课，或者在提出问题时给出答案的欲望。当人们只是被动地观看 PPT 幻灯片，做大量笔记（他们可以为考试而学习），或者不带批判性地聆听讲台后面那个人的讲话时，只是表面上看起来很有效，但学习结果可能是很肤浅的。

在创造这样的条件时，附在我身上的“教授”身份让我体验到了极大的谦逊。他意识到，没有一个人是（或可以是）学习的仲裁者，知识是由大家集体创造的，是在大家进行的对话中以及经历的过程中创造的。

从讲台上的贤者到首席赋能师

释放性结构为人们作出贡献、寻求帮助、发展倾听和复述的技巧、建立信任与安全创造了使其发生的条件，同时珍视（而不是庆祝）多样性和差异性。

释放性结构在设计方面远远超出了“我们需要在课堂上做什么？”的框架。为了在课堂上能进行有意义的集体对话，我现在非常注意每个班级参与者在课前需要做什么，阅读什么课文，事先看什么讲座 / 演讲，解决什么问题，以及带什么问题或反思来与大家一起分享。

作为一名教授，有人问课堂参与者应如何做自己的准备，在指定的时间每周一次或两次或三次进入指定的互动空间，并从其他人的参与、知识和经验中受益，包括教授本人在内。这种正面的关注也会影响在两堂课之间应如何设计参与者的活动，以扩大和加深参与者的理解、参与行动的积极程度和反思等，无论针对个人还是小组。

我现在的教授角色是一名首席赋能师，职责是设计并使这个流程让班级所有参与者都感到被邀请，参与并被允许以“完整的”个人的身份进行贡献。作为赋能师，我有责任（和挑战）为此类邀请、参与和可能发生的贡献创造安全和支持条件。听起来很诗意，这种“赋能”的过程可能既困难又具有挑战性，因为教室的空间、时间和对内容的控制不再仅由教授决定。教授对过程进行某种程度的控制，可以帮助提供结构性的对话框架，但又不能完全控制（或预测）集体的涌现。

这意味着释放性结构必定为令人“惊奇”的和涌现的课堂成果创造条件，既有实质性的也有关系性的。在大多数情况下，我已经看到，这些成果是如何给个人及集体带来更深层次的、体验式的学习机会，如何加深了彼此的友谊和关系。

有了释放性结构课堂，其中的参与者和教授始终属于在制品。这就是学习的全部，不是吗?

获得承诺、责任感和贯彻始终

——尼尔·麦卡锡（Neil McCarthy）

西雅图领导力教练兼顾问尼尔·麦卡锡正在与一家大型跨国企业的客户合作，目的是改变对话模式并在关键领导者之间建立信任关系。他借助于几个释放性结构，帮助领导者更好地表明承诺、责任感并贯彻始终，效果超出了所有人的想象。

尼尔·麦卡锡使用释放性结构帮助管理者及其团队自行发现如何过渡到更高的绩效水平。他说："就像打排球一样，我专注于成为二传手，而不是一直试图通过跳得比团队成员更高，以个人的力量和智慧来解决问题，尝试'放手'，以便我的客户可以练习如何自我发现并建立对团队的信任。"

让更多人参与协调全球运营

"承诺、责任感和贯彻始终不会从聆听长达数小时的 PPT 分享中得来。"

尼尔正在与一个由 40 名领导者组成的工程小组合作，其中包括总经理、业务经理、位于印度的全球支持及技术运营的五个职能小组，他们需要计划和协调下一财年的业务安排。通常，这仅在由高管团队 8 名成员参与的会议上完成，并且期望值相对较低。过往传统形式的会议表明，对承诺、责任感和贯彻执行的清晰度是较低的。正如尼尔在与该负责人的谈话中开玩笑时说的那样，“我们通过听 PPT 进行数小时的协作，然后在会议的最后三十分钟疯狂地制订行动计划。”

“从来没有哪个对话像这样，几乎整场每个人都一直坐在自己的座位上。”

这次，尼尔建议使用**我需要你什么**，并邀请全部 40 个人的领导团队参与对话。总经理和尼尔此前已经开始在领导团队的包容性方面开展工作。尼尔说：“与更大的团队一起制订下一步计划并不困难。”尼尔与 GM 的信任关系及良好的合作历史记录使**我需要你什么**的使用成为可能。双方都希望创建新的对话，并激发领导团队成员之间的创造性关系。双方都放弃了想要提前预知具体结果的想法。使用**我需要你什么**这样的一个新结构时，可以将这些变化推广到更大的群体。

转变为直截了当的对话模式

8 个独立的职能小组分别起草了关于“我在你这需要什么支持来取得成功”的两大要求，这些要求以**金鱼缸会谈**的方式提出。职能小组的负责人将这些要求带到了金鱼缸的内圈，询问其他 7 个职能部门的代表分别需要什么，记下细致的笔记。外圈更大的一群人敬畏地看着。正如每个人所看到的，从一位领导到另一位领导，人们第一次彼此直截了当地提出了要求。在总结时，一位参与者说：“我从未见过这样的谈话。我看到几乎整场会议每个人都一直坐在自己的座位上。”

领导在倾听请求和回应请求之间停顿的方式非常令人震撼。倾听每个请求并抓取其本质的质量发生了很大的变化。一位参与者说：“这很清楚，没有混淆，也非常直截了当。三个明确的答案——是、否、我试试，无论什么，略去了不必要的信息。”

另一位参与者说：“现在，我知道为什么我永远得不到我所需要的东西了。我的领导提出我们团队需求的方式在他的

“我需要你”帮助尼尔的客户看到了他们在日常互动中的模式，然后对其做出调整，以便继续手头的工作。业务也直线上升。

同事那里没有得到很好的理解。今后我必须把要求说得特别清楚并想好如何说。”又一位参与者说：“现在我知道明年的重点是什么了。”

作为**我需要你什么**总结的一部分，小组里两位不同的负责人说：“我想在我的团队里实践这个方法。”总经理决定每六个月使用一次**我需要你什么**来帮助他的团队在需求方面看齐。

为什么**我需要你什么**能产生如此大的生产力？尼尔说：“我们不会直接提出我们需要什么。通常，那都是一段长而又长的对话。我们讨论和辩论问题的各个方面，以至于请求的本质被淡化到了毫无意义且易于同意的地步，只是为了能结束对话而已。因为表达得不明确，请求也可能被忽略。”在实践中，看起来**肯定**的也变成了**无厘头**的。

尼尔说：“还有一个收获。作为引导顾问，使用**我需要你什么**可以帮助我从中间地带脱离出来。我更有能力去尝试不依附某个特定的结果让自己的需求得到满足。我作为顾问的信誉度和预期的结果之间并没有联系。相反，我的贡献来自让对话发生并和令人惊讶的涌现一起共舞。”

鼓励持久的文化变革，预防院内感染

——迈克尔·加丹（Michael Gardam）

迈克尔·加丹博士说："令我惊讶的是，一个防止超级细菌在医院中传播的项目从根本上改变了文化和人们的工作方式。"在他领导的为期18个月的研究项目结束时，人们开始了更多的协作，提出了新想法并自行采取行动，启动了改善患者护理的其他计划。

迈克尔·加丹是多伦多大学健康网预防和控制感染医学总监。2009年，他组织了一个为期18个月的研究项目，以防止超级细菌在医院内传播。

超级细菌是能引起严重感染的有毒性的或有抗药性的微生物，如MRSA、VRE和艰难梭菌，并以在医院内传播而闻名。尽管人们一直努力阻断传播途径，但这些细菌感染仍然是医疗保健所面临的最严峻挑战之一，而且传播率每年都在不断上升。

迈克尔针对该问题进行的研究项目涉及加拿大的五所医院。为了给该项目提供资金，迈克尔与赞助商费尽周折。他建议采用**释放性结构**和另一种不知名的称为"积极偏差"的社会干预措施来解决复杂的感染控制问题。

"令我惊讶的是，这个项目从根本上改变了文化和人们的工作方式。"

一开始，它看起来像是一个无法解决的问题。但仅仅三年之后，就有确凿的证据表明迈克尔的新方法成功了。“我们有科学的证据表明社会干预是有效的！”他告诉我们。“医院站点的感染率降低了40%~100%，并引起了医疗机构的关注。”意外的收获是：参与医院的文化变了，而且迅速渗透到了它们所在的系统中。

借助社会网络分析和实地考察，更深入地了解文化变革

该研究小组使用**社交网络图**来衡量研究期间不同职能和部门间人际关系是如何增进的。前后的数据显示，所有五个地点的预防工作参与率都有所增加；项目组增加了参与合作控制感染的医院工作人员的数量和类型。更令人鼓舞的是，来自多种职能的非专家的多样化混合群体在预防中首次发挥了积极作用。例如，医院护工对于保护患者免受超级细菌的侵害至关重要。但是，在执行此项目前，很少有护工加入对话。现在，护工已被纳入预防工作。

显然，人们参与度提高了，但对于已经形成的工作关系的质量如何却知之甚少。研究人员渴望更深入地研究这个问题，了解文化是否由此发生了变化以及是如何变化的。在项目的最后几个月，他们在每个站点都进行了实地观察与访谈，重点关注文化方面，如可见的习惯、信奉的价值观和信念（未经审查的假设）。他们使用**欣赏式访谈**采访了不同职能和级别的人，从病房清洁工到副总裁再到项目协调员。他们询问了预防感染的成功经验及秘诀。迈克尔说：“一些答案令我感动，我不是一个容易情绪化的人……但我的确被感动了。我认为一个研究项目可以对人产生这样的影响真是太好了。”

“现在人们的想法一浮现出来，一线人员就采取行动。人们可以看到自己的想法正得以传播。”

两个来自实践的故事萦绕在迈克尔耳边：“一位部门经理告诉我，‘以前我来工作现场是为了发现护士们遇到的麻烦，并期待去解决这些麻烦。现在，当我进来时，他们会告诉我他们做了什么以修正出现的所有问题。’”

在第二个故事中，一个曾参与超级细菌项目的部门正在启动一个新的心脏项目。工作人员已经自己动手组建了心脏俱乐部。他们知道自己是其单位启动该计划的专家。事后，他们会告诉项目经理有关创建俱乐部的信息。

“人们在需要时能够利用上下职能的专长，就能更好地协作。管理人员可以鼓励更多的自组织，并放开过度的控制。”

迈克尔断言：“这些采访揭示的不仅是科学依据。从文化上来说，我认为我们已经超越了那个可以回头的临界点。我们无法将挤出的牙膏再收回去。”

迈克尔如何看待该项目产生的一些重大变化呢？“现在，人们的想法一浮现出来，一线人员就采取行动，人们可以看到自己的想法正得以传播，这很有诱惑力。在体验了自由和可以实现的结果之后，我无法想象再回到老路上去。”

文化属性，对立但能融合

迈克尔和项目共同研究人员仍在努力探索正在发生的更大的文化转变。最令人惊讶的是，新旧“行为”相伴而行。一组不会替代另一组。它们正在进行创造性的融合。

例如，访谈显示，员工更多是去找当地具有专业知识的人，提出更多的问题，并使用故事交流有效的做法。同时，占主导地位的模式仍然存在：关注等级制度中的排名，“告诉而非询问”，并使用可靠的科学数据做出决策。

迈克尔说：“最受欢迎的是协作能力的增强，同时可以根据需要利用上下的职能专长。更多的一线员工看到了他们在更大系统中的角色。因此，管理人员可以退后一步，并负责任地鼓励更多的自组织，同时放开过度的控制。这简直就像在天堂一般。”

推广释放性结构的时机已经成熟

迈克尔说：“这项研究的结果非常令人鼓舞，这项工作以前所未有的方式影响了我。很难意识到，许多无意识的行为，如‘我说，你听’，都是在造成问题，而非帮助解决问

“这项工作改变了我的工作方式以及与他人互动的方式。”

“我认为很多事情不是不可能的。就像冲浪一样，如果你不尝试去控制所有的事情，就能做得很棒。”

题。这项工作已经改变了我的工作方式以及与他人互动的方式：我用提问来回答问题的可能性要高得多。我敢肯定，这激怒了一些人，觉得没完没了，但我对他们的意见和解决问题的方式很感兴趣。为什么我要因为自己是医生就应该成为拥有全部答案的人呢？”

项目表明，期望出现一个从底层涌现出来的根本变化是一个合理且实际的想法。结果很有说服力，甚至让该项目进入了大众媒体。而且在项目结束之前，该项研究的参与者甚至也开始将“释放性结构”和“积极偏差”应用于应对医院内外的新挑战中。**即兴原型表演**、**探索与行动对话**和 TRIZ 被广泛应用于开展研究的医院中。

在没有迈克尔和研究团队直接帮助的情况下，加拿大各地的疗养院、诊所和非政府组织纷纷开展了各种各样的项目。

展望未来，迈克尔沉思着说：“我发现我更喜欢复杂的问题、不可能的事情。部分原因是，我认为很多事情不是不可能的。就像冲浪一样，如果你不尝试去控制所有的事情，就能做得很棒。”

戏剧化地改变行为以阻止感染
——雪莉·贝朗格（Sherry Belanger）

雪莉·贝朗格比任何人都知道，超级细菌的传播行为是抗拒改变的。她还知道，来自外部预防的想法很少能起作用。雪莉说："强加给我们员工的任何东西，如新政策、印刷精美的海报或免费咖啡券，都无法起作用。如果想法不是来自他们自己，那么后续行动将会受阻。"因此，她找到了一种在本部门减少感染的新颖的方法：即兴原型表演。"即兴原型表演的确很有趣、直观且很有力量。没有人在看过之后可以不受影响！"

"强加给我们员工的任何东西都无法起作用。想法如果不是来自他们自己，那么后续行动将会受阻。"

雪莉·贝朗格是一名护士，在加拿大不列颠哥伦比亚省的基洛纳综合医院（KGH）担任4-East的患者护理协调员。她还是一个精力充沛的核心小组项目经理，该小组致力于阻止导致顽固感染的超级细菌（抗药性生物，如MRSA、VRE和艰难梭菌）的传播。除了使用即兴原型表演来激发其所在部门以及跨整个医院部门的预防工作之外，该小组还使用社交网络图来协调行动并吸引跨部门的参与。

参加了在多伦多举办的全国即兴原型表演项目的启动会议三周后，雪莉和她的团队与高层管理团队共同在医院里一个部门内进行了即兴原型表演。他们和高层领导的首次亮相

“如果我没有看过即兴原型表演，我可能不会拦住他。我意识到，阻止超级细菌的传播是每个人的责任。”

尤为重要，雪莉回忆说：“我们想让领导说说超级细菌的预防。”雪莉团队的有趣做法在管理团队中获得的真切关注、能量和动力远远超出了预期。

从这一成功经验出发，雪莉的团队成员做好了以他们的方式来推进实践的准备，无论是从文字上还是形式上。该团队访问医院中不同的部门和团体，并经常使用**探索与行动对话**来了解每个部门面临的挑战，然后将其用于生成**即兴原型表演**的“材料”。例如，在药物康复部，工作人员想帮助感染患者更安全地使用公共厨房。因此，在小组的对话环节中形成了一个被称为“蒙奇先生”的情节主线，用以凸显问题并促进对厨房设施的慎重使用。

团队开发的另一组即兴原型表演情节的主线被称为“对权威说真话”，这是与一群二年级护理学校学生共同开发的。目的是帮助学生护士提醒其他人关于安全的操作，特别是面对身居要职的当事人时。

雪莉回忆起当时的场景：“我们要求两名学生志愿者出来表演。他们与我们核心小组的成员一起表演了两个场景。场景 1：一名学生护士与病人正在隔离房间里，一名医生在没有隔离装备的情况下带着病历卡进入隔离房间，该医生非常傲慢，根本无视学生护士的存在。场景 2：重现场景一，学生护士请医生离开隔离房间远离患者，并帮助医生穿上隔离衣。”两场表演结束后大家当场进行了总结分享。

三周后，一群体验过**即兴原型表演**的二年级学生正在雪莉的部门进行临床轮班。一名治疗师在大厅拦下了雪莉，并和她分享了令自己印象深刻的一个场景：一位学生拦住了一名没有佩戴规定装备进入隔离房间的医生。就像表演现场一样，医生拿着病人的病历卡正冲进房间，却没有穿隔离服或戴手套。

雪莉告诉我们：“我找到那个学生，告诉她，她做得很棒。她的名字叫玛丽莎。”

当雪莉和她交谈时，玛丽莎说："我想都没想应该怎么说，话到嘴边就自己蹦出来了。如果我没看过即兴原型表演，我可能不会拦住他。我意识到，阻止超级细菌的传播是每个人的责任。"

可是医生并没有听从玛丽莎不让自己进入房间的劝阻，但玛丽莎也没有被吓倒。她对雪莉说："安全面前应该没有级别的区分。我们都应该尽自己的一份力量来保护自己和患者。不应该因为我们是学生就变得没那么重要。"

这个故事像野火一样在医院蔓延。

发挥每个人的想象力是让预防超级细菌取得进展的关键。为了成功，从医生到学生护士再到房间保洁员，每个人都必须改变自己的习惯和惯常做法。玛丽莎启发了许多其他人"对权威说真话"。同样重要的是，玛丽莎在现实生活中树立了信心，采取了正确的行动来阻止超级细菌的传播。

开发医学教育能力

——戴安娜·马格雷恩（Diane Magrane）

如何使医学院能够在学生和非医师同事的领导下进行复杂的项目研究？当成功要求研究团队中的每个人都能够发现有效的方法并共同做出改变时，医生不得不跟进并同时发挥领导作用。以下是释放性结构在一个多学科研究项目中如何发挥作用的实例，该研究涉及医学院学生如何更好地满足患者的精神需求。

戴安娜·马格雷恩博士是德雷塞尔大学医学院学术高级领导力国际中心主任，在那里，她与非常聪明且成功的人共事，这些医学领导者有时很难学习新的行为。因此，她经常求助于释放性结构来让学术领导者参与进来，就像教学计划一样对其进行设计。戴安娜说："教育切入了政治领域，然后教育工作者成了新思想的内部拥护者。"

戴安娜·马格雷恩受邀协助召开一次全国性会议，为医学院学生的教育开发非常规的能力和学习目标。她同意接受该项目，但前提是在面对任务时，小组要共同合作，并以开放的心态探索医生如何更好地满足患者的精神需求，以获得新的洞见。

被挑选进入该项目的人员极其多元化：参与团队代表了八所不同的医学院，包括教授、安宁疗护专家、人文关怀专家和一些学生。在能力开发流程中，戴安娜挑选了不同的释放性结构，并从大会召开数周前的**探索与行动对话**开始。她解释说：

之前，我曾通过设计能力开发流程，指导不同的小组提供针对医科学生的培训内容。我们一直使用创造性的方法和跨学科的小组讨论。作为主持人，我最终做了很多编写目录的工作，并利用我的正规权威推动项目的进行。参与者常常立足本学科，力争保护自己的学科。而该过程中需要一个强大的调解人。我希望这个项目不同于以往！

戴安娜首先给项目组织者介绍了探索与行动对话，然后在电话会议中为每个团队介绍了探索与行动对话。每个小组在学术和临床环境中都进行了三个或三个以上的探索与行动对话，然后将其发现整理成报告作为峰会的原始材料发布，如下。

行动调研：探索与行动对话

为了准备我们的会议，你将负责协助并收集来自三个探索与行动对话的数据。建议使用多种场景：仅针对医科学生；预先选定的学生、居民、RNs、MDs 和患者的组合；医院部门中一个混合的团队；极端的精神需求、更难被满足的场景（如 ICU）。

以下是对话问题：

（1）你如何知道患者的精神需求何时被忽略了？

（2）你是如何满足自己和患者的精神需求的？

（3）是什么阻止你始终坚持这样做或采取这些行动？

（4）是否有某个人或单位/团体在满足精神需求方面似乎特别成功？他们是如何做到的？

（5）你有什么想法吗？

（6）哪些步骤将使这些想法变为现实？有志愿者吗？

（7）还需要谁参与？

“参与者学会了如何暂缓自己的假设，发现运用天然的好奇心可以有很多的发现。”

戴安娜说：“看着他们学会暂缓自己关于精神需求如何在临床护理中表现出来的假设，看着他们自己发现运用天然的好奇心可以有更多的发现时，这个过程太美妙了。”

与没有进行探索对话相比，会前的准备工作将他们带到了不同的境界。通过使用探索与行动对话，在广泛的情况和极端条件下，他们对如何满足患者的精神需求有了更深刻和更丰富的观点。

戴安娜告诉我们，当非常规的质疑出现时，惊喜也随之而来。

洞见主要来自医科学生。尽管许多医生感到临床时和病人相处的时间紧迫，抱怨除了满足患者的医疗需求之外，根本没有时间满足其精神上的需求，而临床轮班的学生却观察到医生在和患者交流疑难诊断时，这种方式本身就可以尊重患者的精神需求。他们告诉我们，忙碌的医生在履行其医术职责本身时，是如何能够富有同情心地满足患者精神上的需求的。

“人们相互间都产生了深深的敬意。一个有归属感的社区形成了。”

这项工作是极具合作性和开放性的，并且继续产生无法预料的洞见。例如，在分析探索与行动对话的过程中，一种意想不到的能力被识别了出来，该能力不仅趋向于满足患者的精神需求，而且趋向于满足从业者和学生的精神需求。

更重要的是，戴安娜说：“他们对于在会议上将这种精神和工作结合起来所产生的结果感到惊讶。”在会议的最后出现了一个令人动容的时刻：

在最后的环节中，当我们大声读完通过25/10集体智慧采集的十大创意时，随之而来的是一阵沉寂。我觉察到了不舒服的感受，直到其中一位成员问道：“我们还能宣读其他的创意吗？”我们开始着手阅读并认可每一个想法。

人们相互间都产生了深深的敬意。一个有归属感的社区形成了。

大会结束时，与会人员已经从以下六个方面共同开发出了医学院应培养的能力及其评估的方法：

（1）知识：获取必要的基础知识以将精神需求整合到患者护理中。

（2）患者护理：将精神需求融入日常临床实践中。

（3）沟通：与患者、家属和医疗团队就精神需求进行沟通。

（4）同情心的临在：与患者、家属和同事建立同情心的临在。

（5）专业发展：将精神关怀融入到专业发展中。

（6）卫生系统：运用卫生保健系统的知识来倡导患者护理中的精神关怀。

通过更多的探索与行动对话，参与者已经确定了可以促成有效实践的每个能力的行为描述。反过来，这些行为描述也有助于对教学方法进行评估。

对学习和领导力的反思

戴安娜的目标是帮助领导者在混乱的局势中感到自信，在前进的道路充满挑战时更加相信自己。她敏锐地意识到，自己并不能为人们解决问题。相反，她只能帮助他们自己发现解决方案："如果他们退缩，我会在那里抓住他们。"

"这不是一个用规则驱动的流程，而是自然涌现的过程。领导者开始以一种新的方式看待自己。"

戴安娜真诚地相信，只要进行足够深入的挖掘，我们所有人都可以找到更大的勇气去领导和教导。她说："我推动人们和自己在认知、精神和情感上的不断深入。这不是学者熟悉的规则驱动流程，而是自然涌现的过程。领导者开始以一种新的方式看待自己。涌现并不在他们原有的词汇表里。”

以戴安娜的能力开发大会为例，释放性结构帮助其构建了一个研究项目，其中纳入了许多不常听到的声音。这种结构可以整合来自非常规提出质疑的人（如学生、神职人员）的洞见和在极端环境下的实践经验。该小组体验了强有力的学习方式，并对医科学生的教育产生了非常实际的成果。

通过蒙大拿州参议院第 29 号法案

——琳达·伯克·莫斯（Lynda Bourque Moss）

立法议会不大可能为获得广泛支持而放弃权力，但这并不能阻止参议员琳达·伯克·莫斯，她承接了一项非常复杂的法案，用于解决她所在州的酒驾问题。她把参议院第 29 号法案的成功通过归功于对释放性结构的使用。

蒙大拿州参议员琳达·伯克·莫斯是一位拥有美术硕士学位的艺术家。她把敏锐的直觉带到了她在立法机关和领导一个地区基金会的工作中。社区是她的“调色板”。她认为，释放性结构为我们如何与他人连接提供了更多的形式和深度，她将第 29 号法案的成功通过归功于释放性结构所采用的方式，这使得在酒驾对话中，把倾听传统的反对声音积极纳入成了可能。

通过一项强制性新行为的法案异常困难，更不用说这是会惹怒业界及其拥护团体的法案了。关键选民群体会从不同的角度，通常是从反对者的角度来看待挑战。琳达告诉我们：“强制性法案被视为是消极的，可以通过诉诸‘政府干涉过多了’而被抹杀掉。此外，酒类行业非常强大。他们可以制定或打破这样的立法。”

为了使蒙大拿州参议院第 29 号法案即《负责任的酒精出售和服务法案》得以实施，琳达吸引了所有相关公民和特殊利益集团的参与。她与 MADD（反酒驾母亲协会）、赌博协会、小酒馆协会、饭店协会、便利店老板、蒙大拿州公路巡逻队以及蒙大拿州负责监督酒类税收和分销管理的收入部门进行了对话。

两个释放性结构，即欣赏式访谈和最小规格一路帮助琳达顺利通过法案。

琳达从欣赏式访谈开始。她告诉我们：“大多数立法都以现行法律为基础。你可以通过添加或删除进行修改。对于第29号法案，法律中没有任何内容可以作为参考。于是我提出问题，'我们需要做什么？'和'现在什么是有效的？'"

“政党不太可能走到一起。我更像是一个引导者，而不是法律制定者。”

顺着这个提问的思路激发了人们的参与度，并释放了一系列新观点。

让它发生，而不是使它发生

每个选民小组都特别了解酒驾的相关挑战。关于如何预防与酒精相关的悲剧的新观点来自其独特的视角。贩卖酒精的组织要对事故负责。服务员和销售酒精的人失去了他们所需要的工作。MADD的父母失去了孩子和家庭成员。国家机构被指责。琳达充分利用了台上每个人的经验和想象力。她回忆说："政党不太可能走到一起，所有的修正案都来自他们，而不是我。我更像是一个引导者，而不是法律制定者。"

欣赏式访谈的故事还向琳达揭示了最小规格：每个人都有必须做和不得做的事，以共同承担预防酒后驾驶的责任。

首先，她了解到对服务员和酒精卖方的培训必须是强制性的，就如同对个人的罚款和对雇主吊销许可证的处罚也必须是强制性的。这将降低责任险的保费，并赋予立法效力。其次，对服务员的要求必须合理、对其尊重和具备灵活性。例如，对兼职工作人员来说，要求他们的培训证书在他们换工作时可以转移。最后，服务员和卖方需要学习如何真正地说"不"。显然，完成他们工作所需的核心行为和社交技能并非不重要，却没有得到广泛实践。

“用于创建第29号法案的方式非常具有包容性，成了所有选民心声的产物。”

在最终投票前的最后一小时，意外突然出现，为拟定该法案所完成的全部工作都可能会付诸东流。但令人惊讶的是，一群未直接参与该工作流程的参议院工作人员最终上前去给予支持。为什么？琳达猜测，这可能与创建第29号法案所采用的包容性的方式息息相关。这项立法是新的，无疑是所有选民心声的产物。

超越自上而下的命令和控制文化
——乔恩·韦莱兹（Jon Velez）

“当我成为首席信息官时，IT部门是以被告知‘你不能那样’的一个地方而著称的”，乔恩·韦莱兹告诉我们：“该部门的员工因按照指令行事而被视为是有价值的。这里有一个自上而下的命令和控制的文化体系。”

乔恩·韦莱兹是位于科罗拉多州斯普林斯的纪念健康系统（Memorial Health System）的首席信息官。他与系统首席执行官拉里·麦克埃弗（Larry McEvoy）并肩工作，实施文化转型，以成为更加相互依靠和共同承担责任的组织。

乔恩与拉里并肩工作，以改变文化并创建一个以合作关系为中心的更加协作的组织。乔恩和拉里都是医学博士，都接受过急诊医学医师的培训，因此，他们能够认识到团队成员之间的信任、协调和自治对于快速实现目标的重要性。

他们还意识到，掌控型的命令与控制文化是一条有两个脑袋的巨龙。医院里到处是拥护控制的专家。不仅IT专家，忙碌的护士和医生都可能滥用命令和控制行为。这些小组认为，面对许多挑战时，把其他人吸纳进来并释放他们的力量是不必要的。无论是解决某些技术性的IT问题，还是提供“简单的”急诊服务，客户和患者无须成为相互信赖的合作伙伴即可成功。

沉浸式工作坊是将新手变成专家型的贡献者

然而，乔恩和拉里有更大的想法。他们的策略是改变内部运营模式（如信息技术和财务），并支持以患者为中心的床边信任计划（Beside Trust Intiative）。为了

“为了将创新新人变成专家型贡献者，每个人都应邀参加了‘释放性结构沉浸式工作坊’。”

将创新新手变成专家型的贡献者，纪念健康系统 IT 部门所有人都应邀参加了“释放性结构沉浸式工作坊”。

IT 部门 130 名成员（加上来自财务和临床部门的 40 名内部客户）一起度过了 3 天，将释放性结构应用于他们最关心的挑战上。

该工作坊引发了广泛的改进计划，从推进临床转化项目、通过诸如床边信任计划和医师伙伴关系之类的创新举措到重新设计 IT 需求流程，以及从根本上改变日常会议的方式。“员工会议现在很有趣，这感觉像是变魔术，因为人们以他们意想不到的方式作出贡献。”乔恩说。

“员工会议现在就像变魔术一样，因为人们以他们意想不到的方式作出贡献。”

乔恩和其他用户将他们喜欢的释放性结构纳入他们的日常工作中。乔恩经常使用 1-2-4-All、最小规格以及 W^3 反思法。他报告说：“员工从‘我的想法并不重要’这一假设转变为‘我的想法’不仅增加了价值，而且其他人也在沿着相同的思路思考。一旦每个人都认为自己的贡献很重要，团队就可以更加聪明地解决复杂的挑战。”

山外有山

类似的进展在整个组织中像补丁程序一样得以实现。但是，感觉好像山外还有山。旧文化根深蒂固：等着别人来承担责任，想摆脱的依赖倾向仍然主导着系统的游戏规则，指责经理人出错了的声音依旧萦绕在耳边。乔恩和拉里希望每个部门都具有更多的相互依存性和共同的责任感。

尽管乔恩竭尽全力帮助员工放开过度控制并实行更多的自组织，但旧行为还是会反弹。乔恩对我们说：“前几天，两名员工自称为‘听差的’，我愣住了。”显然，一些员工似乎还无法相信文化的转变并非只是说说而已。“ 一方面，员工希望做出更多决策。另一方面，当被邀请创建一个由非管理人员组成的 IT 决策委员会时，其职责是做出一些重要的决策，但员工的反应却不尽如人意。”

乔恩并没有因此而感到沮丧，而是继续专注于文化和行为。例如，联邦医疗护理检查是一个巨大的成功。该检查提出了一长串的任务和整改项目，并规定了最后期限，以符合保密和安全的法规。这项工作是在创纪录的时间内完成的，几乎没有什么缺陷。乔恩问员工："为什么？我们如何做到乘胜追击？"

"一个悖论问题出现了：如何在整个部门内邀请并坚持释放性？"

乔恩有自己的答案，准确的说是有四个答案。他召集团队使用 1-2-4-All 解决该问题。很快，答案从四个扩展到八个。"四个关键因素不在我的清单上，"乔恩告诉我们，"我很激动，但这并不意味着我喜欢所听到的一切。"

在此过程中，乔恩及其团队发现了一个令人惊讶的悖论：他们在医疗护理检查项目中的成功，其中一环要归功于旧式命令与控制文化。他说："感觉我们就像在作战室里相遇了，"乔恩分享道，"将军为完成所有任务制定了战略和战术。指挥链帮助我们迅速而准确地部署行动。"这确实是一个令人惊讶的悖论。

这个启示使乔恩思考："组织是否需要从'为建设相互依存的工作'中暂停下来，还是我需要更加努力地推动？这似乎违反直觉，但我正在考虑告诉他们去干吧。这确实是一个悖论问题。立刻释放自己吧！"

悖论：领导一边挺身而出一边退到后面

乔恩正在与 IT 部门一起实现文化转型。他们正在个人和集体层面塑造前进的道路。关于文化转型的最初想法并不像放下命令和控制以及开始释放自组织那样简单。相反，他正在和两种相反的趋势共舞：控制和放下。这需要视情况而定，其混合方式可以创造可靠而富有成效的结果。

"就像新生马驹一样，一种超越并包含着旧文化的新文化正在诞生。"

乔恩谨慎地说："在某些地方，文化似乎陷入了依赖的困境。你可以向团队介绍一种更好的合作方式，甚至可以达成一致，但你并非总能得到响应。换句话说，我可能需要发出指令，‘加油，让我们从老套路里走出去！’才能使团队摆脱困境。”

这些自相矛盾的趋势使人们很难知道何时该向前，何时该后退。另外，乔恩可以清楚地看到他的小组成员正在为他们自己学习一种新的模式。现在他们不会仅受限于使用命令和控制的结构来取得成果。一个包含并超越旧文化的新文化应运而生了。

4 第四部分 释放性结构实践指南

> “我不明白人们为什么对新想法感到恐惧。我对那些旧的东西感到害怕。”
> ——约翰·凯奇（John Cage）

第四部分包含现有的全部 33 种释放性结构。

我们在此部分提供了使用每种结构的分步骤概要，并简要说明了可预期的结果、成功使用的技巧以及一些设计方法的调整；还列举了一些案例，对管理人员、一线员工和引导者如何在不同类型的组织和社区中使用每种结构进行了说明，提供了相关信息的来源，并给出了一些获取更多信息或辅助材料的建议。

如何浏览实践指南

所有 33 种释放性结构的信息都以相同的格式显示。在主标题中的名称下有一条简述，表述了其基本特征，并估计了分组使用该结构大约所需的最短时间。

我们用统一的标准格式描述每种结构，具体内容如下：

让什么成为可能：简要说明你可以用这个结构实现什么。

五个结构要素（最小规格）：做什么以及如何做，步骤如下：

（1）构建邀请。

（2）所需空间和材料。

（3）参与方式。

（4）分组方式。

（5）步骤和时间分配。

为什么？目的：明确使用此种释放性结构的主要原因。

技巧和陷阱：确保最佳结果的有效建议。

灵活应用：供你尝试的替代方案或润色措施，以及设计其他方案的想法。

示例：一些实际应用以激发你发现所处环境中的机会。

原创作者：灵感或发明的来源。

补充材料：有用的演示材料和模板，以及释放性结构的插图。其他材料可在网站（www.liberatingstructures.com）上找到。

在使用任意释放性结构前后，建议你通读其完整说明。显然，在你第一次尝试使用某种释放性结构之前，有必要通读逐步操作的说明。无论是自己在脑子里还是与试点小组进行一次演练都是有益的。在每次使用释放性结构之后，花点时间重新阅读说明并反思发生了什么。这将极大地加速你的学习、加深你的理解，以及激发出创意并进行变化和组合（使用 W^3 反思法）。最后，回顾一下第二部分，其中提供了大量关于在各种场合应如何使用释放性结构的想法和建议，无论是在一次会议中，还是在进行大规模的组织变革举措中。

无论你决定如何开始使用，请记住本部分并不旨在作为一本指导手册。指南中的这些描述只是需要记住的要点，是你开始使用任意释放性结构所需的最少说明。对于许多结构，在我们自己和他人的网站以及书籍和文章中都有大量其他的资料。要进行更深入的研究，请从“技巧和陷阱”以及“原创作者”中的参考资料开始，并查找本书结尾处“进一步学习资源”中的参考资料。

最后，本实践指南是一幅地图，但不是固定的疆域。通过实际使用释放性结构的鲜活体验，你将不断发现新的疆域。该地图只是为了帮助你设计各种活动。释放性结构“设计故事板”和本书第二部分是你探索的出发点。你可能还会发现，使用释放性结构设计卡进行搭配非常有效。

一个释放性结构可以改变会议、课堂教学或对话的方式。经常使用不同释放性结构的组合可以改变组织、社区或生活。

极其有趣又严肃的图标

本实践指南中的每个图标都旨在说明每种释放性结构的特定本质。超凡的艺术家莱斯利·雅各布斯（Lesley Jacobs）与我们合作创作了极其有趣又具有严肃目的的图标：随着时间的流逝，图标成了一种视觉速记形式，可以慢慢被用户记住并在不需要解释的情况下给出信号。这些图标还为你提供了一些符号，可用于简化计划和设计活动。它们故意好玩的风格旨在引起你的注意并激发你去使用它们。这些图标提醒我们好玩是一种积极的能量，可以促使大家积极到释放性结构所能揭示的答案中去探寻。

33 种释放性结构（2.2 版）的菜单

33 种释放性结构（2.2 版）菜单代表了不断增长的释放性结构集合（表 5-1）。我们建议你从左栏中较简单的释放性结构（如 1-2-4-All）开始，积累经验，然后转移到另外两列更为复杂的内容。一些较简单的释放性结构被当作其他结构的构建基础。但是，如果第三栏中的一些标注内容能激发你的灵感，那么你也可以在本实践指南中找到其所有信息并开始尝试使用。

即兴社交
(Impromptu Networking)
关注人、目的和松散连接的力量

TRIZ
设计一个完美的逆向系统，为创新创造空间

W³反思法
(What,So What,Now What?)
反思进展并随时进行调整

畅谈咖啡馆
(Conversation Café)
认识挑战并达成共识

欣赏式访谈
(Appreciative Interviews)
发现获得成功的根本原因并基于此继续前进

1-2-4-All
循环交谈，自我反思，两人一组或多人小组

9 Whys
明确目的

15%解决方案
(15% Solutions)
注意自己现在拥有的影响力和自由裁量权

生态环
(Ecocycle Planning)
把团体纳入进来，开发并筛选其活动组合

轮转和分享
(Shift & Share)
从草根和边缘开始传播好想法

25/10集体智慧
(25/10 Crowd Sourcing)
查找优秀的想法并采取行动

最小规格
(Min Specs)
通过制定“必须做”和“不得做”的清单来释放创新

智囊团
(Wise Crowds)
挖掘“众人的智慧”

悖论问题
(Wicked Questions)
构建能激发所有人想象力的自相矛盾的挑战

从目的到实践
(Purpose to Practice)
用于共同担责、适应性和弹性的设计

即兴原型表演
(Improv Prototyping)
为长期挑战开发创造性的解决方案

共识-确定性矩阵
(Agreement- and-Certainty Matching Matrix)
为不同类型的挑战匹配方法

我需要你什么
(What I Need From You)
让需求浮现并打破壁垒

听到-看到-尊重
(Heard,Seen,Respected)
练习更深入的聆听和同理心

社交网络图
(Social Network Webbing)
绘制非正式的联系和适应性

设计故事板
(Design Storyboards)
详细设计会议和创新的元素

开放空间技术
(Open Space Technology)
释放大团体的内在行动力和领导力

探索与行动对话
(Discovrey & Action Dialogue - DAD)
在视线范围内发现应对重大挑战的解决方案

整合-自主
(Integrated-Autonomy)
从“二选一”到“二者都”的创意解决方案

STAR罗盘
(Generative Relationships STAR)
了解能产生惊人价值的关系模式

关键的不确定性
(Critical Uncertainties)
准备和实施策略，以面向不确定的未来

金鱼缸会谈
(User Experience Fishbowl)
与更大的社区人群分享从实践经验中获得的洞察

携手共画
(Draw Together)
绘制出先于逻辑理解的洞察

扰沌
(Panarchy)
同时在多个层面上传播创新或好想法

三人行咨询
(Troika Consulting)
与同事一起指导你的下一步

名人采访
(Celebrity Interview)
与专家或领导一起探索重大挑战

启发式帮助
(Helping Heuristics)
练习循序渐进地帮助他人和寻求帮助的方法

实地观察与访谈
(Simple Ethnogrphy)
对用户体验进行实地观察

1-2-4-All

让大家同时参与讨论问题、交换想法并提出建议
（12 分钟）

让什么成为可能？无论人数多少，你都可以立即让每个人参与进来。你可以产生更好的想法，并且比以往任何时候都快。你可以利用分布广泛但并不能预知的专有技术和想象力。开放的、丰富的对话得以展开。想法和解决方案被迅速筛选。最重要的是，由于想法来自参与者本身，因此后续行动和实施就变得很简单，无须再花时间去做说服工作！简约优雅！

五大结构元素（最小规格）

（1）构建邀请

• 就所介绍事项的提出方式，或者针对要解决的问题、提出的建议提出一个问题。（例如，在这一挑战取得的进展中，你看到的机会是什么？你将如何处理这种情况？你建议采取什么想法或行动？）

（2）所需空间和材料

• 不限定组数。
• 参与者面对面两人或四人一组所需的空间。
• 椅子和桌子可选。
• 参与者记录观察和见解所需的纸、笔。

（3）参与方式

• 小组中的每个人都被纳入其中（通常不包含引导者）。
• 每个人都有同等的机会作出贡献。

（4）分组方式

• 先是独自一人，然后是两人一组，再是四人一组，最后是所有人一起。

（5）步骤和时间分配

• 由个人就共同的挑战安静地自我反思，挑战以问题的形式提出。（例如，在这一挑战取得的进展中，你看到了什么机会？你将如何处理这种情况？你建议采取什么想法或行动？）1 分钟。
• 在自我反思各自想法的基础上，两人一组继续生成想法。2 分钟。
• 在四人组中分享并完善你们的想法（注意彼此想法的异同）。4 分钟。
• 提问："在你们的交流中，较为突出的想法是什么？"每个小组与大家分享一个重要的想法（根据需要重复循环进行）。5 分钟。

为什么？目的

• 让每个人都参与寻找答案。
• 避免过度帮助和过度控制，防止陷入依赖的恶性循环。
• 创造安全的表达空间，减少权力差异。
• 表达"无声"的对话，拓展输入的多样性。
• 在表达想法之前，提高观察和见解的质量。
• 自然而然地建立共识或分享各自的理解。

技巧和陷阱

• 在进入小组对话前，坚定地引导大家进行安静的自我反思。
• 请大家在安静思考的过程中记录下自己的想法。
• 用铃声来宣布转换。
• 按流程给定的时间推进，必要时再做一轮。
• 在全体参与的大组中，将分享的想法限制在三到四个。
• 在大组中，引导者或点子收集者记录没有被分享的想法。
• 请每个小组分享一个见解，但不要重复已经分享过的。
• 将生成想法和整个小组讨论的环节区分开并加以保护。
• 延迟评判，让想法可视化，任其自然发展！
• 当陷入低谷时，转换一种表达方式（如即兴表演、素描、讲故事）。

- 在大组分享时，确保遵循同一时间只进行一个对话的规则。
- 如果不够深入，可以再来一轮！

灵活应用

- 以图形记录小组讨论中涌现的见解。
- 在第 2 轮和第 3 轮中使用便签。
- 将出现的想法与设计故事板、即兴原型表演、生态环结合起来使用。
- 带着达成共识的心态，将四人一组调整为八人一组。利兹·赖克特（Liz Rykert）的同事称其为“八爪鱼”！

示例

- 在演讲或 PPT 分享后，需要更多的反馈（如提问、评论和想法）时，使用该方法，而不是直接问听众：“有问题吗？”
- 小组管理者通过两轮 1-2-4-All 来重新设计他们平淡的周会。
- 适用于在宣布会议主题后开始的自发谈话。
- 适用于为解决某个问题或创新机会而召集的小组。
- 适用于打破陷入困境或混乱的讨论僵局。
- 代替领导者“告诉”人们该怎么想、怎么做（通常是无意图的）。
- 适用于某个被其领导者过度影响的群体。
- 阅读本书第三部分中克雷格·耶特曼关于使用 1-2-4-All 来帮助管理合并决策的故事，“让具有包容性的高风险决策变简单”。

原创作者

由亨利·利普曼诺维奇和基思·麦坎德莱斯开发的 LS 共创工具。

即兴社交

迅速分享挑战和期望，建立新的连接
（20分钟）

让什么成为可能？通过帮助大家将注意力集中在想要解决的问题上，来挖掘他们浓厚的好奇心和天赋。为了尽早建立富有成效的共同参与，请尝试在工作坊会议开始时就使用即兴社交。即兴社交通过一系列有吸引力的提问，能帮助大家在 20 分钟内形成轻松但强有力的连接。每个人都在为工作成果的形成贡献力量，一起觉察到一些模式，然后从内部发现解决方案。

五大结构元素（最小规格）

（1）构建邀请

• 提出问题："你给这次聚会带来了什么挑战？你希望从这个团体或社区得到什么？你希望给这个团体或社区带来什么？"

（2）所需空间和材料

• 没有障碍物的空地，参与者可以两两一组站着，并自在地寻找新的伙伴。

（3）参与方式

• 大家在相同的时间内同时进行（不限制同时参与的人数）。

• 每个人都有同等的机会作出贡献。

（4）分组方式

• 两两一组。

• 邀请人们尽量寻找陌生人或与自己不在同一个团队 / 职能部门的同事。

（5）步骤和时间分配

- 每一轮，同一组中每人用 2 分钟回答问题。每轮 4 ~ 5 分钟。
- 一共进行三轮。

为什么？目的

- 在问题具有吸引力的前提下立即发动每个人进行参与。
- 围绕挑战来吸引大家深度参与。
- 在反复的过程中，故事得以深化。
- 帮助个性内敛的人做准备活动。
- 肯定每个人对解决方案的贡献。
- 强调松散和新的连接的力量。
- 建议从小事做起，以成就大作为。

技巧和陷阱

- 使用一个有挑战性的问题和一个难度低的问题。
- 提出问题，邀请参与者共同确定工作方向。
- 在你开始任何内部或外部会议之前，使用即兴社交。
- 用铃声（如碰铃）帮助参与者从第一轮切换到第 2 轮、第 3 轮中。
- 提出的问题是开放性的，但不要太宽泛。
- 邀请参与者认真投入。
- 完成三轮，而不是一轮或两轮。
- 如果你选择对外共享讨论成果，请谨慎并做好保密工作。

灵活应用

- 尝试不同的问题：你想解决什么问题？我们上一次见面后还留有什么挑战？你想证实什么预感？
- 将小组带到会议室外，以增加乐趣。
- 和**社交网络图**相结合。
- 通过 **15% 解决方案**，请参与者制订一个简单的跟进计划。
- 节奏的快慢取决于你的时间安排。

示例

- 为了在上课第一天引发更深层次的连接，大学教授问学生："你为什么选择来上这堂课？你想从这个班级的成员那里学到什么，并能为他们带来什么？"
- 为了启动跨职能、跨学科的互动学习，蒂姆·贾斯特-费舍尔与法官、律师、书记员和社会工作者进行了即兴社交。请参考本书第三部分中的"修复破碎的儿童福利系统"案例。
- 适用于在创新学习网络的成员间连接远距离的创新者和不同的创新原型。请参考本书第三部分中的"创造未来保健实践"案例。

原创作者

由亨利·利普曼诺维奇和基思·麦坎德莱斯开发的LS共创工具。他们受到了网络编织者琼·霍林（June Holley）的启发。

9 Whys

明确你们合作的目的

（20 分钟）

> 如果你想造一艘船，先不要雇人去收集木头，也不要给他们分配任何任务，而是去激发他们对海洋的渴望。
>
> ——安托万·德·圣埃克苏佩里（Antoine de Saint-Exupery）

让什么成为可能？以令人惊叹的简单性，迅速为个人或一个小组的成员说明什么是他们一起工作的重要本质。当一场聚会中缺少一个令人信服的目的时，你能迅速地将其找出来，并避免在其还不明确时继续前行。当一个群体发现了一个明确的共同目标时，更多的自由和责任就会被释放出来。你已经为创新的真切传播和扩展奠定了基础。

五大结构元素（最小规格）

（1）构建邀请

• 提出问题：“当你开展 ______（当前的主题或挑战）工作时，你会做什么？请列一个简短的活动清单。”然后问：“为什么这对你很重要？”然后不断地问：“为什么？为什么？为什么？”最多问九次，或者直到参与者不能再深入为止，因为那时他们已经触及了这项工作的根本目的。

（2）所需空间和材料

• 不限组数。

• 供人们舒适地面对面坐着的椅子，不需要桌子或设备。

（3）参与方式

• 每个人都有同等的机会参与及贡献力量。

（4）分组方式

• 先两人一组，再四人一组，然后大家一起（2-4-All）。

（5）步骤和时间分配

• 两人组中的一方先接受搭档的采访，时间为 5 分钟。从“当你开展 ____ 工作时，你会做什么？”开始时，采访者通过重复提问“为什么这对你很重要？”温和地寻求更深层次的答案。5 分钟后交换角色。整个过程共 10 分钟。
• 两个两人组一起，以四人一组的形式相互分享经验和洞察。时间为 5 分钟。
• 通过提问“我们的目的如何影响我们下一步的行动？”邀请全员反思回顾。时间为 5 分钟。

为什么？目的

• 发现对群体成员真正重要的东西。
• 为将要采用的设计奠定基础。
• 通过涌现出来的故事点燃组织动力。
• 为评估进展提供基础。
• 决定将哪些人纳入形成标准。

9 whys 强大的目的吸引人去参与，并具有两个基本属性。

（1）作为你个人的试金石。

（2）对于更大的社区来说，你工作存在的根本理由。

技巧和陷阱

• 创造一个安全且让人感到受欢迎的空间；避免评判。
• 持续前行！带着关爱深挖。变换问“为什么”的方式，例如，问：“如果在昨晚的睡梦中，你梦想成真了，会有什么不同？”
• 确保所问的问题是“为什么这对你很重要？”（表明不是针对宽泛的组织或系统，而是针对你个人）。
• 分享各种不同的回答，反思成员之间的差异。出现了哪些共同的目的？
• 如果有人被卡住了，就问：“你是不是想到了一个故事？”

- 当分享非常私人的故事时，要注意保密。
- 让使用 9 Whys 来明确目的成为你们小组的常规做法。

灵活应用

- 询问各小组在对话中是否出现了“真的值得投入时间和金钱开展工作的根本理由”。一个明确的个人目的加上一个社区的理由，可以迅速推动一个倡议的传播。努力形成一句话，向他人有力地证明该群体的工作：“我们的存在是为了……”
- 在商业环境中，可以问：“别人为什么要买单？为什么领导希望你在他们的国家经营你的业务？”
- 明确了“为什么”之后，再追问 10 个“如何做”的问题（这就变得容易多了）。
- 一个好的目的从来不是封闭的。保持其动态的不完整性，邀请每个人贡献力量共同形成对你工作最深层需求的理解。
- 在便签上记录回答，给回答编号，然后贴在活动挂图上。你可以把回答按三角形排列：宽泛的回答放顶部，详细的回答放底部。对其进行比较并复盘。
- 问“为什么对社区那么重要？”“为什么？为什么？为什么？……”
- 若是网络工作坊，可以使用在线聊天功能形成对目的的陈述：参与者思考 9 Whys 的问题，并在聊天框中分享他们的想法。
- 让从**目的到实践**、**STAR 罗盘**、**智囊团**、**W^3 反思法**以及其他许多释放性结构联系在一起。

示例

- 为形成一个令人信服的共同目的而启动一个合作研究组织。“质量共享”是由美国七个卫生系统的代表组成的卫生服务研究网络，它将 9 Whys 作为**从目的到实践**的一个步骤。
- 适用于任何教练对话活动的开始步骤，包括三**人行咨询**或**智囊团**。
- 适用于明确推出新产品背后的目的。
- 对于锚定**设计故事板**的每个元素，可以问：“为什么这个活动或元素对你很重要？它对参与者之间的交流有什么额外作用？”
- 帮助你明确自己的目的。

原创作者

由亨利·利普曼诺维奇和基思·麦坎德莱斯开发的 LS 共创工具。他们受到了作家兼顾问高夫·贝尔曼（Geoff Bellman）的启发。

补充材料

下表是我们用来介绍 9 Whys 的演示材料

9 whys 步骤和日程

（1）询问你的伙伴："当你应对________（某个当前挑战）的时候，你会做什么？"列出一个简短的活动清单。1分钟。

（2）询问"为什么"的问题直到你发现伙伴的根本目的。5分钟。

- 为什么这对你很重要？
- 第一个回答"________……"嗯，为什么这对你重要？
- 第二个回答"________……"好，如果昨晚你的梦想成真了，今天会有什么不同？
- 不断地问"为什么？为什么？为什么？"
- 记录一个简单的陈述。

（3）互换角色。重复步骤（1）~（3）。

（4）四到六人一组，讨论共性和差异。审慎地分享你搭档的目的。5分钟。

（5）和所有人分享令人兴奋的发现。如果形成了一个所有人共同的目的，请记录下来。4分钟。

悖论问题

阐明一个团体想要取得成功所必须应对的矛盾性挑战

（25 分钟）

> “我们遇见一个悖论时是多么地美妙！现在我们有希望取得进步了。”
>
> ——尼尔斯 · 玻尔（Niels Bohr）

让什么成为可能？你可以激发创新行动，同时减少“是的，但是……”和“非此即彼”的思维。通过揭示直觉上不明显的、有纠缠性的挑战和可能性，**悖论问题**让每个人都能进行更敏锐的战略思考。它们揭示了矛盾但又互补了力量，这些力量不断影响着行为，这在变革中尤为重要。**悖论问题**使人们能够安全地揭示需要达成的战略和实际情况之间的紧张关系，并探索深藏在矛盾水域中有价值的战略。

五大结构元素（最小规格）

（1）构建邀请

- 提出问题：“为了成功，我们需要同时采取哪些既对立又互补的战略？”

（2）所需空间和材料

- 4~6 把椅子为一组，有没有小圆桌都可以。
- 记录用纸。

（3）参与方式

- 将和工作或主题相关的每个人都纳入其中。
- 每个人都有同等的机会作出贡献。

（4）分组方式

- 独自一人。
- 小团体（6 人或更少）。
- 大家一起。

（5）步骤和时间分配

- 介绍**悖论问题**和“悖论”的概念。用几个**悖论问题**的例子进行说明。给出下面的模板句式，“我们既……又……”，填入两种相反的战略来完成句子。5 分钟。
- 先是独自一人，然后以小组为单位，每个参与者都利用**悖论问题**的格式，找到一对相反或矛盾的战略填入句子中。5 分钟。
- 每个小组都选择一个最有影响力和最矛盾的悖论问题。将各个小组中被选中的悖论问题在大组中与所有成员分享。5 分钟。
- 所有成员共同选出一个最令人震撼的悖论问题，并进行进一步的完善。10 分钟。

为什么？目的

- 描述杂乱的现状，同时开启集体的想象力。
- 制定创新战略以推进工作。
- 避免政策和行动的剧烈波动或“向两极”波动。
- 评估决定：我们是要推进这一边还是推进另一边，还是兼顾两边？
- 随着发现过程的展开，点燃创意的张力，促进更多的自由和责任感。

技巧和陷阱

- 确保参与者以欣赏的方式表达矛盾的两面。“我们既——又——？”而不是以相互对立的方式去表达。
- 利用各种实例，使矛盾的特征变得易于理解。
- 快速推进工作进程，即使你把问题变成了完美的悖论问题，你也是在失败中前进。
- 避免令人生厌的问题，这类问题带着指责或一边倒的倾向。下面举一个令人生厌的问题的例子：“当我们被迫将越来越多的时间花在应对总部的官僚作风上时，我们怎么能专注于我们的客户？”

- 避开那些可以通过更多分析来回答的数据问题。
- 请参与者邀请其他人，从而让他们的问题更具矛盾性。
- 借鉴实践经验；可以问：“你什么时候注意到这两件事同时是真的？”。
- 悖论问题没有快速的解决办法，你可能需要定期回到挑战中，进行额外的几轮讨论。
- 通常少数人非常善于提出悖论问题：让他们大放异彩，并以此激励其他组员！

灵活应用

- 使用**悖论问题**来评估和启动**即兴原型表演**、**生态环**和 25/10 **集体智慧**。
- 当你有一个强大的悖论问题时，不要停在那里！紧接着用 **15% 解决方案**和 1-2-4-All 来生成并筛选想法。任何一个悖论问题取得进展，都可以产生更多的可能性。

示例

- 用于育儿建议：“你是如何把孩子培养成对家庭非常忠诚和依恋，同时又非常独立的？”
- 用于帮助领导发现如何让每个人都参与到传染病防治的工作中来：“作为传染病防治工作的领导，你是如何通过‘向前冲’和‘向后撤’，来帮助一个单位在预防传染病方面承担更多责任的？”
- 用于管理大规模的全球业务：“一个具有全球统一身份的组织，为什么我们总是并且从来都不一样，而且我们又能适应每个地方独特的环境？我们是如何做到既具整合性又具自主性的？”
- 对于一个职能部门，如人力资源部、财务部、法务部等，要结合本部门的组织架构，通过悖论问题来发现本部门组织范围内的职能本质。
- 适用于个人的悖论问题，如关于一个人与另一个人的关系或与个人挑战的对接，再如，“我是如何在投身工作的同时全身心地照顾家人的？”

原创作者

由亨利·利普曼诺维奇和基思·麦坎德莱斯开发的 LS 共创工具。灵感来自布伦达·齐默曼教授（参看 Edgeware）及斯科特·凯尔索（Scott Kelso）(参看 The Complementary Nature)。

欣赏式访谈

发现获得成功的根本原因并基于此继续前进

（60 分钟）

让什么成为可能？在不到一小时的时间内，任何规模的小组都可以找到对其成功至关重要的条件清单。随着“隐藏”的成功因素被揭示出来，你可以从小组内部释放出自驱力和积极变革的洞察力。通过寻找对当前来说有效的方法和发现成功的关键因素去实现积极的改变。团队成员在分享他们的成功故事时充满活力，而不是那种通常令人沮丧的问题的讨论。来自实践的故事为本地解决方案、有前途的原型提供了实践证明，并在提供数据识别成功模式的同时传播了创新。你可以克服组织过分强调资金支持、时间和技术援助，但在社会人际支持方面投入不足的问题。

五大结构元素（最小规格）

（1）构建邀请

- 提出问题：“请讲一个你与他人合作应对挑战，并对自己最终所取得成果充满自豪感的故事。这个故事是怎样的？成功的原因是什么？最好是和你不熟悉的人一组的故事。”

（2）所需空间和材料

- 不限组数。
- 供参与者面对面坐着的椅子；不需要桌子。
- 供参与者做笔记的纸。
- 记录故事和关键因素 / 有利条件的活动挂图。

（3）参与方式

• 每个人都参与其中。
• 每个人都有同等的时间和机会作出贡献。

（4）分组方式

• 先是两人一组，再是四人一组。
• 尽量让小组组成更多元。

（5）步骤和时间分配

• 说明步骤顺序，并明确一个主题或希望参与者讲述什么样的故事。3 分钟。
• 学员两人一组，轮流进行组内采访，讲述一个成功的故事，关注成功的原因。每人 7~10 分钟。共 15~20 分钟。
• 在四人小组中，每个人讲述他或她对应搭档的故事。请参与者倾听达成成功的关键因素 / 有利条件，并将其记录下来。四人一组。15 分钟。
• 收集见解和模式，让整个小组在活动挂图上看到。如果需要，进行总结。10~15 分钟。
• 提问："我们在促进成功的因素和条件方面的投入是怎样的？你认为还有什么机会可以取得更大的成功？"用 1-2-4-All 来讨论这些问题。10 分钟。

为什么？目的

• 以正面积极的方式开启、激发建设性的能量。
• 抓取并传播成功的实践经验中所蕴含的知识。
• 为整个团队同步揭示取得成功的路径。
• 通过对团体潜移默化的影响，取得期望的积极行为（皮格马利翁效应）。
• 激发同伴间的学习、相互尊重和社区建设。
• 允许探索复杂或混乱的挑战。
• 创造一个令人兴奋的崭新叙述，如"我们是如何从混乱中创造秩序的"。
• 在快速轮转采访中，可能会出现令人耳目一新的内部创新。

技巧和陷阱

• 将令人不安和消极的主题转化为"我们什么时候成功过，哪怕是小小的成功"。
• 这样开始："请给我讲个故事，说说什么时候……"

- 请大家给自己搭档的故事想一个标题。
- 在模式建立之前，邀请更多的小组访谈。
- 请参与者在访谈时觉察自己内心是否产生了评判（关于对错），或者是否产生要给对方提供帮助的念头，然后让他们放下这些评判或念头。
- 让每个人都能看到这些故事和模式。

灵活应用

- 在墙面上张贴大型挂图，以图形的方式记录故事的标题和有利条件 / 关键因素。
- 撰写并宣传访谈故事中最励志的那几个。
- 找出帮助参与者产生认知飞跃的故事，可以是行为改变的小例子，也可以是普遍价值观的改变、资源分配的变化或两者兼而有之的例子。给参与者举个例子。
- 关注故事如何产生感染力，并为团队的愿景带来生命力。
- 可以选择八人一组而非四人一组。
- 后续可以使用**最小规格**来探索未来“必须做”和“不得做”清单。

示例

- 用“你与客户之间具有创造性、积极互动的故事”实现以客户为中心。
- 用“某门课程或学习经历对你的生活产生深远影响的故事”修订大学课程。
- 用“能够公开承担医疗责任的故事”修复医患关系。
- 用“在实际工作中感受到团队精神的故事，是什么让这成为可能？”在非政府组织中建立信任和士气。
- 用“能够指导我们未来两年战略早期成功的实践故事”启动转型举措，聚焦更远的未来。

原创作者

由亨利 · 利普曼诺维奇和基思 · 麦坎德莱斯开发的 LS 共创工具。受西储大学的教授大卫 · 库佩德（David Cooperrider）和顾问托尼 · 萨奇曼（Tony Suchman）博士的启发调整改编而来。

补充材料

访谈小贴士

- 访谈时面对面、促膝而坐。
  询问故事的背景：时间、地点、谁、如何。
- 采访者不要分享自己的经验。
- 收集详细过程信息：现状、障碍、行动、惊讶、逆转、发现。
- 试图在访谈中找到能够体现故事关键点及深层意义的时刻。
- 如果采访者被启发到，为被采访者的故事找个有吸引力的标题。
- 仔细聆听，以便能重述故事的梗概。

TRIZ

停止无效的活动和行为，为创新腾出空间

（35分钟）

让什么成为可能？通过帮助团队放下那些他们知道（但很少愿意承认）的限制成功的因素，引入创造性破坏，清理出创新的空间。TRIZ 使得人们可以安全地挑战那些神圣不可侵犯的东西并鼓励脑洞大开的思考。“我们必须停止做什么，从而让我们在最深层的目的上取得进展？”这个问题引发了非常有趣且有勇气的对话。由于笑声不断、气氛轻松，从而让那些本属忌讳的问题有机会浮现出来并被处理。创造性破坏带来了革新机遇，涌现出的行动和创新填补了空白。

“每一次创造都始于破坏。”
——巴勃罗·毕加索（Pablo Picasso）

五大结构元素（最小规格）

（1）构建邀请

- 进行以下三步流程，并提出以下问题：
  ① 针对你最重要的战略或目标，列出所有你能做的事项的清单并确保其能导致你可以想象的最坏的结果。
  ② 往下逐条查看你的清单，然后问自己：“有什么是我们现在正在做的，或者以任何方式、形式或正在形成这类事项的？”极其诚实地列出第二份清单，写出所有起反作用的活动、计划或程序。

③ 浏览第二份清单中的项目，决定第一步做什么，以帮助停止你所知道的会产生不良结果的事项。

（2）所需空间和材料

• 不限小组数量，每个小组 4～7 把椅子，有没有小桌子都可以。
• 供参与者记录的纸张。

（3）参与方式

• 每个人都参与其中。
• 每个人都有同等的机会作出贡献。

（4）分组方式

• 4～7 人一组。
• 特定的小组或混合的小组均可。

（5）步骤和时间分配

• 开场介绍之后分三个时间段，每段 10 分钟。
• 介绍 TRIZ 的概念并确定一个不想要的结果。如果需要，各小组可以进行头脑风暴选出最不想要的结果。5 分钟。
• 每个小组应用 1-2-4-All 的方式列出第一张清单，即所有可以确保能得到这个最不想要的结果的事项清单。10 分钟。
• 每个小组应用 1-2-4-All 的方式列出第二张清单，即所有目前正在做的和第一张清单上类似的事项清单。10 分钟。
• 每个小组应用 1-2-4-All 的方式为第二张清单上的每个项目决定第一步要做什么，以停止这些不想要的活动、计划或程序。10 分钟。

为什么？目的

• 让不可言说的话说出来成为可能，揭开不可告人的秘密。
• 为创新留出空间。
• 以一种有趣的方式完成艰苦的工作，为创造性破坏奠定基础。
• TRIZ 可以在愿景环节之前使用，也可以融入愿景环节。
• 通过共同行动来消除障碍，建立信任。

技巧和陷阱

• 带着极具趣味性的心情进入 TRIZ。

- 不要接受做一些新的或额外的事情的想法：确保建议是关于要停止的活动或行为，而不是关于开始新事情的。等待是值得的。
- 从一个非常不想要的结果开始，快速和小组确认你的建议。
- 关注笑声最大的小组或看起来有困惑的小组。
- 花些时间让各小组找出他们现在所做的类似的事情，探索这样做的危害。
- 将要参与停止特定活动的人列出来，并询问“还需要把谁包括进来”。
- 以“我要停止做”和“我们要停止做”的形式，对将要被停止的事情做出真正的决定（给你的决定标记为 1，2，3……）。

灵活应用

- 对于不想要的结果，可以做第二轮甚至第三轮，对其进行深入提炼和加深理解。
- 结合使用**生态环**，把这些结果（创造性破坏）和更大范围的活动回顾结合起来。
- 分享行动计划步骤：继续深挖，通过串联**三人行咨询**、**智囊团**，或者**开放空间技术**使用。

示例

- 用于减少跨职能小组因安全失误（例如，在错误一侧进行手术、患者跌倒、用药错误、医源性感染）对患者所造成的伤害：“我们怎么确保总是在错误的一侧手术？”
- 用于帮助机构领导者注意到他们因疏忽而排除了其他人不同的声音：“我们怎么能设计出只对少数人有效的政策和实践？”
- 对于 IT 专业人士：“如何确保我们建立一个没有人愿意使用的 IT 系统？”
- 对于管理团队：“我们如何才能确保对相同的人做同样的事情，同时要求取得不同的结果呢？”

原创作者

由亨利·利普曼诺维奇和基思·麦坎德莱斯开发的 LS 共创工具。灵感来自同名称的俄罗斯工程方法。

补充材料

下表是介绍 TRIZ 的演示材料。

步骤和日程

(1)首先一个人，然后在自己所在的小组里完成事项清单：

我/我们如何可靠地创造__________?(一个大家都非常不想要的工作结果)。

- 10 分钟。
- 无论怎样狂野的想法都可以。

↓

(2)首先独自一个人，然后在你所在的小组里查看之前生成的清单，并问：我们正在做的事件中是否有什么是与清单上要做的事情是类似的?

- 列出第二份活动清单并谈论其影响。
- 绝对诚实。
- 10 分钟。

↓

(3)首先独自一个人，然后在你所在的小组里列出应停止的事项。

- 一次一项，并问：我/我们将如何停止？第一步做什么?
- 尽可能的具体。
- 找出还需要与谁一起停止该活动。
- 10 分钟。

15%解决方案

探索并聚焦每个人现在就行动时所拥有的自由和资源

（20分钟）

“只是站在那里盯着海面，是永远无法穿越海洋的。”
——R. 泰戈尔（R. Tagore）

让什么成为可能？ 你可以揭示每个人能立即采取的行动，无论多么微小，至少这将创造动力，并可能会带来很大的不同。**15%解决方案**表明，没有理由等待、感到无能为力或恐惧。这些方案能够帮助人们提升到一个新的高度，让个人和团队专注于自己可以决定的范围内的事情，而不是他们无法改变的事情。通过一个非常简单的问题，你可以将对话转变为可以完成的工作，并找到针对大问题的解决方案，这些解决方案通常分布在未知的地方。挪开一些沙粒可能会引发大滑坡并改变整个格局。

五大结构元素（最小规格）

（1）构建邀请

- 结合个人或团队的挑战发问：“你的15%是什么？你在哪些方面拥有可酌情处理和采取行动的自由？在没有更多资源或授权的前提下，你目前能做的事情有哪些？”

（2）所需空间和材料

- 不限组数。

• 2～4人一组的椅子；不需要桌子。

（3）参与方式

• 全员参与。
• 每个人都有同等的参与机会。

（4）分组方式

• 首先独自完成。
• 然后两人一组或以小组为单位。

（5）步骤和时间分配

• 首先独自完成，每个人生成自己的 15% 解决方案清单。5 分钟。
• 个人在小组内（2～4 人）分享自己的想法。每人 3 分钟，每次一人。
• 小组内部互相咨询（提出问题并提供建议）。每人 5～7 分钟，每次一人。

为什么？目的

• 远离困境、负能量和无力感。
• 让大家发现个人和集体的力量。
• 揭示自下而上的解决方案。
• 分享实际可行的想法，互相帮助。
• 建立信任。
• 记住未使用的能力和资源（我们总能找到力所能及的那 15%）。
• 减少浪费。
• 缩小理想与现实的差距。

技巧和陷阱

• 检查每个项目，确保其在个人的自由裁量范围内。
• 准备好应对蝴蝶效应可能带来的大变化。
• 从头开始也是可以的。
• 每个 15%解决方案都有助于你了解什么是可能的。
• 清晰、共同的目的和界限可以在许多 15%解决方案中产生一致性。
• 将对 15% 解决方案的讨论作为会议的例行部分（否则，15% 解决方案通常会被忽视和轻视）。

- 在介绍 15% 解决方案这个思想时，请讲一个有关个人的小改变引发大结果的故事。

灵活应用

- 与**三人行咨询**、**智囊团**、**开放空间技术**、**启发式帮助**、**整合－自主**天然契合。
- 回到小组，你可以问：“你最近用你的 15% 解决方案做了什么？”

示例

- 用于当你需要团队成员开始以实际行动去解决问题或开展规划时。
- 用于在使用**开放空间技术**时，与召集人的报告环节相结合。
- 用于需要许多人为成功而改变的任何挑战。
- 用于产生成功的小“块”，可以组合成一个简单的原型，方便且低成本地进行测试（低保真原型）。

原创作者

由亨利·利普曼诺维奇和基思·麦坎德莱斯开发的 LS 共创工具。他们受到了加雷思·摩根教授的启发。

补充材料

下表是介绍 15% 解决方案的演示资料。

15% 洞见

- 永远都有可以提问（和行动）的空间。
- 最没有被使用或注意到的影响力源泉。
- 蝴蝶效应可能引发大改变。
- 从头开始也是可以的。
- 每个15%解决方案都有助于你了解什么是可能的。
- 明确、共同的目的和界限可以在许多小解决方案中产生一致性。

三人行咨询

立即从同事那里获得实用和富有想象力的帮助

（30分钟）

“倾听是非常困难的，因为它对我们的内心稳定性要求很高，我们不再需要通过演讲、争论、声明或宣言来证明自己。真正的倾听者没有必要让他人知道自己的存在。他们可以无拘束地接收、欢迎并接受。”

——亨利·卢云（Henri Nouwen）

让什么成为可能？你可以帮助人们洞悉他们所面临的问题，并释放出解决问题的本地智慧。在快速的循环“咨询”中，个人可寻求帮助并立即从另外两个人那里获得建议。同伴的辅导有助于自己发现日常解决方案，能够揭示模式并完善原型。这是将个人的教练支持扩展到正式汇报关系之外的一种简单有效的方法。**三人行咨询**可始终为任何希望从同事或朋友那里获得帮助的个人提供咨询服务。

五大结构元素（最小规格）

（1）构建邀请

- 邀请小组成员探讨“你的挑战是什么”和“你需要什么样的帮助”等问题。

（2）所需空间和材料

- 3把椅子为一组，不限组数，最好膝盖对着膝盖安排座位；不需要桌子。

（3）参与方式

- 在每一轮中，一个参与者是“客户”，其他人为“顾问”。
- 每个人都有同等的机会接受和给予辅导。

（4）分组方式

- 3人一组。
- 尽量把具有不同背景和视角的人放在一个小组。

（5）步骤和时间分配

- 请每位参与者思考自己做客户时要咨询的问题（挑战及所需要的帮助）。1分钟。
- 各小组请第一位客户分享自己的问题。1~2分钟。
- 两位顾问向客户提出澄清性问题。1~2分钟。
- 客户转过身去，背对两位顾问。
- 两位顾问一起讨论想法、建议、辅导意见。4~5分钟。
- 客户转过身来分享在刚才的体验中最有价值的部分。1~2分钟。
- 各组切换到下一个人，重复上述步骤。

为什么？目的

- 精进个人寻求帮助的技巧。
- 学习清晰陈述问题和挑战。
- 精进听力和咨询技巧。
- 培养跨专业和跨职能部门工作的能力。
- 通过相互支持在团队中建立信任。
- 建立自组织的能力。
- 为意想不到的解决方案创造涌现的条件。

技巧和陷阱

- 请参与者按不同角色和职能组成小组。
- 建议参与者在发现掉到陷阱里时进行自我批评（例如，直接跳到结论）。
- 让参与者试着留意提供支持的模式。理想的做法是：以尊重的方式挑起话题，告诉客户“你所看到的是你认为他们没有看到……”
- 告诉参与者在保持同理心的同时勇于冒险探索。
- 如果第一轮产生的辅导感觉效果不够好，可以尝试做第二轮（同一个客户）。

- 留意：每个客户两轮各 10 分钟的辅导通常比同一个客户一轮 20 分钟的辅导更有效。
- 保持安全的空间：如果你要分享任何东西，请谨慎行事。
- 使用能激发客户自我了解或自我修正的提问，可能比提供“怎么做”的建议来得更有力量。
- 告诉客户尝试并专注于自我反思，问：“正在发生什么？我是如何体验正在发生的事情的？”
- 把**三人行咨询**作为各类大小会议的常用招式。

灵活应用

- 结合 **15% 解决方案**：每个客户分享一个 15% 解决方案，寻求辅导。
- 一旦问题得到分享和澄清，邀请客户立即转身，背对顾问，这样会加深所有人的好奇心、倾听、同理心和冒险勇气。不转身也是一种选择。
- 严格要求只能通过提问来澄清挑战：不能给予建议（这种方式也被称为 Q-Storming）。
- 与**启发式帮助**、**听到-看到-尊重**、**9 Whys** 串联使用。

示例

- 用于员工会议的开始或结束。
- 演讲结束后，让参与者有时间制订和筛选下一步计划。
- 用于让同学们互帮互助，促进同伴学习。
- 在各种会议和大型团体会议中使用。
- 成为一个群体的常规自发使用的方法。

原创作者

由亨利 · 利普曼诺维奇和基思 · 麦坎德莱斯开发的 LS 共创工具。

补充材料

下表是介绍三人行咨询的演示材料

步骤和日程

（1）三人一组。

（2）每人7~10分钟。

（3）用1~2分钟分享你的行动想法（包括15%解决方案）。

（4）用5~7分钟从顾问那里接受反馈和建议。

（5）用1~2分钟感谢你的顾问。

（6）轮换到下一个人。

W^3 反思法

一起回顾迄今为止的进展，并决定需要进行哪些调整
（45分钟）

让什么成为可能？ 你可以帮助小组反思大家共同的体验，从而建立理解，避免无效的冲突并鼓励采取协调一致的行动。每个声音都可能会被听到，同时筛选出好的想法并塑造新方向。分阶段进行使之切实可行，从通过“发生了什么”来收集事实，到用“这又是什么”来赋予意义，最后自然过渡到用“现在做什么”来得出行动。一同前行消除了大多数的误会，否则这些误会将会加剧对做什么的分歧。瞧，就是这样的！

五大结构元素（最小规格）

（1）构建邀请

- 在共同体验后，首先问：“这是什么？发生了什么？你注意到了什么？什么事实或观察结果是突出的？”然后，在收集了所有重要的观察结果之后，问：“这又是什么？为什么这么重要？出现了哪些模式或结论？你可以做出什么假设？”接下来在赋予意义后，问：“现在怎么办？做什么是有意义的？”。

（2）所需空间和材料

- 不限组数。
- 供 5~7 人一组落座的椅子，可以选择小桌子。
- 开列清单所需的纸。

• 组里人数较多时可能需要用白板纸一起收集答案。

（3）参与方式

• 每个人都参与。
• 每组每个人都有同等的机会作出贡献。
• 如果有一个人引导，每次讨论一个阶段（问题），会更容易让小组里的每个人都发表意见。

（4）分组方式

• 独自一个人。
• 5~7 人一组。
• 所有人在一起。
• 参与的可以是原本的团队也可以是混搭的团队。

（5）步骤和时间分配

• 如果需要，描述步骤的顺序，并展示“推论阶梯”。如果小组人数为 10~12 人或更少，则与整个小组一起复盘。否则，将小组分成几个小组。
• 第一阶段：“这里是什么？”个人单独工作 1 分钟，思考“发生了什么？你注意到了什么，哪些事实或观察结果是突出的？”，然后在小组内进行 2~7 分钟。共 3~8 分钟。
• 和大家分享小组中的突出事实，并收集起来。2~3 分钟。
• 如果需要，提醒参与者“这又是什么？”这个问题中包括哪些内容。
• 第二阶段：“这又是什么？”大家单独工作 1 分钟，思考“为什么这很重要？出现了什么模式或结论？我（我们）可以提出什么假设？”，然后在小组中进行 2~7 分钟。共 3~8 分钟。
• 和大家分享小组的突出模式、假设和结论，并收集。2~5 分钟。
• 第三阶段：“现在怎么办？”个人单独工作 1 分钟，讨论“现在怎么办？哪些行动有意义？”，然后在小组中进行 2~7 分钟。共 3~8 分钟。
• 和大家分享行动，讨论并收集。请大家补充见解。2~10 分钟。

为什么？目的

• 对于人们如何形成不同的观点、想法以及行动和决定的理由建立共识。
• 确保学习是从经验分享中产生的：没有反馈 = 没有学习。

- 避免反复重复同样的错误或功能障碍。
- 避免对不清楚的事实或其诠释而采取的行动进行争论。
- 杜绝过早地跳转到行动上，置他人于不顾。
- 首先把所有的数据和观察结果都摆在台面上，让大家在同一前提下开始工作。
- 尊重历史和正在展开的新事物。
- 在共同经历的每一步中共同学习，建立信任，减少恐惧。
- 以指向行动的方式来理解复杂的挑战。
- 体验提问比答案更强大的力量，因为问题会邀请人们进行积极的探索。

技巧和陷阱

- 练习，练习，练习……使用 W³ **反思法**会觉得像呼吸一样。
- 与小组一起核对，以澄清适合每个问题的答案（有些小组会对每个类别的内容感到困惑），如果有必要，与整个小组分享答案的例子。
- 当与整个小组分享时，每次从不同小组中只收集一个重要的答案。不要试图从一个小组中收集一长串重复的答案。寻找充满意义的独特答案。
- 当有人在“推论阶梯”上跳级时，迅速而明确地进行干预。
- 不要太快跳过“所以呢”的阶段。对人们来说，将观察结果直接与模式、意义或结论联系起来是一种挑战。这是三个问题中最难的一个。使用“推论阶梯”来提醒人们在“这又是什么”阶段要做哪些思考。
- 欣赏并认可坦率的反馈。
- 为复盘预留时间，既不过于琐碎，也不要太快。
- 让在每件事结束后使用 W³ **反思法**快速地复盘成为习惯。

灵活应用

- 在“这又是什么”和“现在做什么”之间增加一个“如果”的问题，用“我们可以或应该尝试、测试或探索什么？”来开启研究或实验的想法。
- 对于“什么”的问题，要花时间把出现的答案筛选成三类：有证据的事实、共同的观察、意见。
- 对于“这又是什么”的问题，将答案筛选成模式、结论、假设或推测、信念。
- 邀请一组志愿者当着大家的面进行复盘；应邀请感受强烈、角色多样的人。

示例

- 用于在聚会前或使用W³反思法开始的一个会议时，绘制出事件的发展史和意义。
- 用于任何会议主题所引发的复杂或有争议的回应的复盘。
- 用于团体中出现有强烈个人意见或出现个人主导对话时的情形。
- 用于团体中有人在聆听不同背景的人有困难时。
- 用于代替领导者“告诉”人们要做什么思考、得出什么结论，或者要采取什么行动（经常是无意为之）。
- 在所有会议结束时作为一个标准流程。
- 在发生令人震惊的事件后使用。

原创作者

由亨利·利普曼诺维奇和基思·麦坎德莱斯开发的LS共创工具。克里斯·阿吉里斯（Chris Argyris）通过著作《推理、学习和行动：个体和组织》介绍了“推论阶梯”的概念。另外，彼得·圣吉（peter Senge）通过《第五项修炼：学习型组织的艺术与实务》把“推论阶梯”普及开来。

补充材料

下表是介绍W³ **反思法**的演示材料。

推论阶梯

强调在复盘时或行动后的对话中一步步推进的价值。在阶梯中停留时，阶梯底部的价值明显得到加强。误会和争论得以避免。

行动	根据我的信念采取行动
信念	根据我对世界的认知所坚守的信念
结论	从假设中得出结论
假设	根据意义做出假设
意义	我赋予意义（文化的和个人的）
数据	我从观察中选择数据

观察数据和经验

探索与行动对话

发现、创新并释放解决长期存在问题的
本地解决方案（25~70分钟）

“现在就活在问题中吧，也许在不知不觉中，你会在某一天活出答案。”
——莱内·马利亚·里尔克（Rainier Maria Rilke）

让什么成为可能？ 探索与行动对话使得一些人（在没有特殊资源且面临相同约束的情况下）发现，群体或社区中的某些实践和行为在常见问题上能够比同伴更容易找到更好的解决方案。这些是被称为正向偏差（PD）的行为和实践。探索与行动对话使小组、单位或社区中的人们可以自己发现这些正向偏差的实践和行为。探索与行动对话也创造了有利条件来激发参与者的创造力，使他们可以安心地创造出更有效的方法。人们对变革的抗拒会消失，因为他们对将要采用或尝试的做法以及要应对的问题拥有自由的选择权。探索与行动对话让一线员工对解决方案负责成为可能。

五大结构元素（最小规格）

（1）构建邀请

- 邀请人们发现隐藏在小组、单位或社区中对大家所面临的共同挑战的默认或潜在解决方案。让任何有兴趣解决问题的人都可以加入一个小组并参加探索与行动对话。在小组中，提出以下 7 个渐进式问题：

①当问题 X 出现时，你是如何知道的？

②要解决问题 X，你能做出的有效贡献是什么？

③是什么一直阻碍你这样做或采取这些行动？

④你是否知道有人能够经常性地解决问题 X 并克服障碍？哪些行为或做法能使成功成为可能？

⑤你有什么想法吗？

⑥要做到这一点需要做些什么？有志愿者吗？

⑦还需要谁参与？

（2）所需空间和材料

• 探索与行动对话发生在当地或工作单位。
• 可以站着或坐在桌子边。
• 记录想法、行动所需的纸，活动挂图或软件（投影设备）。

（3）参与方式

• 主持人提出并介绍问题。
• 邀请每个相关的人都参与并被纳入其中。
• 小组中的每个人都有同等的机会作出贡献。

（4）分组方式

• 主持人与搭档一起工作，搭档负责记录。
• 小组人数可为 5~15 人。
• 角色和经验的多样性是宝贵的资源。

（5）步骤和时间分配

• 陈述正在讨论的问题的目的和探索与行动对话，邀请每个人围成一圈做个简短的介绍。5 分钟。
• 按照邀请函中的 7 个问题一个接一个地提出。面向整个小组，让每个人都有机会回答每个问题。确保你的记录员捕捉到了不断涌现的行动的想法，想法可能会在最不经意间出现。15~60 分钟。
• 请记录的搭档重述行动的想法，以及需要纳入参与的其他人。5 分钟。

为什么？目的

• 吸引一线员工寻找解决方案应对棘手的挑战。

- 发现有正向偏差的隐性和潜在的行为和习惯。
- 激发出新的解决方案。
- 启发而非强迫解决复杂问题的行为。
- 产生持久性的改变，因为改变是由从事该项工作的人自己发现和创新的，而非外来的或强加的。
- 在当地解决当地问题，并能够跨单元传播。
- 在不同职能、层级之间建立起关系，否则他们不会共同解决问题。

技巧和陷阱

- 第 2 个问题通常包含两部分：问题是如何影响个人和他人的。例如，“你如何保护自己免受感染，如何防止感染传播？”或“你是如何确保学生的积极参与，如何让自己保持活力和热情的？”
- 在参与者所在的工作场所举行探索与行动对话，以尽量减少参与的障碍。
- 当你进入相应场域时，即兴邀请人们参与其中。
- 营造一种非正式的“氛围”，从介绍及讲述恰当的轶事开始。
- 保持眼神交流并与大家坐在一起（不高于或远离大家）。
- 确保你的发言远少于参与者，鼓励每个人分享故事并有“筛选”行动的机会。
- 从一个小小的行为改变到更广泛的价值观变化或者资源分配的转变（或两者都有）的例子中，勾勒出故事来帮助参与者获得理解上的飞跃。提出问题，邀请参与者尽可能详尽地描述。阅读本书第 3 部分：“戏剧化地改变行为以阻止感染”实践故事。
- 当觉察到自己在脑海中有对错的评判时，数到 10 并“放下评判”，此前什么也别说（你可能需要寻求记录员或引导者同事的帮助）。
- 避免发表“这是一个好主意”之类的评论，并给参与者空间让他们自己进行评估。
- 表现出对每个人贡献的真正好奇心而无须自己回答问题：向做事的人学习。
- 不要给出或接受任务。
- 不要过于苛刻地评判自己：这需要通过练习来发展高水平的引导技能。确保做记录的搭档能提供直接反馈。

灵活应用

- 用类似 TRIZ 的问题来代替前三个问题，即：
  ① 你能做什么来确保问题 X 变得糟糕许多？
  ② 你现在的哪些做法和你刚刚列出的任何做法类似？
  ③ 是什么在阻止你停止这些做法？
- 利用浮现出的洞见和障碍作为**即兴原型表演**的脚本，并组织即兴会议。
- 按同样的顺序用同类型的问题来指导一对一谈话。
- 线上群组可以利用聊天功能来分享每个问题的答案，然后选择强有力的故事（行为或行动）在整个群组内分享。

示例

- 用于减少跨职能小组中患者所经历的由安全失误所引发的伤害（如错误一侧的手术、患者跌倒、用药错误、感染）。
- 在多站点研究项目中用作收集数据的工具。
- 消除阻碍专业人士帮助客户改变无效行为的实践。
- 开展一系列当地对话，帮助社区成员找到解决长期问题的办法（例如，教室里捣乱的孩子、仅靠惩罚罪犯无法解决的暴力循环）。
- 用于研究并采取行动来培养专业能力（如在医学院和社会服务机构）。见本书第 3 部分中的“开发医学教育能力”实践故事。
- 用于一对一的谈话，以寻求解决棘手挑战的方法。

原创作者

由亨利·利普曼诺维奇和基思·麦坎德莱斯与教练团队通过致力于消除 MRSA 在医院里传播的项目中开发的 LS 共创工具。他们受到了杰瑞（Jerry）及莫尼可·斯特恩（Monique Stern）关于正向偏差研究的启发。

补充材料

下表是介绍探索与行动对话的演示材料。

核心问题及其目的

当问题出现时，你是如何知道的	•确认参与者对问题现有的认知 •提供机会把问题摆到台面上
你为解决这个问题能够做出的有效贡献是什么	•关注个人实践，而不是别人不应做什么 •增强/确认参与者对有效实践的知识
是什么一直阻碍你这样做或采取这些行动	•确定是什么在真正阻碍和约束有效行为 •什么阻碍了你？是否确认是阻碍而不是你为什么不？这听起来像评判
你是否知道有人能够经常性地解决这个问题并克服障碍？他们是如何做到的	•确定绕过阻碍是可能的 •确定现有但不常见的成功策略 •激发好奇心和创造力
你有什么想法吗	•确定期待的行为获得更可能的支持 •为参与者提供机会来生成并分享新想法，以建立期待的行为
要做到这一点需要做些什么？有志愿者吗	•在每一个步骤邀请志愿者（即使尚无确定的行动计划或志愿者，也要把想法记录下来并放入“捕蝶网”）
还需要谁参与？	•激发好奇心和创造力

引导小贴士

禁止做的：	必须做的：
•回答没有直接问你的问题 •错过“抓住蝴蝶”的机会，即当那些参与者（不是你）要采取的行动被提出时，没有及时地记录下来 •带着自己的任务清单 •替他们做回答，而不是邀请他们回答这些问题 •对贡献做出正面或负面的回应，而不是由小组根据自己的评估进行筛选（例如，问：“其他人对该建议的看法或感受如何？”）	•从目的开始，我们在这里是为了停止/开始—— •把问题“交还”给小组，至少等待20秒钟以收到回复（这时候可以盯着自己的鞋子，耐心等待） •鼓励安静的人说话 •翻转曾有的断言：“以我对你的理解，还没有人成功或很好地做到这一点！” •处理所有问题而无须担心顺序：对话将是非线性的 •保持谦卑，相信你身边的人是有解决方案的

25/10 集体智慧

快速生成并筛选团队中最具可行性的想法

（30 分钟）

> “现实只是共同的直觉。”
>
> ——莉莉 · 汤姆林
>
> （Lily Tomlin）

让什么成为可能？你可以在 30 分钟或更短的时间内帮助一大群人生成并整理其大胆的想法，以便采取行动！借助 **25/10 集体智慧**，在所有人都注意到出现的模式时“向外向上”传播创新。这种方法有趣、快速且轻松，但同时又是严谨且有效的，可以产生毫无保留的大胆想法，然后利用整个团队的智慧来确定前十大想法。它经常伴随着惊喜的发生。

五大结构元素（最小规格）

（1）构建邀请

- 邀请参与者大胆思考，并通过询问“如果你的胆量再大十倍，你会推荐什么好主意？你将采取的第一步行动是什么？”来激发出他们最有创意的想法。

（2）所需空间和材料

- 没有椅子或桌子的开放空间。
- 参与者在开放空间中自由走动。
- 索引卡（或便签），参与者每人一张。

（3）参与方式

- 每个人都在同一时间参与其中。
- 每个人都有同等的机会作出贡献。

（4）分组方式

- 每个人想出一个大胆的想法和第一步行动，并写在索引卡上。
- 每个人站着传递卡片。
- 两人一组交流想法。
- 每个人对自己手上的卡片进行打分。
- 所有人分享最终的最高分和想法。

（5）步骤和时间分配

- 说明流程。首先，每个参与者在索引卡上写下自己的大胆想法和第一步行动。然后大家自由走动，卡片从一个人传递给另一个人，让大家快速浏览。当铃声响起时，人们停止传递卡片，两两一组就手头卡片上的想法进行交流。然后参与者分别对卡片上记录的想法或步骤进行打分，分数从 1 分到 5 分（1 分代表最低分；5 分代表最高分），并写在卡片的背面。当铃声再次响起时，卡片会被第二次传递，直到铃声又一次响起，然后再次进行打分。这样共进行 5 轮打分。在第五轮结束时，参与者将他们所持的最后一张卡片背面的五个评分相加。最后，找出得分前十名的创意与大家分享。3 分钟。
- 用一张示例索引卡演示传递和打分的互动，以说明在自由走动过程中要做的，即不要大声朗读卡片，只是相互传递卡片，每个人手中有且只有一张卡片。这个流程可能会对有些人造成困惑。 2 分钟。
- 邀请每个参与者在自己的卡片上写下一个大胆的想法和第一步行动。5 分钟。
- 进行 5 轮的卡片交换和打分， 每轮 3 分钟，中间包含自由走动的时间。15 分钟。
- 请参与者将手中卡片背面的 5 个分数相加。
- 通过倒数排序，与全组人员一起寻找得分最高的想法。问：“谁有 25 分？”（如果有的话）请拿着 25 分卡片的参与者念出卡片上的想法和第一步行动。继续问，“谁有 24 分？”“谁有 23 分？”……当确定并分享了前十名的想法后就停止。5 分钟。
- 用以下提问当作结束步骤：“25/10 集体智慧最引起你注意的是什么？”2 分钟。

为什么？目的

- 培养团队快速挖掘集体智慧的能力。
- 获得更持久的结果，因为这些结果是在团队内部更透明的情况下生成的，而不是从外部引进的。
- 激发不同观点之间的协同作用，同时建立一致性。
- 鼓励创新能手大胆思考，拿出切实可行的第一步。
- 创造一个能够涌现出很多好想法的环境。

技巧和陷阱

- 有些打分可能是不循常规的。如果第五轮结束时一个参与者手中有一张卡片的分数多于或少于 5 个分数，请参与者计算分数的平均值，并将这个平均值乘以 5。
- 请小组选择一个大胆的想法和第一步行动，并对其进行修改，使其表达得更加清晰和有说服力。
- 建议制定一个认真有趣而又清晰的评分标准。例如：1= 这不是你的菜；5= 把我送到月球上。如果将这个评分标准用来做决定，大家需要理解并同意这个评分标准。
- 当你开始并演示交换卡片和打分的互动环节时，花些时间来获取反馈意见，特别是面对一大群人的时候。
- 为了不让前几轮的得分被偷看，可以在卡片背面贴上一张便签。
- 将所有的卡片贴在墙上或海报纸上，得分最高的卡片贴在顶部。

灵活应用

- 对前十个想法制订行动计划或使用**开放空间技术**。
- 把不在本组的其他人纳入进来做第二轮 25/10 **集体智慧**（也就是云智慧）。
- 在会议开始和结束时使用 25/10 **集体智慧**。
- 使用**共识 - 确定性矩阵**排列前十个想法。
- 不问大胆的想法，可以问："如果你可以撤回一个曾经阻碍了自己的决定，那会是一个什么决定？要撤回这个决定的第一步要做什么？"
- 不问大胆的想法，可以问："哪个需要勇气的对话你还没有做？第一步要做什么来激发你的勇气？”

- 不问大胆的想法，可以问：“你希望将来发生什么？你现在可以采取什么实际的第一步来增加其发生的可能性？”

示例

- 用于在开放空间会议或“非召集的会议”（参与者自驱动会议）之后确定各种想法的优先次序，并激发团队的灵感。
- 用于在会议或小组活动开始时阐明大胆的想法。
- 用于圆满完成一个重要会议。
- 用于团队成员内部交流思想、加强团队成员的连接。可参阅本书第 3 部分中的“开发医学教育能力”实践故事。

原创作者

由亨利·利普曼诺维奇和基思·麦坎德莱斯开发的 LS 共创工具。他们受到了即兴实践者社群，包括基思·约翰斯顿（Keith Johnstone）的启发。

轮转和分享

传播好点子，并与创新者建立非正式的连接

（90分钟）

让什么成为可能？你可以快速有效地分享一些原本可能隐藏在群体、组织或社区内的创新或有益的项目。**轮转和分享**摆脱了冗长的面对大群体的演讲，取而代之的是同时在多个小组内进行简明扼要的讲述。几个分享嘉宾组成各自的“站点”，在10分钟内分享对其他人可能有价值的创新精髓。小组成员从一个创新者站点移步到另一个，小规模的人数使大家很容易与创新者建立连接。大家可以迅速了解这些新想法是如何被应用的和在何处应用，以及如何根据自己的情况进行调整。另外，创新者从反复分享中学习、成长，大家也可以很容易发现创意混搭的机会。

五大结构元素（最小规格）

（1）构建邀请

- 邀请参与者“拜访”几位创新者。创新者分享他们正在做的并可能对大家有价值的新尝试或创新。

（2）所需空间和材料

- 一个大的空间，可以设置5~8个站点。站点之间有一定的距离，以减少相互的干扰。
- 数量适当的椅子，以容纳每个站点的小组成员。
- 分享者展示时所需要的空间。

（3）参与方式

- 几个参与者作为分享嘉宾为其他人介绍工作成果。
- 其他每个小组的成员都有同等的机会参与和作出贡献。

（4）分组方式

- 分享嘉宾组建各自的站点。
- 按分享嘉宾人数将全部人员分成人数相同的小组。例如，如果有 7 名嘉宾，则分成 7 个小组。
- 各小组始终由相同的人员构成，在所有创新站点间轮转。

（5）步骤和时间分配

- 讲述流程：讲明每个小组将从一个站点到另一个站点，每次都由分享嘉宾做 10 分钟的介绍，接着是简要的提问及反馈环节。如果事前没有准备，要先确定 3~7 个创新站点的分享嘉宾（可以是当下自愿参与的人）。然后其他人按分享者人数分成人数相同的小组。5 分钟。
- 每个小组轮转到一个不同的站点，由分享嘉宾主持每次的分享及讨论（最多重复 7 次，因为最多 7 名分享嘉宾）。每个站点 / 会议 10 分钟。
- 参与者在站点内提出问题或提供反馈。每个站点 / 会议 2 分钟。
- 每个小组同时前往下一站。每次移步时间预留 1 分钟 。
- 重复上述步骤，直到每组都拜访完全部站点。
- 若共有 6 个站点，则总时间约为 90 分钟。

为什么？目的

- 快速分享想法和创新。
- 让人们认识到自己正在创新或有创新的潜力。
- 在成员间建立信任和实践社区。
- 揭示正式的技术层级设置是如何掩盖一线创新者贡献的。
- 让参与者迅速了解创新的概貌。
- 探索和揭示自下而上的创新和边缘性创新。
- 激发友好的竞争、混搭和合作。

技巧和陷阱

- 通过深入挖掘非正式的社交网络来挑选分享嘉宾（对于这种方法来说，演讲技巧和个人魅力不如内容重要）。

- 严格按照时间表安排：用响亮的声音或铃铛来提醒小组从一个站点到下一个站点的轮转。
- 如果可以，帮助分享嘉宾做好准备。10 分钟通常比他们所习惯的分享时长要短得多。
- 参与者讲述的故事可以是从行为改变的小例子到价值观的广泛改变或资源分配的转变，或者两者兼而有之，从而实现理解上的飞跃。
- 请分享嘉宾用参与者可以看到和触摸到的例子和物品来充实他们的分享。
- 鼓励分享嘉宾寓教于乐，调动观众的想象力。
- 充分信任大家，如果有兴趣，自己跟进以获得更深度的信息。

灵活应用

- 请各小组用 W^3 **反思法**来回顾自己的体验。
- 就像“设计之夜”的演讲一样，在每个站台前提供零食和饮料。
- 可以尝试把分享时间缩短至 8 分钟。
- 不建立固定的小组，而是与**开放空间技术**结合（个人用双脚去自己最好奇的地方及自己最想学习的地方）。
- 如果你想再来一轮，可以准备几个空的站点给即兴分享者。
- 使用虚拟小组来创建一系列聊天室作为分享站点。每个小组选择他们想要参加的几个分会场。
- 与**即兴原型表演**串联起来，使所分享的内容产生新的变化。

示例

- 为研究联盟的新成员介绍整个社区内创新的深度和广度。
- 用于在大型会议上对技术应用的介绍，将该领域内的介绍者与商业推广人员混搭在一起。
- 组织中用来特别介绍新近合并的来自两“边”的项目和人员。

原创作者

由亨利 · 利普曼诺维奇和基思 · 麦坎德莱斯开发的 LS 共创工具。他们受到了克里斯 · 麦卡锡及创新学习网络的启发。

补充材料

下表是**轮转和分享**的演示介绍资料。

引导小贴士

准备	开始第一轮
•邀请分享嘉宾就原型和创新做8~10分钟的分享。 •把所有人分成7组。报数：1，2，3，4，5，6，7。 •给房间里每个站点的分享者一个字母（A、B、C、D……）。 •每个分享者向每个小组重复他们的介绍。	•分享者和每个小组有8~10分钟的分享，包括提问和评述……“抓紧时间”。 •铃声提示轮转时间到…… •第一组，到站点B。 第二组，到站点C。 …… 第七组，到站点A。 •如此继续7轮。

智囊团

在快速循环中挖掘整个群体的智慧
（每人 15 分钟）

“每次旅行都有一个自己没有预期到的秘密目的地。”
——马丁·布伯(Martin Buber)

让什么成为可能？ **智囊团**让或大或小的群体相互即时地提供帮助成为可能。你可以为一个 4～5 人的小团体或为多个小团体同时建立**智囊团**咨询，或者在一个较大型的集会中，让多到一百人或更大规模的群体使用该方法。作为“客户”的个体可以在短时间内向所有其他成员寻求并得到帮助。每个个体的咨询环节都要同时借助群体中每个人的专业知识和创造力。使个体的思路变得清晰透彻，并提高了自我修正和自我理解的能力。**智囊团**能培养人们的求助能力；能加深人们的探究和咨询技能；能很快形成相互支持的关系。在**智囊团**活动中，持续的个体咨询活动让大家不断累积学习成果，因为每个参与者不仅能从成为“客户”的过程中受益，也能从连续多次作为咨询顾问的过程中受益。**智囊团**活动还能轻松提高团队的透明度。一个团体在一起可以胜过专家！

五大结构元素（一个小规模智囊团的最小规格）

（1）构建邀请

- 当参与者作为“客户”时，请他或她简单描述自己的挑战，并向其他人寻求帮助。

• 请其他参与者作为一组“咨询师”。他们的任务是帮助“客户”明确自己的挑战，并提出意见或建议。

（2）所需空间和材料

• 每个小组 4~5 把椅子围着小桌子，或者不要桌子，仅将椅子围成一圈。
• 供参与者做记录的笔、纸。

（3）参与方式

• 每个人都被纳入其中。
• 每个人都有相等的时间寻求和获得帮助。
• 每个人都有同等的机会提供帮助。

（4）分组方式

• 每组 4~5 人。
• 跨职能、跨层级、跨专业的混合团队是理想的选择。
• 求助者（即“客户”）在咨询的问题得以阐明后，转身背对“咨询师”。

（5）步骤和时间分配

每个咨询的人（客户）都有 15 分钟的时间，具体分配如下：

• 客户提出挑战并寻求帮助。2 分钟。
• 咨询师向客户阐明问题。3 分钟。
• 客户转身背对咨询师，准备做笔记。
• 咨询师在客户背对自己的时候，以团队的形式提出问题并提供意见和建议。8 分钟。
• 客户向咨询师提供反馈：哪些是有用的，哪些是他（她）的收获。2 分钟。

为什么？目的

• 产生持久的结果，因为每个人及群体是在没有“外部专家”的情况下共同创造了这些成果。
• 提升给予、接受和请求帮助的技能。
• 挖掘整个团队的智慧，而不需要冗长耗时的演讲。
• 释放跨专业、跨职能部门的智慧和创造力。
• 用有效和有用的方式取代枯燥乏味的复盘和汇报。
• 通过相互支持和伙伴连接，积极建立信任。

- 练习不带防御心理的倾听能力。

技巧和陷阱

- 邀请多样化的人群来参与（不仅仅是专家和领导）。
- 当参与者掉入陷阱时（例如，在明确目的或问题之前就匆忙制定行动），请他们进行自我批判。参考**启发式帮助**，了解帮助别人或寻求帮助时“避免模式”的完整清单。
- 通过询问“正在发生什么？你是如何体验到正在发生的事情的？”来提醒参与者尽量把注意力集中在客户的直接体验上。
- 建议咨询师在保持同理心的同时勇于冒险、探索。
- 避免一些参与者选择不做客户：每个人至少要贡献一个挑战性问题！
- 如果第一轮效果不好，可以尝试第二轮。
- 请参与者勇于提出貌似没有简单答案的复杂挑战性问题，要迎难而上。

灵活应用

- 限定咨询师只能问一些坦诚、开放的问题，重点是帮助客户提升对自己的问题和挑战的清晰度。换句话说，禁止直接给建议和意见（包括伪装成提问的建议），或者任何形式的演讲！这也被称为问题风暴法，类似于贵格会澄心委员会（Quaker Clearness Committee）的做法。
- 可以扩展到每组 7 人或以内，但不能超过 7 人。
- 大型的智囊团使得让个人向所有人求助成为可能。请看后续“五个结构元素（一个大型智囊团的最小规格）”的详细说明。
- 若在虚拟群体中使用**智囊团**，可以通过聊天工具先分享一小群咨询师的答案，然后再向整个群体开放聊天工具和白板，以获得更多的反馈。
- 结合使用**启发式帮助**，**听到－看到－尊重**、9 Whys、三**人行咨询**、**我需要你什么**和**欣赏式访谈**。这些释放性结构工具一起为人们提供了多种富有成效的选择来寻求帮助。

大型智囊团

（1个小时）

五大结构元素（一个大型智囊团的最小规格）

（1）构建邀请

- 请担任“客户”的参与者描述自己所面临的挑战、当前的进展，以及她/他想要寻求的建议或帮助。
- 请其他参与者以“咨询师团队”的形式组成一个小组。他们的任务是帮助“客户”明确自己的挑战，并提出意见或建议。

（2）所需空间和材料

- 在房间前面为“客户”准备一把椅子。
- 在确实需要的情况下准备屏幕和投影仪。
- 在房间前面为三位主咨询师提供椅子。
- 数个卫星咨询师小组，每组5~8把椅子围着小桌子，或者不要桌子，仅把椅子摆成一圈。
- 供参与者做记录的纸、笔。
- 每个小组书写建议用的索引卡（或便签）。
- 供“客户”和主咨询师使用的麦克风。

（3）参与方式

- 客户在明确限定的时间内叙述问题并寻求帮助。

- 主咨询师团队在确定的时间内提供帮助。
- 每个卫星咨询师团队的成员都有同等的机会在剩余的时间里作出贡献、提供帮助，也要遵循确定的时间。

（4）分组方式

- 单个客户。
- 主咨询师团队由 2~3 人组成。
- 任意数量的卫星咨询师小组，每组 5~8 人。
- 跨职能、跨层级、跨专业的混合团队是更理想的选择。

（5）步骤和时间分配

每个希望获得咨询的人（客户）都有共计 1 小时的时间，具体分配如下：

- 客户提出要咨询的问题，选择 2~4 人组成的主咨询师团队。主咨询师坐到房间前排的椅子上。2 分钟。
- 客户说明挑战并寻求帮助。10 分钟。
- 主咨询师向客户提问并阐明问题，使用麦克风让所有参与者都能听到。10 分钟。
- 客户背对主咨询师，准备做笔记。
- 主咨询师团队作为一个团队一起工作，形成意见和建议，与此同时，客户背对着他们。团队讨论时使用麦克风，这样房间里的所有其他人都可以跟进他们的讨论。7 分钟。
- 每个卫星咨询师团队对主咨询师团队的工作各自提出评判，并为客户形成自己小组的建议。10 分钟。
- 在卫星咨询师团队内部讨论时，客户转过身来，利用这 10 分钟的时间与主咨询师团队讨论。
- 第一轮先收集各卫星咨询师团队对主咨询师团队的批评意见，第二轮再收集各个卫星咨询师团队的建议。对每个卫星咨询师团队只收集一个意见或建议，不要重复。可以请各卫星咨询师团队将他们对客户的建议写在 3 英寸 ×5 英寸的索引卡（或便签）上。10 分钟。
- 客户向咨询师们反馈：哪些是有用的，哪些是他（她）的收获。2 分钟。
- 邀请所有人参与交流，反思刚才的过程，“这是什么，现在做什么”。5 分钟。

- 注意：每一步的时间可以根据问题的复杂程度和小组的规模进行调整，但一定要严格按照时间表进行，不要让讨论拖到规定的时间之外。重新再来一轮比延长时间好。

示例

- 供多站点研究或学习小组相互支持和学习。
- 供国家奖学金计划中的专业人士分享进展，并在行动中获得帮助的学习项目。
- 用于代替项目进度介绍和工作回顾。
- 经理人用于解决组织合并带来的问题。
- 获得基金会资助的人用于尝试扩大其社会科技创新。
- 为了获得一些改善人际关系的建议。
- 帮助（区域分散的）销售人员开发并留住新客户。

原创作者

由亨利 · 利普曼诺维奇和基思 · 麦坎德莱斯开发的 LS 共创工具。他们受到了贵格会澄心委员会的启发。

畅谈咖啡馆

让每个人都积极参与以理解深刻的挑战

（35～60 分钟）

让什么成为可能？你可以让任意数量的人一起参与进来，以弄清令人困惑或震惊的事件，并为新战略的涌现奠定基础。**畅谈咖啡馆**的形式可以帮助人们进行冷静而深刻的对话，在对话中减少辩论和争论，更多的是倾听。一个小群体围坐在一个圆圈里，借助一套简单的协议和一个发言物件（持有物件的人拥有发言权）进行几轮对话。对话中很少或几乎没有无益的冲突。当挑战的意义跃然纸上，人们就会形成共识，此时能力得以焕发，进而采取新的行动。

五大结构元素（最小规格）

（1）构建邀请

- 请所有参与者按小组形式聚集在一起，针对大家共同的挑战，倾听彼此的想法，一起反思，并遵守六项会谈协议。

（2）所需空间和材料

- 每个小桌周围可摆放 5～7 把椅子；小桌数量不限。
- 发言物件（如发言棒、发言石头或发言艺术品）。
- 记号笔和每桌一两张活页纸（可选）。

（3）参与方式

- 每个人都被纳入进来。
- 每个人都有同等的机会作出贡献。

（4）分组方式

• 由 5~7 人组成的多个小组，每组成员保持多样化。

（5）步骤和时间分配

• 公布对话的主题，通常以问题的形式出现。
• 讲明每张桌子将进行四轮对话，前两轮对话会使用发言物件，第三轮为开放式对话，最后一轮对话要使用发言物件。每轮对话均给出既定时间。
• 分发发言物件。
• 阅读“畅谈咖啡馆”六项协议（见下文补充材料中的内容）。
• 要求每桌要有人自愿担任主持人。主持人是一个完全的参与者，他的作用是当某位参与者明显不遵守六项协议中的一项时（通常是说个不停时），温和地进行干预。
• 第一轮（使用发言物件）：每个人轮流分享自己围绕主题或话题的想法、感受或做法。每人 1 分钟。
• 第二轮（使用发言物件）：每个人在听完上轮同一桌人的发言后，分享自己的想法和感受。每人 1 分钟。
• 第三轮：开放式对话（发言物件为可选项）。20~40 分钟。
• 第四轮（使用发言物件）：每位成员分享“收获”。5~10 分钟。

为什么？目的

• 理解复杂、困难或痛苦的情形，并为能够继续前进奠定基础。
• 产生新的想法和创新动力。
• 建立对人们如何形成不同观点和想法的共同理解。
• 避免基于不理解的争论。
• 给予宣泄的机会以建立信任，减少恐惧。
• 帮助参与者体会好的交流，包括发言和倾听。

技巧和陷阱

• 可以总是使用发言物件，因为可以带来不同。
• 在第一轮开始之前，请主持人或参与者重读六项协议。
• 不要分配任务：不要带着让对话直接引发行动的意图。

- 像举办晚宴一样主持对话，鼓励每个人都作出贡献，同时保持对话的开放性和自发性。
- 使用**悖论问题**来加深对话。
- 如果出现问题，就问：“我们是否遵守了协议？”
- 鼓励人们说出自己的想法。
- 鼓励安静的人发言。
- 选择可能对参与者具有象征意义的发言物件。
- 鼓励参与者在活页夹“桌布”画出或记录想法。
- 向维基·罗宾（Vicki Robin）和其朋友们了解更多信息，他们创建了供社区使用的畅谈咖啡馆。

灵活应用

- 每桌除一人外，所有其他参与者都可以以世界咖啡馆的方式每 20 分钟在不同的桌子间转移。
- 与图像记录相结合。在每张桌子上放活页纸，收集各组的想法。鼓励绘画和好玩的探索。
- 进入行动，可以尝试与 **W³ 反思法**、**15% 解决方案**、**设计故事板**、**金鱼缸会谈**或**开放空间技术**串联起来使用。

示例

- 用于从市场或经营环境的重大挫折或冲击中厘清头绪并开始恢复。
- 用于探索一个还未理解的新话题或趋势。
- 用于带有强烈情绪表达的话题。
- 用于重大变故后的反思：这意味着什么？我们可以做什么假设？哪些结论是有意义的？现在我们可以相信什么？

原创作者

由亨利·利普曼诺维奇和基思·麦坎德莱斯开发的 LS 共创工具。他们受到了维基·罗宾及苏珊·珀特瑙（供社区使用的畅谈咖啡馆的共同创造者）的启发，并对他们的工作进行了调整改编。

补充材料

下表是用于介绍畅谈咖啡馆的演示材料。

协议和步骤

协议	步骤
•尽可能暂缓评判。 •相互尊重。 •寻求理解而非说服。 •邀请并鼓励不同的观点。 •说出个人的心声。 •坦诚且深刻的交谈而非喋喋不休。	（1）在第一轮、第二轮、第四轮中使用发言物件。 （2）不打断第一轮、第二轮中的发言。跳过发言为可选项。没有发言物件的人则倾听。 （3）第三轮是生动的开放式对话。 （4）第四轮分享“收获”。 （5）当所有人都聚在一起时，收集想法。

最小规格

为实现目标，仅明确绝对“必须做”和“不得做”的事项

（35～50分钟）

让什么成为可能？通过明确数量最少的简单规则，即绝对必须遵守的**最小规格**，你可以让团队得以释放，自由地创新。**最小规格**将确保达成创新的目的和责任感。就像“十诫”一样，最小规格启动的约束机制作用于“必须做”和“不得做”的事项清单。你可以去除那些不必要的、阻碍创新的“最大规格”中的规则。通常情况下，2～5个最小规格就足以提高绩效，因为这给了小组更多的自由和责任感来了解必须做什么才能取得进展。根据人们在该领域的经验，参与者一起制定并调试出一套**最小规格**并遵守约定，就能使小组真正活跃起来！

“设计师知道完美并非没什么可添加了，而是没什么可剔除的了。”

——安托万·德·圣-埃克苏佩里（Antoine de Saint-Exupery）

五大结构元素（最小规格）

（1）构建邀请

- 在一个具有挑战性的活动中或面临一个新举措时，请参与者先生成一个完整的清单，列出为了获得成果而应该注意的所有该做和不该做的事项。这是“最大规格”清单。
- 在制定了“最大规格”清单后，请参与者将其减少

到为实现目的需要达到的绝对最低限度。请他们在一定时间内逐条筛选清单，并去掉对以下问题答案为“Yes”的每一条规则：“如果我们违反或忽略这条规则，我们是否还能实现我们的目的？”

（2）所需空间和材料

- 4~7 人一组，围着小桌子坐。
- 记录最大规格和最小规格的纸张。

（3）参与方式

- 每个参与活动或项目的人都可以参加。
- 每个人都有同等的机会作出贡献。

（4）分组方式

- 先从单独个人开始，然后是 4~7 人的小组。
- 全员分享。

（5）步骤和时间分配

- 生成所有“必须做”和“不得做”的活动清单（最大规格），先是每人独立思考 1 分钟，然后在小组内补充并整合 5 分钟，并在短时间内尽可能完整地列出。6 分钟。
- 根据对目的的陈述，每个小组测试其最大规格列表中的每一条。如果某一条规格被忽视但目的仍能实现时，该规格将被从列表中删除。15 分钟。
- 必要时做第二轮。15 分钟。
- 各小组进行比对，并整合出最小规格清单。15 分钟。

为什么？目的

- 评估并决定什么是成功的绝对必要条件。
- 为新的可能性提供开放的空间。
- 减少一线员工的挫折感，将他们从微观管理中解脱出来。
- 将资源和精力集中或转移到重要的地方。
- 助力引导扩大规模，精准传播创新。

技巧和陷阱

- 从完整的“必须做”清单开始。

- 让尽可能多的参与者或利益相关方参与进来。
- 当除尽除，不允许最大规格潜入。
- 根据需要增加轮次。
- 让**最小规格**成为正式的规定并身体力行(不要说“是的，但是”)。
- 更加重视实践的直接经验，而非概念性知识。
- 根据实践经验和实地观察与访谈，对**最小规格**进行调整，以保持其生命力。
- 如果小组感到困难，你可能需要回过头去明确目的并确保是以真正重要为准。

灵活应用

- 进行第二轮目的测试，问题是：“如果除了这个规格外，你遵循所有的最小规格会达到你的目的吗？”如果是，你可以从列表中删除该规格。
- 与其为当下制定**最小规格**，不如请人们推测应该能塑造未来行动的最小规格。用其来为当下提供信息。
- 虚拟群组在线做最小规格，通过聊天功能针对每个问题就“违反这个规格，你能达到你的目的吗？”分享答案。当你的**最小规格**清单越来越短时，让所有人打开语音对话。
- **实地观察与访谈**或 9 Whys 可能会揭示隐藏的最小规格（深挖！）。

示例

- 参议员琳达·伯克·莫斯用最小规格确定了所有利益相关者必须做和不得做的事情，以共同承担防止酒后驾驶的责任，并支持新的州立法。请参阅本书第 3 部分中琳达的故事：“通过蒙大拿州参议院第 29 号法案”实践故事。
- 在一次全公司的开放空间会议后，阿里森·乔斯林（Alison Joslyn）与企业转型项目负责人一起制定了一套**最小规格**。请参阅本书第 3 部分中的“扭转业务局面”实践故事。
- 在给出或收到的任何任务中使用**最小规格**。

原创作者

由亨利·利普曼诺维奇和基思·麦坎德莱斯开发的 LS 共创工具。他们受到了凯瑟琳·艾森哈特（Kathleen Eisenhardt）教授和作家保罗·普尔塞克（Paul

Plsek）的启发。

补充材料

下表是介绍最小规格的演示材料。

一场成功会议的最小规格

一场成功会议的要求清单	你忽视了该要求仍能达到你的目的吗？如果答案为“是”，请把这一项从清单中划去
宣布时间和地点	最小规格
请到一个演讲专家	非最小规格
准备一个详细的日程	非最小规格
播放PPT资料	非最小规格
有一个引人入胜的目的	最小规格

即兴原型表演

在尽情欢乐的同时，制定有效的解决方案以应对长期的挑战

（20 分钟 / 轮）

让什么成为可能？ 你可以让一个小组通过同时挖掘三个层次的知识来快速学习和改进：参与者共享的显性知识；通过观察彼此的表现而发现的隐性知识；潜在知识，即涌现并共同发展的新思想。这种强大的结合可以成为经验变革的源泉，同时也非常有趣。参与者确定并采取行动解决长期存在或艰巨的问题。邀请不同的人来戏剧化地呈现解决问题的简单元素。 即兴创作草图中的创新是由单独或一起使用的部分逐步拼装而成的。这是完成严肃工作的有趣方式。

“游戏并非微不足道或琐屑无聊，也不是好像不会有什么后果。相反，在游戏互动中，我们都是自由人，我们之间的关系有可能发生意外，一切事情的发生都有后果。因为害怕可能的不可预知的结果，严肃性扼杀了开放性。严肃需要特定的结论，游戏则允许不惜一切代价的可能性。”

——詹姆斯 · 卡斯

（James Carse）

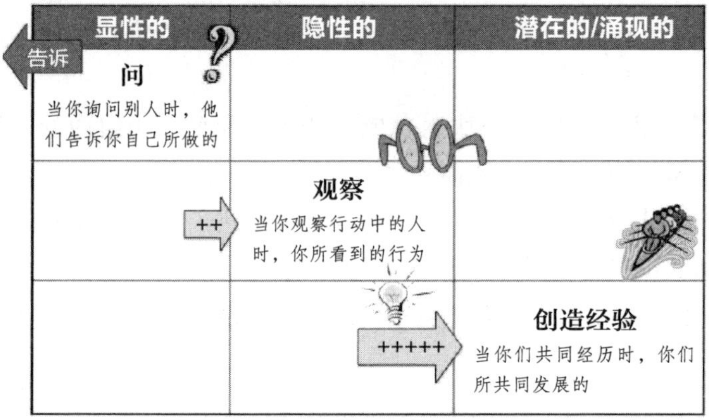

知识与创新的来源，由医学博士（梅奥诊所）的阿兰 · 邓肯（Alan Duncan）改编而来，为VHA健康基金设计（2006年）。

五大结构元素（最小规格）

（1）构建邀请

• 请参与者找出工作中一个令人沮丧的长期挑战，然后以游戏的方式进行试验、发明，并通过演出来展示其现状及可能的方案，以发现更好的解决办法。

（2）所需空间和材料

• 开放的空地或舞台，可以位于房间前面或中间。

• 如果有需要，可根据场景提供一些道具。

• 可容纳所有参与者的椅子并根据需要分组。

（3）参与方式

• 每个人都作为表演者或观察员参与其中。

• 几位志愿者当“玩家”（表演者）。

• 其他人作为观察者和评估者，以及参与共创的“玩家”。

（4）分组方式

• 一小群参与者在“舞台”上。

• 所有其他人，即观察员，结成小组分布在舞台前或舞台周围。

（5）步骤和时间分配

• 解释将要如何进行并描述步骤顺序。2 分钟。

• 搭建舞台并描述与表演相关的场景和各种角色。3 分钟。

• 舞台上的演员演绎一幕该场景。3~5 分钟。

• 每个观察小组用 1-2-4-All 进行总结，从刚才观察到的场景中找出成功的和不成功的“片段”。5 分钟。

• 每个观察小组将各自认为成功的小块组合成一个新的原型，小组内的志愿者在组内将新的原型表演出来。5 分钟。

• 其中一个观察组的参与者，若判断自己小组有一个改进的原型，则自愿申请上台在全员面前演出自己的版本。3~5 分钟。

• 继续进行必要的几轮，得出一个或多个足以付诸实践的原型。

为什么？目的

• 使人们能够通过表演获得新的思维。**即兴原型表演**是对现实的排练。

- 将看似艰巨的任务分解成更小的部分。
- 激发和聚焦大家的想象力，解决混乱的挑战。
- 突破僵化或顽固的行为。
- 创造一个吸引人的、有趣的替代方式来代替枯燥无效的培训。
- 跨越职能和学科障碍来开展工作。
- 帮助人们向能解决问题的同行学习其行为。

技巧和陷阱

- 尽可能地包容：邀请不同角色的人加入进来。
- 为**探索与行动对话**和**实地观察与访谈**中每个场景勾画出有意义的主题和戏剧性的故事线。
- 根据场景的复杂程度，考虑设立三个辅助角色：舞台经理、创意总监、主持人。
- 重现那些没有激发想象力或产生新想法的场景。
- 请大家放下假设和偏见，设身处地进行地换位思考。例如，医生扮演护士、护士扮演医生、学生扮演教授等。
- 请创意总监根据需要对表演者进行轻度指导。

灵活应用

- 以发现更棒（或更差）的行动设计为目标，邀请观众以小组为单位重现场景。先让不同的小组分别上演自己的即兴表演，然后通过“掌声计”(applause-o-meter) 来评判对手间的比拼。
- 与**设计故事板**、**轮转和分享**和**金鱼缸会谈**进行串联使用，帮助其传播创新成果（说清楚是什么和可能是什么）。

示例

- 医院的培训师已经用**即兴原型表演**代替了传统的课程。
- 让销售人员发明与客户互动的新方法。
- 让管理者与下属员工间的互动更有成效。
- 供护理服务提供者练习与病人和家属间的临终关怀和安宁治疗的对话。
- 让教师发现应对破坏课堂纪律行为的有效对策。

• 训练年轻护士在安全问题上坚持立场（参见第 3 部分中的“戏剧化地改变行为以阻止感染”实践故事）。

原创作者

由亨利·利普曼诺维奇和基思·麦坎德莱斯开发的 LS 共创工具。他们受到了安东纳·莫库斯（Antonas Mockus）（波哥大前市长）及即兴表演艺术家的启发。

补充材料

下表是我们用于介绍即兴原型表演的资料。

步骤和例子

四个步骤

（1）通过选择地点、玩家和单一表演线来设置舞台。

（2）创意总监应决定是否开始和停止表演，并根据需要重现（曲折的）场景。

（3）根据需要为玩家提供即时的教练支持（例如，一次只进行一个对话）。

（4）在每个场景之后，主持人应通过1-2-4-all邀请参与者反思发生了什么（没有发生什么）。

为安全洗手准备舞台

• 你会发现一位同事没有遵守安全实践。你决定帮助他注意到是他们这样的行为使患者处于危险之中。你所看到的行为是一个长期的问题。你已经尝试了一切，并已决定：“我将尝试一些新的东西。”

• 两个玩家是隔离预防病病房中的一名护士和医生。

• 表演线是“我注意到你没洗过手。”

启发式帮助

循序渐进地帮助他人、接受帮助和寻求帮助

（15分钟）

让什么成为可能？参与者可以深入了解自己的互动方式和习惯。**启发式帮助**使他们有可能体验到如何通过使用一系列实用方法来选择改变与他人合作的方式。启发式帮助能帮助人们识别进入新情况时重要的捷径；帮助他们深入了解自己的交互模式，并迅速做出更明智的决策。一系列简短的交流揭示了启发式帮助的方法或简单的经验法则，可以为你提供有效的帮助。试试看！

"你不能通过为一个人做他本可以自己做的事来长期帮助他。"
——亚伯拉罕·林肯（Abraham Lin-olcn）

五大结构元素（最小规格）

（1）构建邀请

- 邀请参与者将所有人际互动视为接受提议或阻碍提议（例如，即兴表演艺术家被训练为接受所有提议）。
- 要求他们对四种互动方式采取行动，做出反应或进行观察。
- 请他们反思自己的模式，并考虑改变他们寻求、提供和接受帮助的方式。

（2）所需空间和材料

- 任何数量的参与者，站立。

- 没有桌子挡着，人们面对面站着。

（3）参与方式

- 每个人都有同等的机会学习和作出贡献。
- 随着活动的进行，参与者会在三种可能的角色中切换。

（4）分组方式

- 三人一组：两名参与者以客户和教练的角色进行面对面交流，另外一名做观察员。
- 全体人员进行总结。

（5）步骤和时间分配

- 讲明规则：将有四轮 1~2 分钟的即兴互动。各组选择一名成员作为“客户”，第二名成员作为“教练”，第三名成员作为“观察员”。角色可以保持不变，也可以每一轮改变一次。第四轮结束后，将进行 5 分钟的总结。2 分钟。
- 在每一轮中，扮演客户角色的人都会分享一个他或她感兴趣的挑战。在观察者密切关注的同时，教练会按照每轮不同的模式进行回应，具体如下。
- 在第一轮中，反应模式是“安静地聆听”：教练以富有同情心的方式倾听客户的挑战（参见释放性结构“**听到 - 看到 - 尊重**”）。2 分钟。
- 在第二轮中，反应模式是“引导发现”：教练接受所有的提议，通过引导式提问来共同探索（参见释放性结构“**欣赏式访谈**”）。2 分钟 。
- 第三轮，反应模式为“善意滋事”：当教练看到客户没有意识到的事情时，教练根据需要提供、接受或阻碍提议（参见释放性结构“**三人行咨询**”）。2 分钟。
- 在第四轮中，反应模式为“正念过程”：教练和客户相互接受所有提议，尽可能用他们的最高智慧，同时注意到如何扩大更多新颖的可能性。2 分钟。
- 总结客户、教练和观察者所经历的四种帮助模式产生的影响。5 分钟。
- 根据总结情况，重复所有轮次或只重复部分轮次来练习各种反应模式。

为什么？目的

- 减少或消除人们在提供或请求帮助时常见的错误和陷阱。
- 改变不合适的提供帮助的模式，包括不成熟的解决方案、不必要的建议、强加压力迫使对方采用建议和过快地进入下一步骤。努力避免过度帮助。
- 改变不合适的寻求帮助的模式，包括不信任；不分享真正的问题；接受帮助却没有主人翁意识；寻找验证，而非帮助；抱怨没有得到足够的帮助。

技巧和陷阱

- 鼓励大家在每一轮中都轮换角色。
- 培养信任，虚心求教，营造相互发现的氛围。
- 专注于能让客户找到自己的解决方案的模式（在小组中进行自我发现）。
- 不要忽视身份差异、环境、肢体语言、举止等微妙的信号。
- 在第一个循环（四轮）中，可以为深入学习任一模式做准备。
- 完成第一个循环后，让三人小组选择想专注的模式。

灵活应用

- 请参与者建立自己的个人资料，识别出自我的默认模式和成长机会。
- 将启发式帮助融入其他的专注于“有来有往”的释放性结构中，如**三人行咨询**、**智囊团**、**我需要你什么**、**即兴原型表演**、**实地观察与访谈**等。
- 尝试从“有趣”的模式入手：中立（零反应），以及忽略和打断所造成的阻碍。

示例

- 当**智囊团**或**我需要你什么**在没有达到小组的预期目的时使用。例如，当参与者不想寻求或不愿提供帮助时。
- 适用于护士、教练、教师或其他任何从事帮助行业的人，以更新和学习新的关系技能。
- 适用于改善跨专业的团队间协调。
- 适用于释放性结构引导者深入挖掘贯穿许多释放性结构的潜在模式。
- 在试图帮助他人受挫时，可以扩大选择范围。

原创作者

由亨利·利普曼诺维奇和基思·麦坎德莱斯开发的 LS 共创工具。他们受到了作家兼教授艾德佳·沙因（Edgar Schein）的启发。

补充材料

下表是用于介绍启发式帮助的演示材料。

引导小贴士

四个模式

（1）安静地聆听。
（2）引导发现。
（3）善意滋事。
（4）正念过程。

关键目标

- 建立信任，减少身份差异，用同理心倾听。
- 引导提问来探索共同发现。
- 插入意见和建议来取得进展。
- 深化对关系动力的认知。

金鱼缸会谈

与更大的团体分享经验成果

（35～70 分钟）

让什么成为可能？ 拥有直接实践经验的一部分人可以快速培养理解力，激发创造力，并促进更多社区成员进行新实践。金鱼缸会谈由一组人围成一个较小的内圈，外面由更大的一组参与者围绕着。内圈小组由那些在外圈参与者感兴趣的挑战上取得具体进展的人组成。金鱼缸会谈的设计使内圈中的人们可以轻松地通过彼此交谈、分享经验来阐明自己的所作所为。通过两组人之间的直接交流，非正式地打破障碍，并促进了提问和回答。这为人们提供了最佳的相互学习的条件，就自己工作小组所处的背景发现自己所关心问题的答案。你可以停止强加给他人的做法了！

五大结构元素（最小规格）

（1）构建邀请

- 请金鱼缸内圈里的人真实、具体、公开地描述他们的经历：好的、坏的和难堪的。邀请他们互相交谈，就当观众不在现场，就像他们在水塘边，或者是在一辆去机场的车里分享他们的故事。一定要请他们避免向听众做介绍。
- 请金鱼缸外圈的人倾听、观察非语言交流，并在小组内提出问题。

（2）所需空间和材料

- 3～7 把椅子围成一圈，摆在房间中间。
- 如果全部人数超过 30～40 人，则需要在内圈放置麦克风。

- 如果可能，布置低矮的舞台或吧台凳子以让外圈的人更好地看到互动情况。
- 外圈围着内圈，根据需要准备椅子，以 3～4 把椅子为一组。
- 在人数众多的情况下，要准备好额外的麦克风，以备外圈的人提问时使用。

（3）参与方式

- 内圈的每个人都有同等的机会作出贡献。
- 外圈的每个人都有同等的机会提出问题。

（4）分组方式

- 一个由 3～7 人组成的内圈小组。
- 一个分成多个 3～4 人的卫星小团体的外圈。
- 使用 1-2-4-All 进行总结。

（5）步骤和时间分配

- 讲明金鱼缸会谈的分组和步骤。2 分钟。
- 内圈对话进行到自然结束。10～25 分钟。
- 外圈的卫星小团体提出观察结果和问题。4 分钟。
- 对提交给内圈的问题进行解答，内圈和外圈之间根据需要进行互动，直到所有问题都得到解答。10～25 分钟。
- 用 W^3 **反思法**进行总结，问：“现在看来什么是可能的？”10～15 分钟。

为什么？目的

- 切切实实的实践经验与所有关于新实践的问题和答案都摆在桌面上，让大家同时了解。
- 为新思想的产生创造条件。
- 让每个参与者的想象力和经验都有展示的空间。
- 培养倾听、讲故事、模式识别、提问和观察的技能。
- 祝贺早期采用者和创新者，他们已经获得了实践经验（原型往往是在失败中推进和验证的）。

技巧和陷阱

- 对于坐在内圈的人，只选择有实操经验的（不考虑级别）。
- 挑选角色独特的和职能部分的代表（其成功源自大量的协调）进入金鱼缸（内圈）。

- 鼓励内圈的人分享具体且详细的例子，而不是观点。
- 建议在内圈的人想象自己在汽车或酒吧里分享故事、进行对话。
- 鼓励大家分享成功和失败，无论“好的、坏的、难堪的”。
- 强化“不做演讲”和“互相之间交谈，而非对外圈讲话”的规定。
- 寓教于乐，鼓励讲生动的故事。

灵活应用

- 在内圈留一两张空椅子，让意想不到的人中途参加进来。
- 在线上虚拟小组中，外圈的人利用聊天功能将问题“分享给大家”或与“内圈的小组”展开“对话”。
- 将**金鱼缸会谈**与**即兴原型表演**、**25/10 集体智慧**、**生态环**、**实地观察与访谈**、**轮转与分享**等混搭或串联起来使用。

示例

- 在释放性结构工作坊上，几位经验丰富的从业者分享了一些故事，加深了新用户对如何入门和如何获得实际效果的理解。
- 在医务会议上，一个内部专家小组在一组初级保健医生中间讨论了一个具有挑战性的案例，从专家和初级保健的角度引发了对该案例的讨论。
- 一个由销售人员组成的试点小组与其他销售人员分享了他们使用新型手持式报告设备的经验。**金鱼缸会谈**帮助每个人都变得轻松自如，因为他们知道采用创新所需的所有知识。
- 可用于一个试图提升服务的公共部门组织。
- 高管团队的成员在所有经理的簇拥下，在一个金鱼缸里进行会议。

原创作者

由亨利 · 利普曼诺维奇和基思 · 麦坎德莱斯开发的 LS 共创工具。灵感来自这两位创始人多年来多次以不同的方式深度参与不同场景的金鱼缸会谈活动。

听到-看到-尊重

练习更深入的倾听及与同事的共鸣

（35分钟）

同理心以包容性的方式消除了行动障碍。它通过伙伴关系和共创所产生的力量解决了那些似乎一团乱麻和被束缚的问题。”

——多米尼克·巴特尔（Dominic Barter)

让什么成为可能? 你可以培养参与者“设身处地”为他人着想的共情能力。许多情况并没有直接的答案或明确的解决方案。认识到这些情况并以同理心做出反应，可以改善“文化氛围”并在小组成员之间建立信任。**听到-看到-尊重**（HSR）帮助个人学会以不过度承诺或不过度控制的方式做出反应。它可以帮助团体成员注意到不受欢迎的模式，并一起努力转换到更有成效的互动模式。参与者将体验到更多同理心的实践及其所带来的好处。

五大结构元素（最小规格）

（1）构建邀请

- 请参与者向搭档讲述一个故事，讲述他们觉得自己没有被听到、被看到或被尊重时的情景。
- 要求听众除了问“还有什么？”或“接下来发生了什么？”等问题外，避免任何其他干扰。

（2）所需空间和材料

- 面对面摆放椅子，膝盖之间留有几英寸的距离。
- 不需要桌子。

（3）参与方式

- 每个人都有相同的时间，依次以讲故事和听故事的身份参与到每个角色中去。

（4）分组方式

- 两人一组讲故事。
- 然后是四人一组，反思所发生的事情。

（5）步骤和时间分配

- 介绍**听到－看到－尊重**的目的：练习倾听，而不试图修正任何事情或做出任何判断。3 分钟。
- 每人每次有 7 分钟的时间分享一个关于不被倾听、不被看到或不被尊重的故事。15 分钟。
- 搭档间互相分享倾听和讲故事的经验，“讲自己的故事是什么感觉？听你的故事是什么感觉？”5 分钟。
- 在四人组中，参与者用 1-2-4 的方式分享反思，问：“故事中透露出哪些模式？这些模式对你来说有多重要？”5 分钟。
- 整个小组一起时，参与者思考以下问题：“如何利用**听到－看到－尊重**解决模式所揭示的挑战？还可以使用哪些释放性结构？”5 分钟。

为什么？目的

- 揭示人们不被倾听、不被看到或不被尊重的经历是多么普遍的现象。
- 揭示人们自己的行为方式让别人觉得没有被倾听、被看到或被尊重是多么普遍的现象。
- 提高小组成员之间倾听、协调和共情的能力。
- 注意到仅是通过倾听，就可以完成很多事情。
- 在面对困惑或新情况时，更多地互相依靠。
- 关系紧张后提供情感宣泄和关系修复。
- 帮助管理者认识到，有时候倾听比试图解决问题更有效。

技巧和陷阱（引入听到－看到－尊重时）

- 请提示说明：你的搭档可能比你先准备好；第一个跳进脑海的故事往往是最好的。

- 为了安全感，你可以说："你可能并不希望选择你想到的最痛苦的故事。"
- 为了安全感，你可以说："注意保护故事讲述者的隐私，可以只讲你愿意分享的部分。"
- 建议："当你是倾听者时，注意当你做出一个判断（关于什么是对的或错的），或者当你想到你能帮上忙的时候，请跳过这个念头"。

灵活应用

- 如果你觉得自己很勇敢，可以用"被爱"（即无条件的爱，不求个人私利而在他人身上寻求至善）代替"被尊重"。
- 将**听到－看到－尊重**与其他有助于修复关系的释放性结构，如三**人行咨询**、**启发式帮助**、**STAR 罗盘**、**欣赏式访谈**、**畅谈咖啡馆**串联在一起使用。

示例

- 在定期会议中使用，以提高相互倾听和响应的质量。
- 在转型时期，当无法回答有关未来的问题（如并购后的整合、市场混乱、社会动荡）时，需要有同理心的倾听。
- 当个人或团体遭受损失，需要一个论坛来分享他们的悲伤或绝望时。
- 改善组织上下一对一的汇报关系。

原创作者

由亨利·利普曼诺维奇和基思·麦坎德莱斯开发的 LS 共创工具。他们受到了"同情的种子"实践者社群及顾问马克·琼斯（Mark Jones）的启发。

补充材料

下表是介绍**听到－看到－尊重**的演示材料。

听到-看到-尊重的步骤

（1）与搭档一起讲一个有关你没有被听到、被看到或被尊重的故事。每个故事7分钟。

（2）聆听时，请勿尝试修正任何问题。仅在需要时提问（例如，还有什么其他的？请继续告诉我更多）。

（3）交换角色，重复步骤（1）和步骤（2）。

（4）在4～8人的小组中，使用W^3反思法来反思经验。

携手共画

通过非语言的表达方式揭示想法并指明前进的道路

（40分钟）

"整个身体随着生动的想象力而舞动。"

——亚里士多德（Aristotle）

让什么成为可能？ 你可以帮助人们触及难以用语言表达的隐藏知识，如感觉、态度和模式。当人们感到疲倦，大脑被塞满并已经达到逻辑思维的极限时，你可以帮助他们唤起逻辑之外的想法，一步步理解各种可能性。你可以使用五个具有通用含义的易于绘制的符号来讲述有关个人或群体转变的故事。携手共画的玩趣精神预示着你可以拥有更多的可能性，并且有望获得更多新答案。**携手共画**消除了人们对文字（口头和书面）的过度依赖，这种过度依赖限制了新颖性，也为原本不愿抛头露面的人们提供了一种新的表达方式。

五大结构元素（最小规格）

（1）构建邀请

- 请参与者讲述一个自己的或与他人共同面对的挑战，只能使用五个符号，且不得使用任何文字。

（2）所需空间和材料

- 一面有挂毯纸的开阔的墙或有空白页的画架。
- 水性记号笔或色彩丰富的柔和水粉笔。

（3）参与方式

- 每个人都被纳入其中，因为这五个符号对每个人来说都很容易画。
- 所有参与者同时进行个人绘画。

（4）分组方式

- 个人单独练习画符号。
- 个人绘制图画的初稿和二稿。
- 1～4 人为一组解读图画。
- 全员汇报总结（组内人多的话使用 1-2-4-All）。

（5）步骤和时间分配

- 主持人画出并描述每个符号的含义，介绍携手共画。5 分钟。

  圆形 = 整体；

  矩形 = 支持；

  三角形 = 目标；

  螺旋 = 变化；

  星形（等距交叉形式）= 关系。
- 请大家练习画五个符号：圆形、矩形、三角形、螺旋、星形。5 分钟。
- 请每个人综合使用这些符号，不加文字地创作一个故事的初稿，讲述在挑战或创新中的“历程”。10 分钟。
- 请每个人创作第二稿，通过戏剧化符号的大小、位置和颜色来完善自己的故事。10 分钟。
- 请参与者邀请另一个人或小组诠释他们的画作。提醒大家：该画的创作人不要说话。5 分钟。
- 问全组：“合在一起，这些画揭示了什么？”组内人数较多时采用 1-2-4-All。5 分钟。

为什么？目的

- 揭示通过口头或线性方法无法获得的想法或理解。
- 挖掘所有能带来创新的知识来源（显性、隐性、潜在或新兴）。
- 示意正在寻求新发现的探索或旅程。
- 发展和加深对愿景或复杂动态状况的共同理解。

- 在小组成员间建立更紧密的关系。

技巧和陷阱

- 提醒学员绘画本身不是目标，说："大家并不需要精良的绘画技巧来实现对完美的追求！孩子般的画作看起来很好玩，同样能激发别人的想象力！"
- 不需要过多地在绘画技巧上帮助大家。
- 帮助参与者接受图画中出现的任何内容（往往会有惊喜）。
- 画出或展示出有助于他人理解上的飞跃的示例故事。
- 用照相机和录像机记录参与者的绘画过程。
- 当重新回到小组时，返回到你的画作。
- 请记住，绘画可以发挥强大的治疗作用，为情绪反应做好准备吧！

灵活应用

- 会议中可以用视觉映射对话（如果必要，可以添加字词）。
- 从小处入手：从一张普通 A4 纸开始。
- 可以用平板电脑代替纸张，让大家学习如何用平板电脑上的五个符号讲故事。
- 以《英雄之旅》为模板，编写故事。
- 作为一个模板，从揭示现状到呼唤新事物、发现、验证、早期采用及传播的过程。

示例

- 在长时间的会议中，当需要创意爆发时，可以产生令人耳目一新的节奏变化。
- 当观点存在强烈差异，群体陷入情绪中时。
- 用于会议的视觉引导，随着交流的展开而创作图画。
- 用于在复杂的项目工作时，揭示晦涩或隐藏的关系（例如，一位博士生通过**携手共画**获得了灵光乍现的时刻）。
- 帮助实现一个愿景陈述（特别是对于视觉型的人）。
- 就个人工作而言，用来把应对挑战的不可言喻的或隐藏的方法可视化。

原创作者

由亨利·利普曼诺维奇和基思·麦坎德莱斯开发的 LS 共创工具。他们受到了大卫·西贝特（David Sibbet）及安杰利斯·阿里恩（Angeles Arrien）的启发(参看著作《生活中的符号》)。

设计故事板——基础版

确定高效会议的步骤要素

（25~70分钟）

让什么成为可能？设计故事板可以消除导致会议不顺畅的最常见原因：目的不明确或缺乏共同目的、浪费时间、参与受限、表达不足、缺乏集体思考和苦恼的参与者。设计故事板的过程明确了目的，有了与其相一致的微结构的配合，目的变得更加清晰；也明确了成功实施需要把哪些人纳入进来。设计故事板邀请参与者仔细定义为达到会议目的的所有微组织元素：结构化邀请、空间、材料、参与、分组以及引导和时间分配。设计故事板防止了人们在没有明确设计的情况下开始会议。优秀的设计通过发现隐性和潜在的创新来源产生超预期的结果。

开启一个新项目

多个跨学科、职能小组的参与，共享引导

日程	目标	LS微结构	为什么是这个LS工具	步骤/时间	引导者/参与者
欢迎	成立工作组，相互认识	即兴社交	体现相互尊重和相应的纪律	3轮两两配对，每轮5分钟	Carlos，全员
准备启动项目	为创新准备空间	TRIZ、1-2-4-All	我们一部分成功的实践随着时间的推移显得过于成熟（过时）	3个步骤，每步10分钟	Jenny，4人一组，然后整个小组

续表

日程	目标	LS微结构	为什么是这个LS工具	步骤/时间	引导者/参与者
吸引更广泛的参与	定义并精练目的	9 Whys	我们要吸引更广泛的参与，在多种情境下创新，无须正式的控制	1轮1-2-4-All，共计30分钟	Katie，然后4人一组
行动计划	明确行动，现在开始启动	25/10集体智慧	我们有“做”的文化，让小组从自我发现中受益	5轮共25分钟+成立行动小组	Carlos，全员

五大结构元素（最小规格）

（1）构建邀请

- 邀请一个设计团队（群体中的代表）制订详细的计划（包括视觉提示），让参与者互动以实现他们的目的。

（2）所需空间和材料

- 开阔墙面带挂毯纸或活页纸。
- 2 英寸×4 英寸的便签纸和（或）释放性结构扑克牌。
- 一块空白的故事板（见补充材料）。

（3）参与方式

- 每个参与会议设计和规划的人都有平等的机会做出贡献。

（4）分组方式

- 1-2-All 或 1-All，快速循环进入下面每一步。

（5）步骤和时间分配

- 明确你们一起工作的目的（必要时使用 9 Whys）。2 ~ 5 分钟。
- 描述你通常会在这个环节使用的标准方法或微结构（包括通常会有哪些人在场），并评估这在实现所述目的方面的成败。5 ~ 10 分钟。
- 必要时重新审查并加强对目的陈述。2 ~ 5 分钟。

- 重新审视并决定谁需要参加或参与。2 ~ 5 分钟。
- 集思广益，找出可以实现这一目的的其他可替代微结构（包括传统结构和释放性结构）。确定是否可以在一个步骤内实现目的。如果不能，第一步的目的必须是什么？仅继续第一步。5 ~ 10 分钟。
- 确定哪种微结构最适合达到目的；选一种作为备用。2 ~ 10 分钟。
- 决定应邀请谁，应由谁来引导会议流程。在空白故事板中写下所有的决定。2 ~ 10 分钟。
- 确定用来评估设计的问题和过程（例如，设计是否达到了预期的结果？小组是否以一种富有成效的方式共同工作？现在看是否有新的可能？使用 W^3 反思法）2 ~ 5 分钟。
- 如果需要多个步骤，请与设计团队协商，并安排一次会议，按设计故事板（高级）部分的描述进行工作。5 ~ 10 分钟。

为什么？目的

- 明确一个对所有人都清晰的目的。
- 使工作会议富有成效，让所有人都感到愉快。
- 让每个人都有机会作出贡献。
- 促进参与者间的协同作用。
- 通过设计过程可视化让每个人找到自己的角色。
- 揭示现行做法中的薄弱环节，从而加以改善。
- 挖掘所有的创新知识来源（显性、隐性、潜在 / 涌现的）。

技巧和陷阱

- 鼓励并认真体验快速迭代；重复并深化你的设计。
- 至少两人一组（另一视角看到和听到会很有帮助）或小组一起工作。
- 使用图标和草图来快速发展共享的理解和可执行的想法。
- 总是包括一个设计反思——W^3 反思法。
- 不要吝啬产生一个好设计所必需的时间。一个好设计所减少的浪费在会议上的时间，比创造设计本身所花费的时间要多得多。一个糟糕的设计会让人感到沮丧。

灵活应用

- 用同样的方法与实地观察与访谈来比对当前的做法。
- 使用饼状图来阐明和平衡你的设计目的和流程。

示例

- 适用于各种各样的管理会议。
- 项目回顾。
- 课堂教学。
- 头脑风暴。
- 一对一的会议。
- 筹划一次学习研讨会（见书第三部分中的“修复破碎的儿童福利系统”）。

原创作者

由亨利·利普曼诺维奇和基思·麦坎德莱斯开发的释放性结构–LS 共创工具。

设计故事板——高阶版

逐步确定使变革和创新举措取得成效的要素

（18小时到数天或数周）

让什么成为可能？你可以避免许多转型举措和创新项目失败的陷阱：在整个计划阶段和每个分阶段都缺乏明确的共同目的；参与人数和参与度不足；必不可少的声音没有被听到；苦恼的参与者和没有参与者；抗拒变化；群体思维；噩梦般的实施努力与不成比例的结果。全面设计是在一段时间内将一系列基本设计连接在一起。根据项目规模，设计需要经过数天、数周、数月甚至数年的时间反复开展。大设计周期中套着小设计周期，随着计划的推进，设计规模不断扩展。你可以很容易在大型项目中把更多的人和多样性纳入设计组。根据转型或创新工作中的曲折变化，你可以通过仔细地、特意地挑选参与者加入设计组（包括不常见的怀疑论者，因为他们通常是新颖方法的来源）。

五大结构元素（最小规格）

（1）构建邀请

- 邀请一个初始设计团队制订详细的计划（包括视觉提示），让参与者互动以实现他们的目的。

（2）所需空间和材料

- 一面开阔的带挂毯纸或活页纸的墙。
- 2 英寸×4 英寸的便签和释放性结构扑克牌。
- 一块空白的故事板。

（3）参与方式

- 每个参与会议设计和规划的人都有同等的机会作出贡献。

（4）分组方式

- 1-2-All 或 1-All，快速循环进入下一步。

（5）步骤和时间分配

- 明确设计团队的组成，包括所有相关方和组成团队（随着时间的推移、项目的进展，人员组成可以临时调整）。1～3 小时。
- 设计小组阐明举措的总体目的（使用 9 Whys 或其他精心挑选的微结构）。1～6 小时。
- 详细描述人们使用现有的产品、服务或方法的现状，而这是你期待转变或改变的，你可能需要采用一个方法，如释放性结构中的**实地观察与访谈**来收集数据，以准确描述现行用户体验。6 小时到数天或数周。
- 根据用户体验，评估现有产品、服务和方法在达到所阐述的目的方面做得成功和失败的部分。3 小时到数天。
- 如果有必要，重新审视并强化目的陈述。1～6 小时。
- 重新审视并决定谁应该参与核心设计小组，以及谁应该参与外围活动以帮助进行审核或现场测试。1～3 小时。
- 头脑风暴并列出微结构的备选项（包括常规微结构和释放性结构）以帮助达成目的。3 小时到数天。
- 把大纲分解为可以独立进行设计和运作的步骤或大块（不要试图从头开始做一个综合的设计）。1～6 小时。
- 确定一个步骤的设计，选择适合达成目的的微结构；选择一个备选方案。重复每一个步骤。1～6 小时。
- 决定是否测试或审核设计的可行性或可取性。考虑在不同配置下的分阶段测试。1～6 小时。
- 在测试环境或现场中实施第一步。继续在更极端的条件下测试。
- 评估第一步及后续步骤的设计。确定你将用于评估总体设计的问题和流程（例如，设计是否达到了预期的效果？小组是否有效地共同工作并协调任务？现在有什么新的可能性吗？使用 **W^3 反思法**）。
- 重复设计周期，完善下一步的设计等。

为什么？目的

- 摆脱当前现状，取得重大而持久的进步。
- 为形成新行为和传播提供足够的时间，扩大他人认为有可能实现的目标。
- 在“设计故事板——基础版”之上看到更多的目的。

技巧和陷阱

- 克制不花时间设计而直接进行行动、评估、调整的冲动。
- 建立一个核心设计团队，并为其他希望加入的人敞开大门。
- 不要忘记把用户纳入。
- 广泛分享设计。
- 请记住，设计可以随时随地即兴进行：如果设计的一个要素没有达到其目的，请使用备选方案（或备选的备选）。
- 脚踏实地（例如，锚定用户体验研究）。
- 使用图符和插图快速推进共识。

灵活应用

- 取代用户焦点小组，邀请用户参与设计故事板，改善他们对产品或服务的体验。
- 寻找插画家或漫画家来戏剧化地呈现你的作品。

示例

- 轮班换岗时信息交流和职责交接的重新设计。
- 从以产品为中心到以客户为中心的市场策略的转变。
- 改革学术培训使得学生为实践做好准备。
- 阅读本书第 3 部分中的“扭转业务局面”实践故事。艾莉森·乔斯琳（Alison Joslun）的管理团队使用设计故事板来制定讨论策略，并为产品经理和销售代表启动释放性的“基础培训”。
- 请参阅本书第 7 章中的示例。

原创作者

由亨利·利普曼诺维奇和基思·麦坎德莱斯开发的 LS 共创工具。

名人采访

把领导和专家的经验与最接近挑战的人重新连接

（35～60分钟）

让什么成为可能？你可以让一群人与某位领导或专家（名人）建立联系，并了解他在应对挑战时细致入微的方法。通过精心设计的采访，你通常可以将原本被动的、无聊的演讲变成有趣的个人讲述，传授有价值的知识，并实现理性、情感和伦理道德的动态呈现。你通常可以将采访变成对行动的邀请，勾画出激发参与者群体想象力和凝聚行动力所需的全部要素。

五大结构元素（最小规格）

（1）构建邀请

- 邀请名人放弃正式的演讲或讲话，而是以轻松的“脱口秀”的方式回答大家心中的难题。
- 邀请小组成员倾听，看到名人背后的那个人，并和伙伴们一起写下问题。

（2）所需空间和材料

- 采访者和名人在房间的前面，每个人都可以看到和听到互动的过程（建议使用领夹式麦克风、条凳或客厅家具）。
- 人数不限，可以先在同一个空间里坐下来观看采访，之后再分组（剧场式座位也可以）。
- 3英寸×5英寸的卡片，收集通过1-2-4产生的问题。

（3）参与方式

- 第一部分，采访：每个人都有同等的机会倾听。
- 第二部分，问题：每个人都有同等的机会相互参与，形成问题。

（4）分组方式

- 整组在一起的访谈。
- 个人、两两结对、小组以 1-2-4 的方式生成问题。

（5）步骤和时间分配

- 采访者欢迎并介绍名人和要讨论的话题。3 分钟。
- 采访者提出观众期待提出的问题（幽默和严肃都合适）。15～30 分钟。
- 请参与者在 1-2-4 的对话中提出更多的问题，然后写在 3 英寸 ×5 英寸的卡片上。5～10 分钟。
- 采访者筛选卡片，寻找规律，并向名人提出额外的问题。5～10 分钟。
- 采访者进行总结点评，感谢名人。1 分钟。

为什么？目的

- 建立或加强专家、领导和听众之间的联系。
- 赋予主题实质和深度。
- 避免无聊的讲座和 PPT 演示。
- 吸引每个人提出问题进行进一步探索。
- 看见“职位”或“专业”背后的那个人。
- 通过采访中的故事把大的概念引入现实生活中。

技巧和陷阱

- 一个不错的开始问题的顺序是：什么最先激发了你对这项工作的灵感？在这项工作中，你面临什么挑战？是什么让你进入这个领域？你希望这项工作能带给我们什么？
- 提前把问题交给名人。
- 如果有可能，提前向参与者发送背景资料。
- 不要把采访变成一个微型讲座。
- 采访的问题不应该太琐碎或易于回答。
- 采访者必须反复询问能揭示概念的故事和具体细节。

- 访谈主持人可以问名人："为什么 _____ 对你很重要（不是大的组织或系统）？"

灵活应用

- 尽情享受脱口秀节目中的即兴部分：奥普拉频道、斯蒂芬·科尔伯特或你最喜欢的名人采访者。
- 采访者可以提前进行调研，问参与者："你想知道但不敢问的是什么？关于这个人或这项工作，你最想知道的是什么？"
- 使用故事模板来组织你的采访（如《英雄之旅》）。
- 在战略会议上，更深入地探讨挑战：正在发生什么需要我们去创造性地适应？如果我们什么都不做会怎样？鉴于我们的目的，现在还能做什么？我们现行的战略如果昨晚被淘汰了，哪个部分是你今天会带走的？
- 与虚拟小组一起使用。进行语音和视频采访，同时邀请所有其他参与者以结对或小组的形式提出问题和意见。采访结束后，通过聊天功能将最重要的问题分享给"所有人"。
- 将**金鱼缸会谈**、**开放空间技术**、**探索与行动对话**和**我需要你什么**串联在一起使用。

示例

- 用于请一位或多位领导者帮助发起一项新的倡议。
- 欢迎和了解新进入组织的领导者。
- 使专家的贡献个人化和深入化。
- 用于复盘某项重要活动中几位参与者的经验。
- 作为案例研究演示的替代方法：采访者帮助还原故事和分析当时的情境。

原创作者

由亨利·利普曼诺维奇和基思·麦坎德莱斯开发的 LS 共创工具。灵感来自委内瑞拉极其有趣的即兴表演者。

社交网络图

绘制非正式的关系网络图以及确定如何加强网络并达到目的

（1小时）

让什么成为可能？社交网络图可以迅速为整个群体阐明现有的关系网络中隐藏了哪些资源，以及可以采取哪些步骤来挖掘这些资源。这也使得发现机会并建立牢固的新的联系变得容易。这种包容的方法使网络同时对群体中的每个人可见并易于理解。它鼓励每个人更主动地建立强大的人际网络，而不是通过自上而下的指导。非正式或松散的人际关系，甚至是你朋友的朋友的朋友，可以在无须详细计划和大量投资的情况下，对进度产生大的影响。

五大结构元素（最小规格）

（1）构建邀请

- 邀请具有共同目的的核心工作小组成员绘制其网络图，并决定如何扩大和加强该网络。
- 邀请他们提名目前与他们合作并希望未来加入网络的人（即具有影响力的人或拥有实现其目的所需的专业人士）。
- 请他们在网络中"编织"连接，以促进其目的的实现。

（2）所需空间和材料

- 一面长长的开阔的墙，上面有挂毯纸或多张活页纸。
- 2 英寸×2 英寸的便签纸，至少有 8 种颜色。
- 粗头黑笔。

（3）参与方式

- 核心工作小组或规划小组的每个参与者都被纳入其中。
- 每个人都有同等的机会作出贡献。

（4）分组方式

- 用 1-2-4-All 生成所有关键组的名称。
- 大家一起生成网络中的人名，并构建地图。

（5）步骤和时间分配

- 为网络中所有的关键组创建一个图例，并为每个组指定一种便签颜色或符号。5 分钟。
- 每个核心小组成员在一张便签上清楚地打印出自己的名字。将便签纸按组放在墙的中央。5 分钟。
- 询问所有核心小组成员："你知道哪些人在积极参与这项工作？"请他们用每个人的名字制作一张便签。根据每个人与设计组成员的离散程度来安排贴纸的位置。10 分钟。
- 询问所有核心小组成员："你还希望谁参与这项工作？"请他们头脑风暴，为想加入的其他人制作便签。要求他们将所有便签构建成一个有核心和外围结构的网络（模仿实际和期望的参与度分布）。可能需要新的图例类别和颜色。10 分钟。
- 告诉核心小组后退一步，问："谁认识谁？谁有影响力和专长？谁会阻碍进展？谁能推动进展？"请他们用连线来说明答案。15 分钟。
- 请小组制定策略，以便：① 邀请、吸引和吸纳新人到他们的工作中来；② 绕过障碍；③ 推动进展。10 分钟。

为什么？目的

- 挖掘那些对行为和结果有间接且强大影响的非正式联系。
- 在组织内和组织外跨越规模和界限传播知识和创新
- 发展更多的一线自主权和促进变革的领导力。
- 帮助人们看到联系和"黑洞"。
- 帮助人们自我组织和发展团体，使其更有弹性，能够消除干扰。
- 向积极的变化倾斜。

- 在没有大笔预算和广泛计划的情况下运作，利用非正式的社交网络，邀请人们作出贡献。

技巧和陷阱

- 要求核心小组重点发展一个能完成任务的核心团队以及一个能不断产生新想法和成长的多元化外围团队。
- 鼓励成员在思考未来要邀请谁加入时，要敢想。
- 不要在图例中包含 10 个以上的功能或不同的组别：这会让人很困惑！
- 尽可能写下人名，而不是职位和头衔。
- 在编织和连接人际关系时，告诉核心成员要从小处着手（如两人组、小的兴趣组）。

灵活应用

- 经常回顾网络图：更新现有参与人员和增长模式。
- 使用软件制作网络图，提供更多的细节和指标。
- 通过 **15% 解决方案**、**设计故事板**、1-2-4-All，将网络会议与后续行动步骤串联起来。

示例

- 用于医院核心工作团队努力让每个人都参与到预防感染的工作中来。
- 用于一群精益教练在一线员工中非正式地传播技能和方法。
- 用于金融组织的中层管理人员开发原型，并在多个市场推出新产品。
- 用于地方省政府领导在不同情境下主动"转变"从政策到实践的举措。
- 用于扩大新技术的采用，早期采用者收集并拼出其网络图，以确定潜在的新用户。

原创作者

由亨利·利普曼诺维奇和基思·麦坎德莱斯开发的 LS 共创工具。灵感来自网络编织者琼·霍林。

补充材料

下图是用于介绍社交网络图的演示资料，展示了一个提升安全的关系地图。

正在制作中的社交网络图

使用一个图例，添加现有的和期待纳入的参与者的名字，后退一步思考如何邀请其他人参与到工作中来。

我需要你什么

显示需求并跨职能和学科开展工作
（55～70分钟）

让什么成为可能？从事不同职能和学科的人们可以快速提升向彼此提出需求的能力，以取得成功。随着小组成员为实现其共同目标的需求这一神秘面纱的揭开，你可以消除误解和随着时间推移所产生的偏见。由于参与者可以向他人表达其核心需求，并且每个参与交流的人都有机会响应，因此你可以提高清晰度、正直性和透明度，同时促进各部门间的凝聚力和协调性：你可以再次将 Humpty 和 Dumpty（英美儿歌中的玩偶）重新组合起来！

五大结构元素（最小规格）

（1）构建邀请

- 请参与者询问他们需要从其他人（通常是不同职能或专业的人）那里得到什么，以成功实现特定的目标。
- 也请他们毫不含糊地回应他人的要求。

（2）所需空间和材料

- 大空间，可容纳 3～7 组不同职能群组的参与者。
- 3～7 人一组的椅子，在房间中间位置围成一圈摆放。
- 供参与者记录需求和反馈的纸张。

（3）参与方式

- 每个人都被纳入他或她的职能群组。

- 每个人都有同等的机会作出贡献。

（4）分组方式

- 3~7 个职能群组（每组参与者人数不限）。
- 一个由 3~7 名发言人组成的小组，代表每个职能群组发言。

（5）步骤和时间分配

- 通过描述以下步骤来讲明这个流程。重申目标或要解决的挑战，以确保所有人都处在相同的背景下。强调如果要得到毫不含糊的“是”或“否”的回答，必须明确且具体。明确指出，除了“是”“否”“我会试试”“无法回答”的答案外，不允许出现其他答案。在房间里不同地方安置各职能群组。3 分钟。
- 职能群组使用 1-2-4-All（或 1-2-All），列出他们对房间里的其他每个职能群组的首要需求。需求用以下形式带着关爱并细致入微地表达：“我需要从你们这获得的是 ____。”各群组将自己的清单缩减到两个最主要的需求，将这些需求以期待的形式写下来，并选出一位发言人代表本群组发言。5~15 分钟。
- 所有发言人在房间中间围坐成一圈。
- 发言人逐一向圈内的其他发言人说出他们的两项需求。在这一阶段，发言人对需求进行记录，但不需要任何人给出答案或回应。15 分钟。
- 每位发言人单独工作（或与其职能群组中的其他人商议），写下对每个需求的四种回答之一：是、否、我会试试或无法回答（“无法回答”是指需求方对需求的表述太模糊，无法提供具体的回答）。5~10 分钟。
- 小组中每次一位发言人讲话，圈内每位发言人依次重述自己提出的请求，然后分享自己的回答（“是”“不是”“我会试试”或者“无法回答”）。不讨论！不阐述！10 分钟。
- 用 W^3 **反思法**来汇报。15 分钟。

为什么？目的

- 学习如何清楚地表达职能部门或个人的需求。
- 练习询问职能部门或个人的需求。
- 学习如何对请求做出明确的答复。
- 重建和改善各职能群组内的沟通。

- 在打破跨职能部门壁垒方面取得进展。
- 修补断裂的连接。
- 把所有的问题同时摆在桌面上让大家看到。
- 消除偏见和谣言，减少挫折感。
- 建立信任，使小组成员能够诚信地共担责任。

技巧和陷阱

- 提醒参与者，“无法回答”的回答意味着他们的要求太过模糊，无法提供具体的答案。
- 严格执行“不立即响应”的规定。
- 严格执行规定，只能回答“是”“否”“我会努力”或者“无法回答”（不允许做进一步的阐述）。
- 鼓励每个人都去问他们真正需要什么来取得成功。
- 玩得开心，鼓励恰到好处的戏剧化。
- 不要同时超过 7 个角色 / 职能（否则就太混乱了）。
- 在复盘时，试着总结出人们善于抱怨而不善于提出需求的原因。**我需要你什么**这个 LS 工具能帮助你从抱怨转到提出有效的请求。
- 使用问答卡来帮助小组改进他们表达请求的方式。

灵活应用

- 如果出现太多没有解决或不清楚的问题，可以考虑进行第二轮：提出具体而明确的请求是一项基本的技能！
- 在复盘时，给参与者一个机会阐明他们没有提出的请求：一些被忽视的，但有助于实现团队目标的请求。
- 对于一群或一个团队中相互依存的个人，不用职能群组，而用相同的“**我需要你什么**”的顺序来解决。
- 串联**启发式帮助**、**整合-自主**、**欣赏式访谈**、**生态环**一起使用。

示例

- 用于一个全球性的技术小组（成员分布在多个国家）需要在快速变化的市场环境中做出决策时（见本书第三部分中的“获得承诺、责任感和贯彻始终”案例）。

• 三位高管，极其努力地想给组织中下一层级的管理者提供一致的方向。
• 医院的高管和管理人员，发起以病人为中心的需要多专业的合作护理计划。
• 用于提升一对一的关系，使其变得更具生发性（generative)。

原创作者

由亨利·利普曼诺维奇和基思·麦坎德莱斯开发的 LS 共创工具。他们受到了顾问凯茜·丹尼米勒（Kathie Dannemille）和丹·派苏特（Dan Pesut）教授的启发。

补充材料

下表是用于介绍“我需要你什么”的演示材料。

步骤和鱼缸设置

步骤一：形成需求

•列出你们对每个小组的最重要的一到两项需求。

•指定一个能分享你们需求的发言人前往金鱼缸。

步骤二：提出需求

•每个发言人逐一提出他们对其他小组的需求，以取得成功。无须回答！

步骤三：形成答案

•发言人（和每个单独的小组）在金鱼缸外形成答案。

步骤四：给出答案

•每个发言人回到金鱼缸，逐一重申需求，然后分享回答（仅限于“是”“否”“我会试试”或“无法回答”）。

步骤五：复盘所发生的

•用W^3反思法复盘。

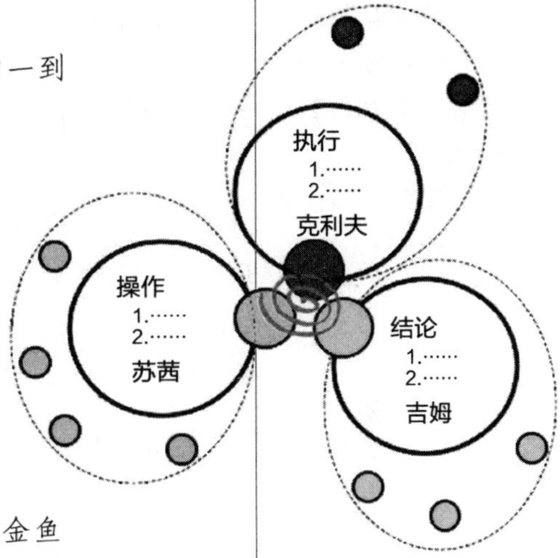

开放空间技术

释放任何规模的群组内在的行动力和领导力
（90分钟直至3天）

一天，学生问：“绘画中最难的是什么？”大师回答：“纸上留白是最难的。”
——《绘画禅》（*Painting Zen*）

让什么成为可能？ 当人们必须应对共同的复杂挑战时，你可以释放他们内在的创造力和领导力以及自我组织的能力。**开放空间技术**使每个人都可以参与制定议程和解决对他们而言很重要的问题。在共同制定议程并自由跟随自己的热情之后，人们将很快承担起解决问题、采取行动的责任。放开中央控制（即议程和任务）并将其交到所有参与者手中，会产生承诺、行动、创新和后续跟进行动。你可以在多达数千人的团体中运用**开放空间技术**。

五大结构元素（最小规格）

（1）构建邀请

- 邀请人们来解决一个复杂的问题。
- 邀请参与者通过发布他们自己热衷的主题，召开会议来共同构建议程。
- 邀请参与者参加他们关心的任何会议。

（2）所需空间和材料

- 在大房间或开放空间中为 10～1000 人提供围成同心圆的椅子。

- 40 人以上的团体需要配置麦克风。
- 在画架和活页夹、长挂毯纸或白板上张贴大型空白议程表。
- 议程包括足够的并发会议，以适应根据挑战和参与者人数可能出现的情况（经验法则是，每 10 名参与者中有 3 名将发布一个会议主题，例如，50 名参与者将发布 15 个会议主题）。

（3）参与方式

- 凡是关心当前挑战，并接受主办方邀请的人都被纳入其中。
- 每个人都有同等的机会作出贡献。
- “双脚法则”规定了所有参与者在各个会议中的参与。意思是：“去参加任何你想参加的会议，但如果发现自己在会议中没有学习到或作出贡献，请移动双脚到你想参加的会议！”

（4）分组方式

- 一起围成一个大圈（或根据需要围成多个同心圆）。
- 继续围绕议程主题自行组成不同规模的小组。

（5）步骤和时间分配

- 领导或引导者介绍**开放空间技术**的概念和机制，包括双脚法则及其四个原则。
- 开启“集市”：参与者提出议题，加上小组开会的时间和地点。
- 召集人为会议提供引导；各小组制订建议和行动计划。记录并公布或张贴笔记。
- 汇报、分发会议记录、结束。

短版	长版
总共90分钟	3天
5分钟	20~45分钟
15分钟	20~30 分钟
2轮30分钟 或1轮60分钟	数轮60~90分钟
10分钟	每天60分钟

为什么？目的

- 开始行动，构建能量、承诺和共同的领导力。
- 通过释放自组织来解决棘手的问题或冲突。
- 确保对参与者最重要的所有议题都被提出、列入议程并得到解决。
- 使参与者为解决自己关心的问题并为事情的发生或不发生负责成为可能。

技巧和陷阱

- 开始前，我们推荐阅读《开放空间技术：用户指南》一书：开放空间创始人哈里森·欧文（Harrison Owen）写的用户指南，其中包含了第一次尝试应用**开放空间**的所有要素，并且描述得非常清楚。
- 一个扣人心弦的挑战和有吸引力的邀请是关键。
- 将所有会议记录写在同一个文件中，在会议期间立即完成并分发和共享。
- 引导者应以严谨、诙谐的方式介绍"双脚法则""四项原则"以及开放空间的技术原理。
- 作为引导者，请注意当你形成一个评判（关于对错）或一个你可以如何提供帮助的想法时，要"放下"：少做一件事。
- 没有"双脚法则"的会议：名义上议程由参与者制定，但人们不能自由地参与自己的议题的会议，所以不是开放空间。

灵活应用

- 每个上午进行第二次重开"集市"（可能会出现更大的合作）。
- 在进入**开放空间**之前，采用**名人采访**、**欣赏式访谈**或 TRIZ，在结尾用 25/10 **集体智慧**串起来。
- 其他形式的**开放空间**称为"自驱动会议"(unconferences) 和"酒吧营地"(BarCamps)。

示例

- 适用于各类管理会议。
- 见本书第三部分中的"扭转业务局面"案例。艾莉森·乔斯林通过邀请全体员工参加为期三天的开放空间会议，启动了企业转型。
- 见本书第三部分中的"创造未来保健实践"案例。克里斯·麦卡锡利用**开放空间**为创新学习网络的创意成员设定了合作方向。
- 两家公司合并后，立即召集原两家公司的所有员工，共同制订下一步行动计划并采取行动。
- 在高度分散的受赠方之间分享 IT 创新原型，释放合作行动。

原创作者

哈里森·欧文发明了开放空间技术（参看书籍《开放空间技术：用户指南》）。亨利·利普曼诺维奇和基思·麦坎德莱斯汲取其精华，打造了这个精简版本的LS共创工具。

STAR罗盘

揭示能创造惊人价值或导致功能障碍的关系模式

（25分钟）

让什么成为可能？你可以帮助一群人了解他们如何共事，并确定可以做出的改变以提高小组的绩效。小组中的所有成员将诊断当前的关系模式，并决定如何一起采取后续行动步骤，而无须中介。STAR罗盘工具可以帮助小组成员了解什么使得他们或多或少地产生了关系。最初用于诊断的罗盘也可以在后续用于评估生成性关系发展的情况。

五大结构元素（最小规格）

（1）构建邀请

- 请参与者从以下四个方面评估他们的工作组或团队。
  ① S（Separateness，分离性）：群体成员间观点、专业知识和背景的多元化程度。
  ② T（Tuning，调适）：深度聆听、反思、理解挑战的总体水平。
  ③ A（Action，行动）：针对想法与小组成员一起采取行动或创新的机会之多少。
  ④ R（Reason to Work Together，一起共事的理由）：从协同工作中获得的各种益处。
- 邀请他们共同制订行动计划，以促进生成性成果。

（2）所需空间和材料

• 4 人小组的桌子，每个人都有一个 STAR 罗盘图和笔。
• 在白板挂纸上为每个小组准备一个 STAR 罗盘图。
• 在白板挂纸上为全员准备一个 STAR 罗盘图。

（3）参与方式

• 工作小组或团队中的每个人都被纳入参与。
• 每个人都有同等的机会作出贡献。

（4）分组方式

• 每个人先独自进行初步评估。
• 小组内。
• 全员一起。

（5）步骤和时间分配

• 参与者个人评估团队在以下四个要素中的现状（5 分钟）：
  ① S：我们这个团队的多元化程度如何？我们能否获得不同成员各自的观点？
  ② T：我们相互之间的调适程度如何？
  ③ A：我们共同采取行动的程度如何？
  ④ R：我们一起工作有多重要？我们的目的有多明确？
• 在小组中，参与者沿着每个罗盘方向放一个圆点，然后与邻居（通过 1-2-4 方式）讨论他们的摆放位置，寻求共识和分歧。5 分钟。
• 小组通过他们所识别出的互动合作模式，确定生发出的结果类型（例如，高调适性 + 无行动性 = 我们相处得很好，结果很少；高行动性 + 低调适性 = 常规的工作结果，没有创新；高调适性 + 高分离性 + 高行动性 + 低理由 = 很多错误的开始，等等）。5 分钟。
• 在小组中通过头脑风暴，就需要推进的要素形成行动计划。5 分钟。
• 全员收集行动计划清单，并决定“我们现在首先采取哪些行动？”5 分钟。

为什么？目的

• 提高团队的绩效。
• 帮助一个团队变得更加自主管理和自治。
• 突出小组的共同目的和身份。

- 帮助大家摆脱对个人的指责，转而理解他们的互动模式。
- 把“诊断和治疗”结合起来，不把规划者和执行者区分开。
- 减轻大家对团队动力和结果不满意的挫败感。

技巧和陷阱

- 从个人到两人一组，再到同一桌对话。
- 避免对所评估的团队目前所处位置做出对或错的评判。
- 鼓励团队成员为自己的补救措施进行研究、组织和行动。
- 在活动结束时，每个参与者至少要有一个具体的行动。
- 确保所有人都清楚谁将在何时做什么。

灵活应用

- 与其他释放性结构组合使用，可以提高评估分数比较低的方面。
  ①分离性（畅谈咖啡馆、轮转与分享、W^3 反思法）。
  ②调适（智囊团、三人行咨询、共识-确定性矩阵、听到-看到-尊重）。
  ③行动 (25/10 集体智慧、15% 解决方案、开放空间、最小规格)。
  ④理由 (9 Whys、我需要你什么)。
- 若在虚拟小组中使用，邀请参与者将他们的 STAR 评估结果通过在白板上的一个图表用点标注，然后两两一组并和所有人就涌现出来的模式进行讨论。你可能需要考虑创建一个“合成者”的角色来帮助保持会议的顺利推进。通过聊天式的 1-2-All 生成行动步骤。

示例

- 用于战略会议上的静修，聚焦群体动力和结果。
- 用于确定新团队或工作小组（task force) 的成员构成和共同目的。
- 用于修复两个人之间的关系。

原创作者

布伦达·齐默尔曼教授研发由亨利·利普曼诺维奇和基思·麦坎德莱斯改编。

补充材料

下图是用于介绍 STAR 罗盘的演示材料。

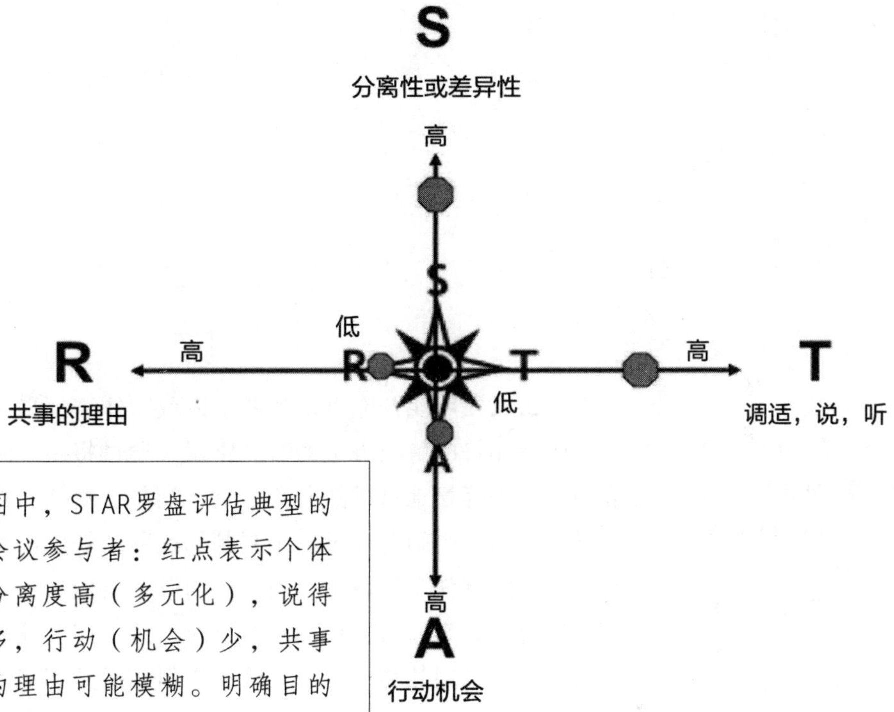

图中，STAR罗盘评估典型的会议参与者：红点表示个体分离度高（多元化），说得多，行动（机会）少，共事的理由可能模糊。明确目的并制订行动计划可能会激发更多生成性结果。

共识-确定性矩阵

将挑战分为简单、复杂、错综复杂和混乱四类
（45分钟）

"如果给我一个小时解答一道决定我生死的问题，我会先花 55 分钟来弄清楚到底是在问什么……"
——艾尔伯特·爱因斯坦（Albert Einstein）

让什么成为可能？你可以帮助个人或团体避免采用与其挑战性质不相符的解决方案的常见错误。通过将两个问题结合起来，可以轻松地将挑战分为四类：简单、复杂、错综复杂和混乱。当一个问题通过易于复制的实践就得以可靠地解决时，这个问题就是简单的。当一个问题需要通过专家设计出复杂的解决方案以获得预期的结果时，这个问题就是复杂的。当一个问题用几种有效的方式推进但结果并不能详细预测时，这个问题就是错综复杂的。当环境过于动荡而无法确定前进的路径时，这就是混乱。可以用一个宽泛的类比来描述这些差异：简单就像遵循食谱，复杂就像将火箭送上月球，错综复杂就像抚养孩子，而混乱就像"给驴钉上尾巴"的游戏。可以采用本书第 5 章中的"释放性结构匹配矩阵"作为第一步来明确挑战性质，并避免问题和解决方案之间不匹配的问题，而这些不匹配通常是长期反复出现的问题的根源。

下图改编自布伦达·齐默尔曼和拉夫·斯泰西（Ralph Stacey）教授。

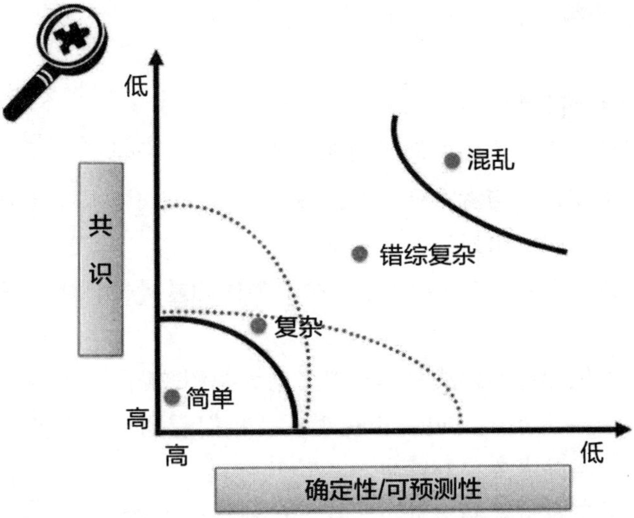

五大结构元素（最小规格）

（1）构建邀请

• 邀请参与者将他们当下面临的挑战分为简单的、复杂的、错综复杂的和混乱的，要求参与者根据对以下两个问题的回答，将每个挑战放在矩阵中：参与者对挑战以及应对挑战的最佳方法的共识程度如何？所提出的应对挑战的解决方案所能生成的结果的确定性和可预测性程度如何？

• 要求他们思考正在或考虑采用应对挑战的方法，评估这些方法的适合度，并确定哪里存在不匹配之处。

（2）所需空间和材料

• 提供 4~6 人一组的椅子，有或没有小圆桌均可。

• 长的空白墙面，墙上贴着一张大幅的矩阵图。

• 为每人准备一张空白矩阵图。

• 为每人准备便签和记号笔。

（3）参与方式

• 团队或单元里每个涉及的人都要参与到讨论中（不仅仅是领导）。

• 每个人都有同等的机会作出贡献。

（4）分组方式

• 个人单独进行初步评估。

- 4~6 人的小组。
- 整个组。

（5）步骤和时间分配

- 请参与者单独生成占用他们时间的挑战清单。5 分钟。
- 继续单独工作，参与者将列出的挑战放入个人的矩阵中。5 分钟。
- 要求参与者两两一组讨论。5 分钟。
- 邀请他们进入 4~6 人小组讨论，找到共性和差异性，以及哪里不匹配。10 分钟。
- 邀请每个人把他们的挑战张贴到墙上的大幅矩阵图中。5 分钟。
- 要求参与者进入小组，退一步反思，“我们看到了什么模式？是否有突出的不匹配的问题需要我们解决？”5 分钟。
- 邀请全组分享意见并制定下一步行动计划。10 分钟。

为什么？目的

- 通过将挑战与方法相匹配来减少精力浪费。
- 确定有没有本地经验可能会帮助解决更大的问题。
- 让每个人看到组织中人们所面临的挑战的范围和性质。
- 通过识别出不匹配来减轻人们在关键挑战上没有取得进展的挫败感。
- 在组织中跨职能和级别分享观点。

技巧和陷阱

- 明确哪些类型的挑战和活动应包括在内。
- 从个人独立思考开始，然后再两两一组以及圆桌交流。
- 避免评判人们所标识出的活动所处的位置。
- 询问以下问题，探索跨多领域的活动：“这一挑战是否具有多种动力？它如何同时既简单又复杂？”

灵活应用

- 提问：“你的方法哪里不匹配？哪些对策有意义？”
- 创建一个表格，记录不匹配项和任何要采取的行动步骤。
- 对于在工作中遇到的单个问题采用同样的方法。

• 可以连接到或与其他释放性结构串联在一起，如**关键的不确定性**、**从目的到实践**、**生态环**、**扰沌**、**整合-自主**、**探索与行动对话**。

示例

• 让仅接受过线性因果分析培训的管理人员了解复杂挑战的不同之处。
• 在启动新的改进项目时选择混合的改变方法。
• 帮助规划小组从“分析瘫痪”过渡到行动阶段。
• 组织一个部门内的项目。

原创作者

由亨利·利普曼诺维奇和基思·麦坎德莱斯开发的LS共创工具。改编自拉夫·斯泰西教授及布伦达·齐默尔曼教授的研究工作。

实地观察与访谈

观察和记录用户在现场的真实行为

（75分钟~7小时）

“未来已来，只是分布不均而已。”

——威廉·吉布森（William Gibson）

让什么成为可能？通过让参与者自己深入当地具备相关体验的人们（通常是一线的同事或使用他们的产品或服务的任何人）的活动中，使他们可以找到应对挑战的新颖方法。通过帮助参与者探索人们在创建、交付或使用他们的产品时的真实行为和感受，为改变和创新打开大门。他们的观察和经验可以快速提升产品性能，加快原型开发。观察的结果组合在一起，可能会使重要模式的凸显变得容易。

五大结构元素（最小规格）

（1）构建邀请

- 请参与者静静地观察正在经历当前挑战的相关人员，然后进行跟踪采访，以获得更多的想法。

（2）所需空间和材料

- 一个在当地环境（工作场所、客户所在的组织、社区）中便于分享发现、照片和视频的空间。
- 提供笔记本、相机、视频、采访许可证（如需要）。

（3）参与方式

- 所有应对某项挑战的核心小组成员都被列为实地考察员。

- 每个人都有同等的机会作出贡献。

（4）分组方式

- 以 1 人或 2 人为单位，分布在考察现场。
- 全体人员进行复盘。

（5）步骤和时间分配

- 说明要解决的问题和对当前形势的认知。5 分钟。
- 找出可以考察的地点和考察对象，以深入揭示用户体验。5 分钟。
- 请考察员参观现场，在不交流、没有互动的情形下观察，边走边记录细节和内在的思考。10～180 分钟。
- 要求考察员挑选所观察到的能够以新颖方式来应对挑战的行为（部分或全部），并向展示出该行为的个人询问他们当时有什么感受和在做什么。20～180 分钟。
- 重新召集实地观察员小组会议，使用 1-2-4-All 比较所做的记录，并在观察记录或特殊解决方案中找到模式。15 分钟。
- 撰写观察报告或创作故事，突出需求和机遇。10～20 分钟。
- 为头脑风暴和原型设计工作提供想法。10 分钟。
- 重复以上步骤，直到核心组成员觉得自己有特别好的能形成原型的新方法为止。

为什么？目的

- 让不可见的例行公事突显出来。
- 确定基本需求和创新解决方案。
- 通过询问用户的明确需求而获得隐性和潜在的知识（例如，通过焦点小组）。
- 通过对一线人员的观察和采访展示尊重和信任。

技巧和陷阱

- 避免过快地给观察结果添加意义和解释。
- 如果核心小组成员觉得没有特别好的能形成原型的新方法，就要做好重新来一遍的准备。
- 要知道，洞察力来自于不起眼的、经常被忽略的细节。

- 注重内在品质，忽略物理或技术的等级。
- 寻找不规律、私密、朴实的东西。
- 寻找含糊不清的舒适之处。
- 不要忽略不完美、粗糙或非永久的东西，偏离常规可能是积极的。
- 在实施新方法后，做一轮或多轮实地观察与访谈。

灵活应用

- 使用讲故事的模板来组织观察（如《英雄之旅》）。
- 要求参与者画出或构建一个挑战的模型（准备好被非语言方式所产生的更深层次的洞察力惊艳）。
- 让客户参与观察(例如,请客户记录自己的行为,并与小组分享图像或视频)。

示例

- 让销售代表发现一些同事如何在没有额外资源或特权的情况下取得更好的结果。
- 了解一些临床医生如何能照顾到病人的精神需求，而其他医生却做不到。
- 了解病人不顾再三警告而走出医院隔离室的原因。
- 了解如何减少医院内患者跌倒的情况。
- 了解有效会议和无效会议之间的差异。

原创作者

由亨利·利普曼诺维奇和基思·麦坎德莱斯开发的LS共创工具。他们受到了克里斯·麦卡锡及创新学习网络的启发。

整合-自主

从“非此即彼”的解决方案转向坚实的“兼而有之”的解决方案

（80分钟）

“有两种真相：表面的真相其相反面明显是错误的。但深刻的真相其相反面同样是正确的。”

——尼尔斯·波尔（Niels Bohr）

让什么成为可能？你可以帮助一个小组从非此即彼的冲突过渡到两者兼而有之的策略和解决方案。通过展现更整合和更自主的优势，可以让每个人参与到更敏锐的战略思考、相互理解和协作行动中。关注悖论并解决以下问题将展现业绩上能够获得巨大飞跃的机会：如何将整合的控制与自主的自由混搭以向目的前进？在满足全球保真度和一致性需求的同时，如何满足本地定制和创新适应性的需求？这使得许多组织可以避免经常遇到战略两极波动的问题成为可能。

五大结构元素（最小规格）

（1）构建邀请

- 邀请你的小组探讨以下问题：通过增加单位和站点间的本地自主性、客户定制化、竞争性和自由度，是否可以最好地实现我们的目的？还是通过增加单位和站点间的整合性、标准化和控制来更好地达成我们的目的？或两者兼而有之？

（2）所需空间和材料

- 四人一组的椅子，可以带或不带小桌。
- 给每位学员发放一张“整合-自主工作表”，并在墙上贴上一张同样的大表。
- 记录活动和行动计划的纸张。

（3）参与方式

- 所有身处当前挑战的总部领导和分公司领导都被纳入其中。
- 每个人都有同等的机会作出贡献。

（4）分组方式

- 个人独自生成主题。
- 四人小组。
- 全体成员一组。

（5）步骤和时间分配

- 针对当前的话题，引入**整合-自主**的概念，问：“如何才能让我们在提高整合性的同时，也提高自主性？”准备好过往经历过的例子进行分享。5 分钟。
- 使用 1-2-4-All 生成一份需要关注的活动列表，“我们渴望标准化与客户定制化或自主化的要求之间的张力体现在哪？”10 分钟。
- 请参与者四人一组，从列表中挑选一项活动，并提问：“标准化的理由是什么？客户定制化的理由是什么？”10 分钟。
- 利用 1-2-4，制定实现标准化的行动步骤。利用 1-2-4，制定实现定制化的行动步骤。10 分钟。
- 提问：“哪些行动同时促进了标准化（A 组）和客户定制化（C 组）？”可参考下面的工作表。5 分钟。
- 提问：“可以采取哪些调整或创新的想法，将一些行动从 A 组移到 B 组，或从 C 组移到 B 组？”可参考下面的工作表。15 分钟。
- 利用 1-2-4-All，优先考虑可以促进整合和自主的最有希望的行动。10 分钟。
- 通过引入一些其他有效的释放性结构，如**智囊团**、**三人行咨询**和 **15% 解决方案**，来完善行动步骤。

下图是用来介绍**整合-自主**的演示材料。

整合-自主工作表

矛盾但互补的一对

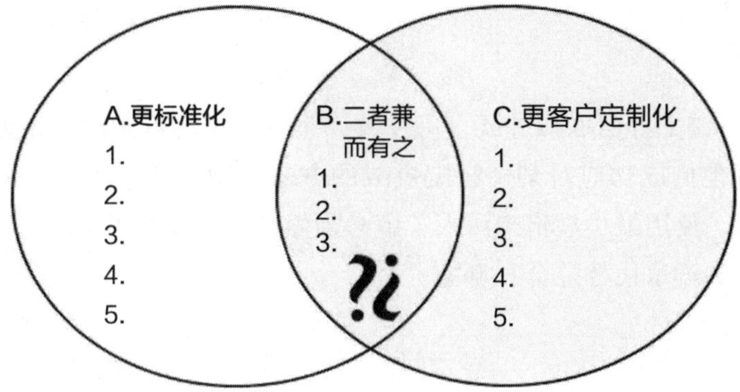

为什么？目的

- 制定创新战略。
- 避免政策、方案或结构的未经思索或“两极”波动。
- 识别重要的矛盾但互补的论对，并有效地管理似是而非的决策。
- 评估决策时要问：“我们是在单边推进还是在兼顾两方面？”
- 评估并启动新战略。

技巧和陷阱

- 一个富有成效的开场问题会激发好奇心或找到有效的工作方法。避免把悖论问题的某一面说成是坏的或对成功的价值不大，如“我们如何通过压制地方自主性，来成为一个整体的组织？”相反，让你的问题对双方都同样有益，“在我们目前的业务中，我们是如何做到既整合又自主的？”
- 借鉴实践经验和想象力，提出类似于“我们如何才能更多地做到兼而有之？”等问题。
- 我们的目标是忠实于一些核心的全球属性，并在每个本地环境中实现差异化。
- 笑声和叹息声（如“啊”）有助于识别进展。
- 你可能需要鼓励小组同时进行多种尝试。
- 往往没有快速的解决办法，你可能需要定期回到挑战中，进行额外多轮的**整合-自主**。

- 当你开始时，中央和地方之间的创造性张力是相对隐形的。如果小组陷入僵局，或者开始争论，就邀请双方分别站在对方的立场，就相反的观点进行辩论。

灵活应用

- 在**整合-自主**方面取得进展，可以改变整个组织的可能性，因为人们开始理解帮助他们成功应对某个特定挑战的方法适用于整个组织。每当这种情况发生时，使用**最小规格**来深入了解必须做和不得做的活动清单。
- 以协作和竞争代替整合和自主。

示例

- 适用于医疗系统领导层在同一区域内制定供小医院使用的新管理合同的内容。
- 适用于政治领导者试图决定什么应该在联邦进行一级立法，什么应该由地方决定。
- 适用于感染控制专家试图制定全院性政策但同时又不会阻碍以单元为基础的创新。

原创作者

由亨利·利普曼诺维奇和基思·麦坎德莱斯开发的 LS 共创工具。

关键的不确定性

为在看似可能但不可预测的未来成功运营制定战略

（100分钟）

让什么成为可能？你可以帮助多元化的团队快速测试当前策略的可行性，并增强其对未来挑战做出快速响应的能力。这个释放性结构为小组制定战略做准备。它并非用于生成要执行的计划，而是为了增强弹性——具有主动塑造系统并准备应对突发事件的能力。这意味着我们能够更好地看到不同的未来发展趋势，能够更好地准备采取分布式（distributed）行动，并更有准备、有弹性地消解破坏力。

“备以应不测，谓之训；备以迎不测，谓之教。”

——詹姆斯·P. 卡思（James P. Carse）

五大结构元素（最小规格）

（1）构建邀请

- 请各小组找出并探讨其经营环境或市场中最关键、最不确定的“现实问题”。
- 然后请他们制定战略，以帮助他们在不同的情景下成功运作。

（2）所需空间和材料

- 四组桌椅。
- 每组用纸、便签、白板挂纸或挂毯纸。

（3）参与方式

• 负责规划和执行战略的每个人都被纳入其中。
• 每个人都有同等的机会作出贡献。

（4）分组方式

• 一个足够大且多元化的团队，将其分成四个小组，制定四个方案和相关战略。
• 如果人数不足，就分为两个小组。

（5）步骤和时间分配

• 说明步骤的顺序。2 分钟。
• 请参与者列出他们面临的不确定因素清单，问他们："在你或我们的经营环境中，有哪些因素是无法预测或控制其方向的？" 5 分钟。
• 确定最关键因素的优先级，问他们："哪些因素威胁到你或我们成功运营的能力？" 10 分钟。
• 根据小组的历史经验，选择两个最关键和最不确定的因素（X 和 Y）。5 分钟。
• 在白板纸上画一个有 X 轴和 Y 轴的坐标图，每个轴上代表的因素能以"更多的 <------> 更少的"连续性方式来体现。例如，对于 X 轴，如果新产品的数量是一个关键的不确定因素，那么 X 轴的一端是大量的新产品，另一端则是没有新产品。也同样地确定 Y 轴代表的因素。例如，如果专利保护是一个关键因素，则 Y 轴的一端是强专利保护，另一端则是无专利保护。如此形成了四个象限。5 分钟。

请看下面的例子。

① 四个小组分别为其中一个象限创造性地命名并写下一个缩略情景描述。10 分钟。
② 四个小组简单分享各自的情景。每组 2 分钟。
③ 每个小组集思广益，提出三个策略，以帮助在小组所描述的情景中能成功运营。10 分钟。
④ 四个小组简单分享各自的策略。每组 2 分钟。
⑤ 整个小组对结果进行筛选，以确定哪些策略是坚实的（可以在多个象限中成功的策略），哪些是对冲性的（仅在一种情景下成功，但可以保护你免受可能出现的灾难）。战略的平衡只能在一种情景下成功。10 分钟。
⑥ 每个小组以 W^3 **反思法**进行复盘。10 分钟。

⑦ 四个小组分享复盘结果，大家一起进行第一步“现在做什么”的决策。10分钟。

为什么？目的

- 通过暴露假设和不确定因素来测试当前战略的可行性。
- 提高每个人快速适应并有弹性地消解破坏力的能力。
- 对坚实和对冲性战略区分优先级。
- 建立组织范围内的信心来管理未知的未来。
- 扩大战略选择。

下图是用于介绍**关键的不确定性**的演示材料。

情景矩阵

在公司所在的很多市场中，对现有产品的专利保护以及新产品的内部管道都对业务既具关键性又具不确定性。它们可能在没有太多警示的情况下向任一方向移动。

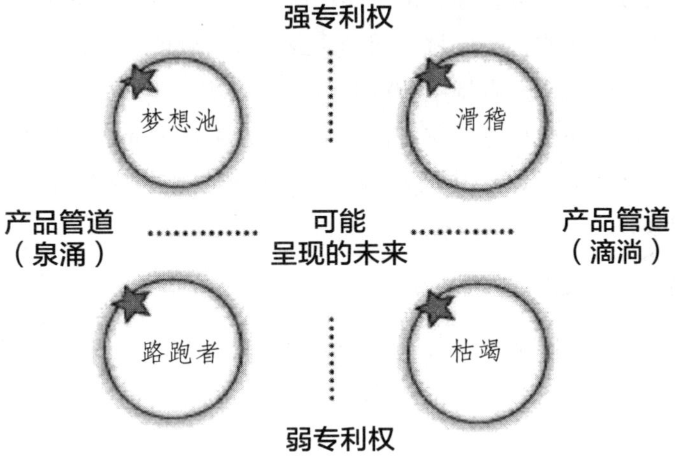

技巧和陷阱

- 在头脑风暴中讨论不确定因素时，回忆一下“出错的预测”和“让大家措手不及的事件”。
- 挑战一厢情愿的想法。

- 在每个步骤中都快速使用 1-2-4-All。
- 对每一个象限给出一个有趣的名字（歌名和书名都很好）。
- 让情景设计变得有趣味。例如，将它们变成关于未来情景的新闻报道。
- 便签有助于组合和重新组合想法。
- 和角色无关，有些人就有这方面的天赋：赞美他们的娴熟技能。

灵活应用

- 从简短的议程开始构建一个全面的情景规划举措。
- 邀请小组以戏剧表演的方式为每一个情景呈现一个典型的客户互动或未来的产品，将你的战略演绎出来。
- 将**畅谈咖啡馆**、**从目的到实践**、**我需要你什么**、**开放空间技术**、**悖论问题**和**最小规格**串在一起使用。

示例

- 用于探索即将推出的产品或服务中应包含哪些功能。
- 用于国家政策和业务领导者制订医疗改革计划的下一步措施。
- IT 领导者用来为在同一区域不同国家或地区应对项目实施时的挑战做准备。
- 用于高管和运营领导者制定 10 年战略愿景。
- 用于非政府组织执行董事应对在资金和公众看法方面的意外变化。
- 用于为处于不稳定环境中的年轻人（如可能面临辍学或开始流落街头）提供咨询服务。

原创作者

由亨利・利普曼诺维奇和基思・麦坎德莱斯开发的 LS 共创工具。他们受到了顾问杰伊・奥格尔维（Jay Ogilvy）的启发。

生态环

分析所有活动和关系的组合，以识别前行中的障碍和机会

（95分钟）

让什么成为可能？你可以通过筛选小组的活动组合，确定是哪些元素在争夺资源，哪些元素是僵化并阻碍前进的，来消除或减少影响绩效的常见瓶颈。生态环使每个人都同时进行筛选、确定优先次序和规划行动成为可能，这与传统的通过一小撮人闭门造车的方式相反。此外，生态环还可以帮助每个人既看到森林又看到树木，即他们可以看到自己的活动在更大范围内是如何与他人相适应的。除有关增长或效率的典型主题外，**生态环**还邀请领导者也关注创造性的破坏和再生。通过把规划流程中的四个发展阶段都纳入进来，生态环使敏捷性、弹性和可持续的绩效提升成为可能。

下图是用于介绍生态环的演示材料。

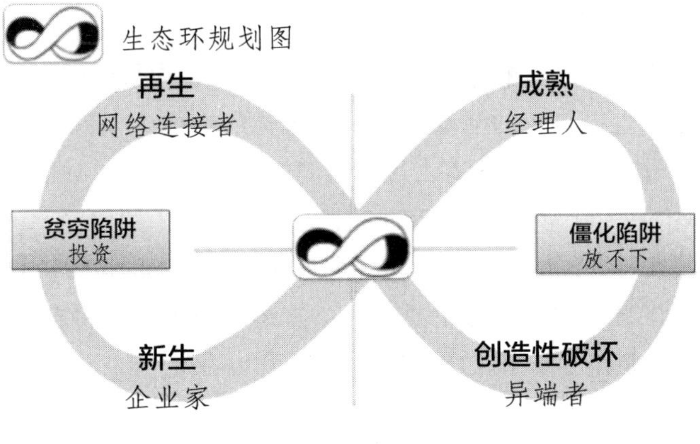

五大结构元素（最小规格）

（1）构建邀请

- 请小组使用四个发展阶段：新生、成熟、创造性破坏和再生，来查看、组织和优先安排当前的活动。
- 请小组制订与每个阶段相联系的行动计划：在新生阶段采取加速成长的行动，在成熟阶段采取延长生命或提高效率的行动，在创造性破坏阶段采取修剪枯木或沤肥的行动，在再生阶段连接富有创造性的人或采取行动为新生做好准备。每个阶段所需要的领导风格可以归纳为企业家、经理人、异端者（heretic）和网络连接者（networker）。

（2）所需空间和材料

- 一个有一面平坦的墙的房间，并有开放的空间，让参与者能舒适地靠墙站。
- 供四人一组坐的椅子，有或没有小圆桌均可。
- 为每位参与者提供一份空白的生态环规划图，并在墙上张贴大幅的生态环规划图。
- 每项活动所需的便签。

（3）参与方式

- 工作涉及的每个人都被纳入其中，无论级别和所在职能部门。
- 每个人都有同等的机会作出贡献。

（4）分组方式

- 1-2-4-All。
- 相应行动小组。

（5）步骤和时间分配

- 介绍生态环的概念，并给每个参与者分发一张空白规划图。5 分钟。
- 要求参与者生成各自的活动清单。对于你所在的工作群组（如部门、职能或整个公司），请列出所有占用你时间的活动（项目、举措）。5 分钟。
- 请他们两人一组，决定每个活动在生态环规划图中的位置。10 分钟。
- 请他们四人一组，最终确定活动在生态环规划图中的位置。15 分钟。
- 请各小组将自己的活动写在便签上，并请各小组逐一将自己的便签贴在大规划图上，制作全景图。15 分钟。

- 请每个小组退后一步，理解大规划图上摆放的模式。要求他们集中精力关注对放置的位置有共识的所有活动。问："我们需要创造性地破坏或停止哪些活动？我们需要多做或开始向前推进哪些活动？" 15 分钟。
- 以小组为单位，针对每一项需要停止的活动（处于僵化陷阱中的活动），建立第一个行动步骤。根据活动和小组的数量来确定时间：10 分钟或更多。
- 以小组为单位，针对每一个需要启动或需要获得更多资源的活动（贫穷陷阱中的活动），建立第一个行动步骤。根据活动和小组的数量来确定时间：10 分钟或更多。
- 请所有小组集中讨论所有没有达成共识的活动。进行一轮快速对话，以了解摆放位置的差异。在可能的情况下，建立第一个行动步骤来处理每一个问题。10 分钟。

为什么？目的

- 确定优先事项。
- 平衡战略组合。
- 识别浪费和机会，以释放资源。
- 一次性贡献并聆听所有观点。
- 通过共建重组计划来创造弹性并消解破坏力。
- 揭示整个画面，既见森林又见树木。

技巧和陷阱

- 不要带着你们集团的整个市场策略组合进行第一次**生态环规划**会议，而是从一个更简单的项目，一些有形的、有共同经验的项目开始。
- 提醒参与者，生态环的所有阶段一定是健康组织的组成部分。
- 要非常清楚正在考虑的活动的领域或类型，即对活动进行检查，以确保它们在规模和领域上相似。
- 把组织内外或职能内外的观点纳入进来（不同的参与者和客户会提供帮助）。
- 准备工作和每个象限明确的标准可能会提供帮助或造成干扰。
- 毫不犹豫地进行第二轮。
- 识别僵化和贫穷陷阱，并将具体活动与这些标签联系起来，开始寻找解决办法。

灵活应用

- 强烈推荐：请参与者列出他们与内部和外部客户或供应商的所有重要关系（除了列出他们的活动外），并将其摆放在生态环规划图中。在生态环规划过程的最后四个步骤中，要求他们使用相同的问题来评估这些关系。
- 与**扰沌**、**1-2-4-All**、**我需要你什么**和**开放空间**串联起来使用。
- TRIZ 可以帮助深化创造性破坏象限。
- 在虚拟小组中使用，邀请参与者将他们的生态环规划评估结果用一个点在白板上呈现出来，然后两两沟通及全组沟通，讨论出现的模式。在进入全组拼图之前，利用静默和两两沟通（1-2-All）来建立理解。你们需要就活动或关系的简短清单达成共识，来简化拼图。给每个项目编号或配上字母进行标记，然后邀请大家逐一进行摆放。使用白板并邀请一个人扮演“整合者”的角色，分拣并整理答案。在第一轮中，不要担心不完美。虚拟会议可以加深或补充面对面的交流。
- 当小组似乎陷入困境时，可以使用 **W³ 反思法**和 **25/10 集体智慧**以帮助激发有关活动或人际关系。

示例

- 用于与信息技术部门进行服务组合回顾。
- 用于护理界高管和学术界人士变革教育方式（评估历史方案并提出变革举措）。
- 用于个人生活规划中的变化，筛选活动并制订下一步的计划。
- 在整合新收购公司的过程中，用来提升管理团队的绩效（通过混合两个产品线和研发的机会进行筛选）。

原创作者

由亨利·利普曼诺维奇和基思·麦坎德莱斯改编自布伦达·齐默尔曼教授和生态学家的成果。

扰沌

了解嵌入式系统如何互动、变化、传播创新和演变
（2小时）

让什么成为可能？你可以帮助一大群人找出在多个层面上传播思想或创新的障碍和机会。**扰沌**使人们能够直观地看到系统是如何嵌入系统中的，并帮助他们了解这些相互依存关系是如何影响变化的传播的。参与者对有助于将想法传播到其他系统层面的细微变化变得更加警觉。他们学习了在更高或更低系统级别上的转变可以如何释放资源，从而在另一级别上帮助到他们。随着人们对**生态环**动态更好的理解，他们就创建了“机会窗口”，以促进创新在各个层面间和跨边界传播。

“如果一个生命系统遭受健康的困扰，治疗的方式就是将其与自身更多联系起来。”
——弗朗西斯科·瓦雷拉（Francisco Varela）

下图是用于介绍扰沌的演示材料。

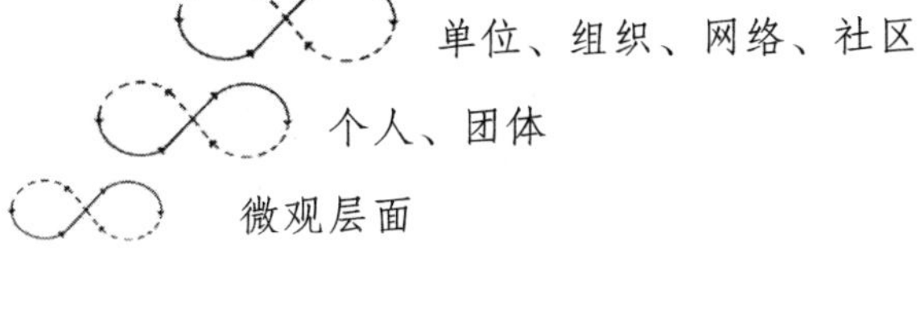

五大结构元素（最小规格）

（1）构建邀请

- 请参与者确定在他们上、下各级别中是什么导致了挑战的存在。并请他们明确不同战略和机会以实现在每个级别和跨级别的变革。

（2）所需空间和材料

- 一个有一面平坦的墙壁和开放空间的房间，让参与者可以舒适靠墙站。
- 用于分发给每位参与者的空白的扰沌图。
- 大幅墙报或白板纸版本的扰沌图。
- 每个参与者所需的便签。
- 一些用于产出扰沌图的白板纸。

（3）参与方式

- 每个参与传播转型或创新的人都应该参与进来。
- 每个人都有同等的机会作出贡献。

（4）分组方式

- 个人、两两结对、四人小组、全体：1-2-4-All。

（5）步骤和时间分配

- 介绍**扰沌**的概念（如果需要的话，还可以介绍**生态环**。举一个例子，如后面补充材料中的MRSA（高度耐药菌）感染扰沌图，并给每个参与者分发一张空白的扰沌图。5分钟。
- 请参与者单独工作，分以下三步生成影响其想法和创新传播的一套系统层级。
  ①第一步：单独列出一个因素清单，问："影响你或我们成功概率的各种因素从小到大是什么？"包括微观（粒子、个人、团队）、中观（组织、网络）和宏观（文化、政治、迷思）因素，这些因素都与大家所要解决的挑战存在相关性。5分钟。
  ②第二步：两人一组，将因素"翻译"到对应层级，并为每个层级创建标签（4~7个层级即可）。10分钟。
  ③第三步：四人一组，对比各自创建的层级，用便签来完成图表。10分钟。
- 如果有多个四人小组，请每个小组将之前没有涵盖进来的层级添加上去，

以创建一个统一的图表。10 分钟。

- 请参与者以四人小组为单位，思考以下问题："迄今为止，在哪些层级上已经投入了关注和资源？哪些层级被忽视了？我或我们对不同层级的现状和动态了解多少？"10 分钟。
- 全员交流，分享几个小组的思考。5 分钟。
- 请两人一组或者四人一组使用**生态环**来深入探讨其中一个层级。每个小组应从 4~7 个层级中选择一个。把不同层级中有相关经验的人分配到这些小组中。问："在这个层级上正在发生什么，现在正在采取什么行动让我们的创新是用来应对挑战的？对挑战的应对是处于企业家阶段、官僚或经理人阶段、异教徒阶段还是再生阶段？"为该层级建立**生态环**评估的草案。15 分钟。
- 收集各小组的**生态环**评估。每个小组简要介绍自己所在层级的**生态环**评估结果。10 分钟。
- 在各自小组中，集思广益，列出在传播想法和创新的努力中所面临的障碍和机会。提问："往上面的层级及往下面的层级看，你看到了什么跨层级的改变机会和障碍？有哪些新思想的窗口正在打开？有哪些资源正在从上层级创造性的破坏中向下层级流动？有哪些小规模的发展正在从下层级去破坏上层级？"鼓励各小组放开手脚，尽情发挥。15 分钟。
- 将涌现的机会和障碍排列优先级。10 分钟。
- 对于你清单上的每一个机会和障碍，用 **1-2-4** 创建第一个行动步骤，问："你可以立即采取什么行动来影响你上面的层级和下面的层级？并且你认识哪些人同时具有多个层级的影响力？"10 分钟。
- 请所有组分享行动步骤，用便签记录并贴在大扰沌图中相应的层级。15 分钟。
- 请大家仔细看图。使用 **W^3 反思法**理解并为所有可能的下一步行动确定其优先次序。15 分钟。
- 随着大家继续就传播创新开展工作，可以定期重新回顾和更新扰沌图。

为什么？目的

- 确定多层级的策略组合，以推进转型工作向前。

- 为处于许多不同层级的人创造一个共同工作的机会。
- 在机会窗口打开或关闭时，准备好迎接偶然性。
- 找出跨越层级并能帮助大家前进的人。
- 帮助全体人员了解全局。
- 通过共同重组创造弹性并吸收破坏力。

技巧和陷阱

- 使用 1-2-4-All 来完成所有或大部分的步骤，即使这令人感觉是一件苦差事，但我们的目标是找出不同层级上所有的机会和障碍。
- 把各个层级上的人或观点都纳入其中（参与者越多越好）。
- 当你对小范围和大范围的动态状况不熟悉时，请进行研究。
- 不要忽视历史及其角色在确定每个层级的可能性方面的作用。
- 要了解更多关于扰沌的信息，请参见佛朗西斯·韦斯特利（Frances Westley）教授在 SIG 知识中心上关于"范围"所作的贡献，以及他的关于扰沌的著作《扰沌：理解人类和自然系统的演变》及其他著述。

灵活应用

- 与**生态环**、**1-2-4-All**、**我需要你什么**、**社交网络图**、**名人采访**串联起来使用。
- 用 **W^3 反思法**激励聚焦于行动步骤。
- 个人使用**扰沌**，提问："是什么造成了你上面的层级和下面的层级中有挑战的存在？是什么因素使你所面临的挑战长期存在？在每个层级上实现改变的速度是怎样的？"

示例

- 美国原住民学校管理者通过创新为学生提供更多的教育机会，从学生个人咨询到消除社会迷思等。
- 一家医院的安全倡议人计划将他们的创新成果在本地、区域、国家和国际多个层面推广。
- 基金会受赠者有计划地传播其备灾创新成果，从原型到全国采用。
- 一位艺术家勾勒出其作品如何在不同范围内去影响变化。

原创作者

源自弗朗西斯·韦斯特利教授的成果，由亨利·利普曼诺维奇和基思·麦坎德莱斯改编的 LS 共创工具［参考相关著作《扰沌：理解人类和自然系统的演变》，作者冈德森（Gunderson），霍林（Holling）］。

补充材料

美国预防感染项目中使用扰沌的例子。每个点代表由专家评估的所在层级的"当前状态"。请注意MRSA细菌和无法避免的社会迷思可以被框在相同的"镜头"里。

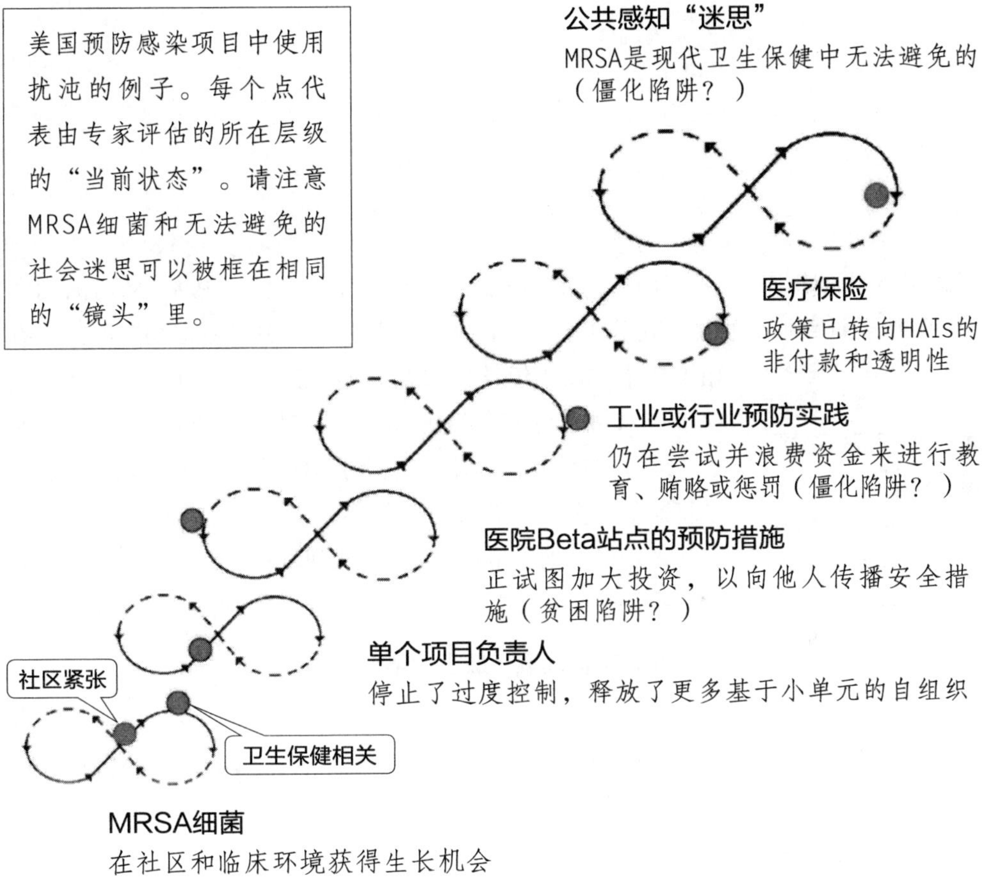

从目的到实践

观设计五个基本要素，以灵活、持久地推进计划

（2小时）

“我们的时代面临非常真实的危机。我们大多数人似乎在重复过去的老一套，除了更努力，否则不能解决问题。”

——查尔斯·约翰斯顿（Charles Johnston）

让什么成为可能？在计划开始时使用P2P（**从目的到实践**），利益相关者可以共同参与塑造与其计划成功与否的所有相关要素。该小组从生成共同的目的开始（例如，为什么该项工作对每个参与者和更大的社区都很重要）。所有其他要素（原则、参与者、结构和实践）均旨在帮助实现该目的。通过将这五个要素结合在一起，参与者阐明了自己可以如何组织起来创造性地适应和扩大规模以取得成功。对于大型计划，P2P可以把众多利益相关者吸纳进来共同制订未来的计划。

五大结构元素（最小规格）

（1）构建邀请

- 邀请所有或大多数利益相关者参与新计划的设计，以明确其五个基本要素：目的、原则、参与者、结构和实践。

（2）所需空间和材料

- 椅子和小桌子，供人们分成四组工作。
- 一面贴有海报的大墙，用于记录每个要素的P2P结果。
- 每个参与者五份工作表，五个要素各一张表。

下图是用于介绍从目的到实践的演示材料。

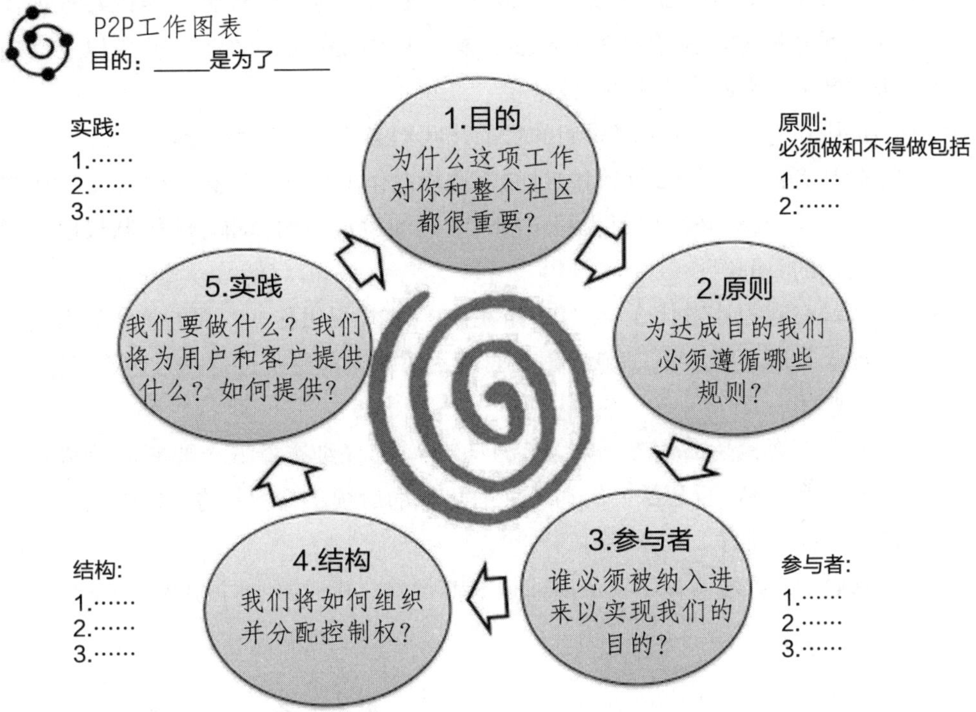

（3）参与方式

• 与发起该计划有利益关系的所有个人都被纳入其中。

• 每个人都有同等的机会作出贡献。

（4）分组方式

• 1-2-4-All。

• 大家一起完成每个要素。

（5）步骤和时间分配

• 介绍 P2P 的概念、五个要素和相关问题，并分发空白工作表。5 分钟。

• 明确第一个元素“目的”，请提出这样一个问题：“为什么这项工作对你和整个社区都很重要？”

• 使用 1-2-4 生成关于目的的个人想法和故事。10 分钟。

• 四人一组，比较、筛选和放大首要想法。10 分钟。

- 大家一起整合主题并最终确定关于目的的想法。10 分钟。
- 依次移至其余的 P2P 元素，重复 1-2-4-All 的三个步骤。准备好根据需要返回并修改以前的要素（可能会有一些杂乱的非线性）。使用以下问题来指导接下来四个要素的探索。

  ①原则："为了成功实现我们的目的，我们必须遵守哪些规则？"

  ②参与者："为了达到我们的目的，谁可以作出贡献并且必须被纳入其中？"

  ③结构："我们必须如何组织（宏观结构和微观结构）和分配控制权以实现我们的目的？"

  ④实践："我们要做什么？向我们的用户和客户提供什么？我们将如何做到？"
- 在每个要素之后，问："该要素是否提示了对先前要素进行修订的新思路？" 5 分钟。
- 完成所有要素后，请参与者退后一步，一起仔细查看五个要素的草稿。要求他们使用 W^3 **反思法**分组讨论所有可能的后续步骤，并将它们作为一个整体进行优先排序。15 分钟。
- 计划启动后，邀请参与者定期回顾 P2P 设计，并根据他们的经验调整要素。

为什么？目的

- 吸引并集中每个人的想象力来设计参与者的集体未来。
- 避免一小群人或专家们闭门造车的"设计"。
- 将发起和维持努力所需的全部要素聚集在一起，从而避免流程分散。
- 因为大家共同担责，所以能开发迅速实施和传播的创新战略。
- 通过公平分配权力来提高增强弹性和消解破坏力的能力。
- 打造能迅速适应环境变化的任何要素的能力。

技巧和陷阱

- 制定一个强大、极具吸引力的"目的"是最重要的一步：你可能需要使用 9 Whys、**欣赏式访谈**或 TRIZ 来深化对话。
- 目的可以表达为你要开始创建的积极的东西或你要停止的消极的东西。
- 快速循环，在反复迭代的试错中前进。
- 可能需要在数周甚至数月内进行多次会话。

- “结构”通常是最需要想象力的元素，从自上而下的控制跃升到分布式控制。
- 原则：必须做和不得做通常来自实践经验中所吸取的惨痛教训（正面的和负面的）。
- 依靠小团体进行繁重的工作，并保持前进。
- 按计划安排每一轮，如果需要更多时间，请进行两轮。
- 依靠团队成员激励人心和并利用失望透顶的经历。
- 邀请有才华的参与者担任适合的职责（如写作、绘画、综合）。

灵活应用

- 从一个非常快速的 30 分钟能涵盖五个要素的循环开始，以阐明需要一个强大而明确的目的：如果没有目的，则很容易做出一个半成品设计。
- 图画记录有助于在严格的设计过程中吸引注意力和集中精力。
- 你可以添加问题来丰富有关实践的对话：创造一个机会我们身边会发生什么？如果我们不冒风险，利害攸关的是什么？坦率说，我们从哪里开始？
- 当整合所有五个要素对一个项目来说太多时，只做一两个看起来最重要的要素即可。
- 定期使用五个 P2P 的问题作为小型项目的简易检查清单。
- 可以应用在虚拟小组，通过 1-2-All 的聊天形式邀请参与者回答五个问题。用白板和一个担任“合成者”角色的人对答案进行筛选和整理。不要担心第一轮做得不完善。虚拟的讨论可以深化或补充面对面的交流。
- 使用 P2P 结构化一个历时更长的设计项目（如规划或战略静修会）。

示例

- 由领导者发起的畅谈咖啡馆对话运动。
- 质量共享，来自八个卫生系统的研究人员使用 P2P 成功创建了他们的联盟。
- 在使用 P2P 的第一阶段，一个管理团队发现了比预期更深层次的目的。新目的和共享的经验激励团队重新思考其商业模式。

原创作者

由亨利 · 利普曼诺维奇和基思 · 麦坎德莱斯开发的 LS 共创工具。他们受到了迪 · 霍克（Dee Hock）的启发（可参阅其著作《混序时代的诞生》。

后记

释放性结构始于简单而基本的东西，以至于似乎不值得去做，但却止于几乎不可能实现的强大而深刻的东西

“我们必须找到一种方法让释放性结构就像饮用水一样融入我们的日常生活之中！”

“释放性结构于我而言改变了生活！我真心这么认为。正在与我合作的其他人也会产生涟漪效应。爱它。

释放性结构就像魔术一样；每次我使用它们时，似乎不可能的事情好像就魔术般地得以发生了。

使用释放性结构改变了我的领导方式，也改变了作为领导者的我。

我听到学生的反馈明显改变了。我越来越多地听到：‘这堂课改变了我的人生’‘我在这堂课中学到了很多关于自己的知识’‘也感谢你教会我如何学习’。

释放性结构也影响了我与我的十几岁孩子的互动。当我告诉他们该怎么做时，我意识到自己的影响力很小。现在，我多听一些，让他们表达自己的感受，并让他们得出对自己最有利的结论。

员工曾经因为做事听话而受到重视。现在，员工会议很有趣。感觉就像是变魔术，因为人们以他们意想不到的方式作出了贡献。

在这里，我从未见过像这样的对话。几乎每个人一直都坐在自己的座位上。

在体验了自由和通过它们可以取得的成果之后，我无法想象再回到老路上会怎样。

我们希望每个人都能尽可能方便地自由使用、复制和传播该材料，并使自己所在的世界一角变得更美好。

我们必须找到一种方法让释放性结构就像饮用水一样融入我们的日常生活之中！”

当人们告诉我们学习使用释放性结构对他们意味着什么时，我们将继续被他们的积极态度震撼。他们的感激之情是我们在情感和职业上收获的最大回报。我们喜欢释放性结构为他们带去的所有或大或小的成功故事。人们在人际关系和工作条件的变革中获得的快乐让我们光芒四射。

这类反馈使我们确信释放性结构具有普遍和持久的价值。它促使我们深入挖掘以发现释放性结构背后的基本原理并记录我们的实践工作。是那些学习和使用释放性结构的人们说服我们创建了一个网站并促使我们写书。为此，我们花了不少力气。

在与世界各地各种组织的合作中，我们还没有遇到无法通过释放性结构来更有效地应对人们所面临的一个或多个挑战的情形。这告诉我们，每个人至少都会从学习到的几个释放性结构中得到一些好处。每位老师和教授都应该定期使用它们。在课堂上接触释放性结构，将会使学生做好准备成为更有效的职场贡献者。管理人员至少应该了解所有基本的释放性结构。一线员工只需自己简单地掌握几个，就能改善他们的日常工作成果。内部和外部顾问可通过熟练使用释放性结构来扩大其工作范围和影响，并向其客户提供更多的服务产品。但是，在全世界70多亿人口中，只有很少一部分人使用过，甚至仅仅只是听说过释放性结构！

这就是为什么我们选择不对我们的任何作品进行版权保护，而是根据一项“创意共享许可”将其发布。我们希望每个人都能尽可能方便地自由使用、复制和传播该材料，并使自己所在的世界一角变得更美好。

加入我们，将释放性结构变成和我们的饮用水一样触手可及的事物！

注释

第一部分：积极参与背后的隐藏结构

第1章 小改变，大不同

除非另有说明，否则本书中的所有示例和故事均为实际案例，或者来自我们咨询实践或与工作坊相关的经验的综合；有关使用已经获得当事人的许可。在本书出版之后，本书中材料的主题或贡献者的标题和所属单位可能已经更改；只要有可能，我们都会在我们的网站上更新这些信息。

第3章 每个人都可以使用的释放性结构

[1] 术语“释放性结构”最初是由波士顿学院教授威廉·托伯特（William Torbert）提出的。他探讨了组织结构形式的概念，这些形式以人们发展自我指导技能的方式为人们提供指导。他提出了一种能产生生产力、正义和询问的权力理论以及“释放性结构”的理论，通过该理论组织可以不断提高质量（由丽莎·金博尔提供）。

[2] 盖洛普公司（Gallup Inc.），“美国工作场所状况：美国商业领袖的员工敬业度洞察”，2013 年。盖洛普（Gallup）定义敬业度员工为“那些积极参与工作，对工作充满热情并为组织作出积极贡献的人”。

[3] 改编自埃德加·沙因的（Edgar Schein），《组织文化与领导力》第 4 版。（旧金山：Jossey Bass ，2010）。

第三部分：来自实践的故事

[1] 除另有说明外，本书中的故事是根据我们与世界各地使用释放性结构的组织中的 25 位领导者进行访谈得出的。我们选择了这 12 个示例，因为它们能够展示释放性结构的力量，以应对众多组织中许多不同类型的问题和机会。

[2] 奥瑞 · 布莱福曼（Ori Brafman）和罗德 · 贝克斯特朗（Rod A. Beckstrom）所著的《海星式组织》(纽约：Portfolio，2007)。

[3] 辛加尔（Singhal）教授推荐以下视频作为其他示例。脱稿：阿文德 · 辛加尔运用下的释放性结构；释放性结构：邀请和释放一切，利普曼诺维奇在康沃与辛加尔在一起；释放性课堂：利普曼诺维奇在康沃与辛加尔在一起。

积极偏差是基于以下观察结果：每个社区中都有某些个人或群体，在使用相同的资源并面临相似或更严峻的挑战时，他们不寻常的行为和策略使他们能够找到比同龄人更好的解决方案。同时积极偏差方法是一种基于资产、解决问题和社区驱动的方法，使社区能够发现这些成功的行为和策略，并制订一项行动计划，以促进所有相关方的采用。

CBC 新闻节目在 2012 年 3 月 19 日播出了一段名为“细菌大战：加拿大领先的感染控制专家之一，已经启动了一个简单但不合常规的项目，该项目在应对院内感染方面取得了令人难以置信的结果”的专题节目，其中介绍了迈克尔和该项目。

KGH 是预防示范项目的一部分，该示范项目旨在防止加拿大五个医院的感染，于 2011 年结束（请参阅本书第三部分中的“鼓励持久的文化变革，预防院内感染”实践故事）。雪莉担任核心小组的负责人，该小组管理她所在部门以及整个医院的预防工作。为了协调行动并吸引跨职能部门的参与，该小组使用了**社交网络图**。

致谢及进一步学习资源

致谢

在我们发展的数年中（2003—2013年），几百人曾热心支持我们。在这里，我们介绍他们之中的几个。

库尔特·林德伯格（Curt Lindberg）汇集了一个由对复杂性热衷的学者和领导者组成的神话般的网络。这个社区从最开始就为我们提供知识并哺育我们。在退伍军人管理局卫生系统的一线，俄亥俄州开始实行“释放性结构战略”。在复杂性学者中，布伦达·齐默尔曼像北极星一样闪耀。她的理论才华和实践能力为我们的前进指明了道路。里兹·赖克特是第一个读者和编辑，他详细研究了每个释放性结构的描述。

格雷·华纳（Gray Warner）为释放性结构进入拉丁美洲打开了大门。艾莉森·乔斯琳（Alison Joslyn）是第一位大胆尝试我们提供的所有结构的高管。我们启发了她，她也同样激发了我们的灵感。塔德乌·阿尔维斯（Tadeu Alves）竭尽全力赞助我们在巴西的首次工作坊。它的成功为墨西哥、中美洲、哥伦比亚、秘鲁、智利和波多黎各的领导者进行效仿提供了种子。我们对拉丁美洲所有勇于开拓创新的一线人士表示特别的感谢。他们的成就让我们认识到释放性结构可以实现的很多可能性。大力拥抱戴维·加瑟（David Gasser）、妮可·施米德林（Nicole Schmidlin）、尼尔顿·托加尔（Nilton Tojar）、格拉西奥·雷斯（Gracio Reis）、马尔乔·马丁斯（Marcio Martins）、巴勃罗·金塔纳（Pablo Quintana）、里卡多·施拉德（Ricardo Schrader）、尼尔达·比戈特（Nilda Bigott）、西德内·卡斯特罗（Sidnei Castro）、凡妮莎·维特兹（Vanessa Vertiz）、爱德华多·格拉（Eduardo Guerra）、安德烈斯·布鲁祖尔·克里斯托巴尔·布拉沃（Andres Bruzual Cristobal Bravo）、肖恩·休斯（Sean Hughes）、拉斐尔·苏亚雷斯（Rafael Suarez）和蒂姆·戴夫勒（Tim Daveler）。向不懈努力的戴夫·雷蒙多（Dave Raimondo）致以特别的敬意！

随着释放性结构在拉丁美洲的发展，一个美国的组织正在使用积极偏差，以防止超级细菌的传播。莎朗·本杰明（Sharon Benjamin）、凯文·巴克（Kevin Buck）、乔尔·埃弗里特（Joelle Everett）、丽莎·金博尔（Lisa Kimball）、马克·芒格（Mark Munger）、杰里·斯特恩（Jerry Sternin）、莫妮克·斯特恩（Monique Sternin）和玛格丽特·托特（Margaret Toth）在我们一起实践时贡献了他们的才华。黛安娜·玛格伦（Diane Magrane）相信我们，并不断挑战我们尝试在医学院校环境中使用的释放性结构。哈维·斯图尔特（Harvey Stewart）在与蒙大拿州社区领袖的合作中坚持要求我们制定原则。琳达·德沃尔夫（Linda DeWolf）和克里斯·麦卡锡（Chris McCarthy）帮助建立了具有释放性结构的创新学习网络。迈克尔·加丹（Michael Gardam）邀请我们帮助指导整个加拿大范围内的超级错误预防工作。

在欧洲，安东尼奥·莫斯克拉（Antonio Mosquera）、简·范·艾克（Jan Van Acker）、卡里·贾维宁（Kari Jarvinen）和盖伊·艾弗曼（Guy Eiferman）打开了他们组织的大门，并给了我们机会展示了释放性结构对许多不同文化环境的适应性。在那里，进步和学习也落在勇敢的早期一线采用者的肩膀上。非常感谢克里斯蒂娜·洛佩兹·维尔切斯（Cristina Lopez Vilchez）、米格尔·安吉尔·索里亚（Miguel Angel Soria）、埃里克·普拉斯（Erik Plas）、伊斯特万·格罗夫（Istvan Grof）、菲利普·德切尔夫（Philippe Decerf）、安斯·海曼（Angs Heirman）、雷金纳德·德克莱恩（Reginald Decraene）、布鲁诺·克鲁卡斯（Bruno Klucasr）、多尼亚·谢里菲（Donia Cherifi）、维罗尼克·罗塞特（Veronique Rosset）和克拉丽丝·洛斯（Clarisse Lhoste）。

释放性结构在教育和社会变革中的应用正在大范围地扩展和传播，主要是要感谢辛文德（Arvind Singhal）教授。他创建并培育了一个不断发展的释放性结构变革者社区。非常感谢露西娅·杜拉（Lucia Dura）教授、王海伦（Helen Hua Wang）教授、哈里·米尤森（Harry Meeuwsen）教授、罗伯特·阿尔默（Robert Ulmer）教授、弗吉尼亚·拉卡约（Virginia Lacayo）博士、玛丽·林德奎斯特（Marie Lindquist）教授，卡伦·格雷纳（Karen Greiner）、艾琳·斯托克（Erin Stock）、马克·皮特斯（Marc Peters）、拉斐尔·奥布雷冈（Rafael Obregon）、阿卡迪亚·罗埃尔（Acadia Roher）和卡利纳·奎斯特（Carliene Quist）。

传奇的设计师莱斯利·雅各布斯（Lesley Jacobs）为每个释放性结构都赋予了俏皮的造型。我们的开发编辑莱斯利·斯蒂芬（Leslie Stephen）让我们每个人把自己最好的部分贡献出来，并填补空白，使这本书的出版成为可能。要向安妮·雅各布斯（Annie Jacobs）深深地鞠上一躬，她进行了风格编辑、浓缩标题，具有爱心。无尽的感谢送给里塔·李普曼维茨（Riitta Lipmanowicz），感谢她的无私孕育、无限的耐心和对 TLC 的源源不断的补给。没有你们，这是不可能发生的。

原创作者和参考资料

《智能合约》(*Edgeware*) 不仅是一本书，更是我们对复杂性科学实际应用的追求。我们站在库尔特·林德伯格、保罗·普尔塞克和布伦达·齐默尔曼的肩膀上。风景很棒！早在 20 世纪 80 年代，顾问丽莎·金博尔和弗兰克·伯恩斯就开始与小组合作，“专注于会议内容之上，仅凭设计创造引人入胜的体验”。他们从波士顿大学教授威廉·托伯特那里借用了一个朗朗上口的概念——释放性结构。

在《释放性结构》中，我们对启发我们的作者和开发人员予以注明和归属。向这些先驱致以深深的敬意，谢谢你们。早期的影响很难一一赘述，但同样重要，大多数方法背后都有其母亲、父亲和上师的贡献，如果遗漏了，请让我们知道我们遗漏了谁。

此外，为了加深对释放性结构背后理论的了解，我们推荐以下书籍和文章：

Alexander, Christopher, Sara Ishikawa, and Murray Silverstein. A Pattern Language: Towns, Buildings, Construction. Oxford: Oxford University Press, 1977.

Anderson, Ruth A., and Reuben R. McDaniel Jr. “ Taking Complexity Science Seriously: New Research, New Methods. ” In On the Edge: Nursing in the Age of Complexity, edited by Clair Lindberg, Sue Nash, and Curt Lindberg, 73–95. Bordertown, N.J.: Plexus Press, 2008.

Arrien, Angeles. Signs of Life: The Five Universal Shapes and How to Use Them. New York: Tarcher/Penguin, 1998.

Axelrod, Richard H. Terms of Engagement: Changing the Way We Change Organizations. San Francisco: Berrett-Koehler, 2000.

Beinhocker, Eric D. " Strategy at the Edge of Chaos." McKinsey Quarterly, no. 1 (1997): 24–39.

Bellman, Geoffrey M. The Consultant ' s Calling: Bringing Who You Are to What You Do. San Francisco: Jossey-Bass, 1992.

Block, Peter. Community: The Structure of Belonging. San Francisco: Berrett-Koehler, 2008.

Boal, Augusto. Theatre of the Oppressed. New York: Theatre Communications Group, 1985.

Brafman, Ori, and Rod A. Beckstrom. The Starfish and the Spider: The Unstoppable Power of Leaderless Organizations. New York: Portfolio, 2010.

Caballero, María Cristina. " Academic Turns City into a Social Experiment: Mayor Mockus of Bogotá and His Spectacularly Applied Theory. " Harvard Gazette, March 11, 2004.

Cooperrider, David L. " Positive Image, Positive Action: The Affirmative Basis of Organizing." In Appreciative Management and Leadership: The Power of Positive Thought and Action in Organizations, edited by Suresh Srivasta and David L. Cooperrider, 91–125. San Francisco: Jossey-Bass, 1990.

Giddens, Anthony. Central Problems in Social Theory: Action, Structure, and Contradiction in Social Analysis. London: Macmillan, 1979

Greenhalgh, Trisha, Glenn Robert, Fraser Macfarlane, Paul Bate, and Olivia Kyriakidou. " Diffusion of Innovations in Service Organizations: Systematic Review and Recommendations," Milbank Quarterly 82, no. 4 (2004): 581–629.

Gunderson, Lance, and C. S. Holling, eds. Panarchy: Understanding Transformations in Human and Natural Systems. Washington, DC: Island Press, 2002.

Hand, Eric. "Citizen Science: People Power." Nature 466 (2010): 685–87.

Heifetz, Ronald A. Leadership without Easy Answers. Cambridge, MA: Belknap Press, 1994.

Hock, Dee, and VISA International. Birth of the Chaordic Age. San Francisco: Berrett- Koehler, 2000.

Holman, Peggy, Tom Devane, and Steven Cady. The Change Handbook: The

Definitive Resource on Today ' s Best Methods for Engaging Whole Systems. San Francisco: Berrett-Koehler, 2007.

Lanham, Holly Jordan et al. " How Improving Practice Relationships among Clinicians and Nonclinicians Can Improve Quality in Primary Care. " Joint Commission Journal on Quality and Patient Safety 35 (September 2009): 457–466.

Kelso, J. A. Scott, and David A. Engstrom. The Complementary Nature. Cambridge, MA: MIT Press, 2010.

Kimball, Lisa. " Liberating Structures: A New Pattern Language for Engagement." OD Practitioner 43, no. 3 (2011): 8–11.

Lipmanowicz, Henri, and Keith McCandless. " Liberating Structures: Innovating by Including and Unleashing Everyone." Performance 2, no. 4 (2009): 6–19.

Macy, Joanna, and Molly Young Brown. Coming Back to Life: Practices to Reconnect Our Lives, Our World. Gabriola Island, BC: New Society, 1998.

Malone, Thomas W., Robert Laubacher, and Chrysanthos Dellarocas. "Harnessing Crowds: Mapping the Genome of Collective Intelligence." Working paper 2009-001, MIT Center for Collective Intelligence, 2009.

McKnight, John. The Careless Society: Community and Its Counterfeits. New York: Basic Books, 1996.

Morgan, Gareth. Images of Organization. Thousand Oaks, CA: Sage, 1997.

Oshry, Barry. Seeing Systems: Unlocking the Mysteries of Organizational Life. San Francisco: Berrett-Koehler, 1995.

Owen, Harrison. Open Space Technology: A User's Guide, 3rd ed. (San Francisco: Berrett- Koehler, 2008).

Palmer, Parker J. The Courage to Teach: Exploring the Inner Landscape of a Teacher ' s Life. San Francisco: Jossey-Bass, 1998.

Pascale, Richard, and Jerry Sternin. " Your Company's Secret Change Agents. " Harvard Business Review, May 2005. http://hbr.org/2005/05, your-companys-secret-change-agents.

Patton, Michael Quinn. Developmental Evaluation: Applying Complexity Concepts to Enhance Innovation and Use. New York: Guilford Press, 2010

Schein, Edgar H. Helping: How to Offer, Give, and Receive Help. San Francisco: Berrett-Koehler, 2009.

——. Organizational Culture and Leadership. San Francisco: Jossey-Bass, 2004.

Singhal, Arvind, Prucia Buscell, and Keith McCandless. Saving Lives by Changing Relationships: Positive Deviance for MRSA Control and Prevention in a U.S. Hospital. Positive Deviance Wisdom Series, no. 3. Boston: Tufts University, Positive Deviance Initiative, 2009.

Stacey, Ralph D. Complex Responsive Processes in Organizations: Learning and Knowledge Creation. London: Routledge, 2001.

Suchman, Anthony L. " A New Theoretical Foundation for Relationship-Centered Care." In supplement 1, Journal of General Internal Medicine 21 (January 2006): S40–S44.

Surowiecki, James. The Wisdom of Crowds. New York: Anchor, 2005.

Torbert, William R. The Power of Balance: Transforming Self, Society, and Scientific Inquiry. Thousand Oaks, CA: Sage, 1991.

Weick, Karl E., and Kathleen M. Sutcliffe. Managing the Unexpected: Resilient Performance in an Age of Uncertainty. San Francisco: Jossey-Bass, 2007.

Weick, Karl E., Kathleen M. Sutcliffe, and David Obstfeld. " Organizing for High Reliability: Processes of Collective Mindfulness. " Research in Organizational Behavior 21, no. s 81 (1999): 81–123.

Westley, Frances, Brenda Zimmerman, and Michael Q. Patton. Getting to Maybe: How the World Is Changed. Toronto: Random House of Canada, 2006.

Wheatley, Margaret J., and Myron Kellner- Rogers. A Simpler Way. San Francisco: Berrett- Koehler, 1996.

Zimmerman, Brenda. " HIV/AIDS in the Developing World: The Brazil Story. " In " Complicated and Complex Systems: What Would Successful Reform of Medicare Look Like?", by Shalom Glouberman and Brenda Zimmerman, discussion paper no. 8, York University,Toronto, July 2002, 16–20.

Zimmerman, Brenda, Curt Lindberg, and Paul Plsek. Edgeware: Insights from Complexity Science for Health Care Leaders. Irving, TX: VHA, 1998.

关于作者

自2002年以来，亨利·利普曼诺维奇和基思·麦坎德莱斯就开始合作开发释放性结构。他们与三十多个国家的组织合作，从社区团体到全球商业企业。他们将正在进行工作的最新情况在其网站上报告。

亨利·利普曼诺维奇是默克（Merck）洲际地区和日本地区的前总裁，也是Plexus研究所的联合创始人。

我以前的热情是在世界各地建立组织，让人们茁壮成长，并取得超出他们最高期望的成功。我目前的热情在释放性结构的开发及其在五大洲的传播。这一热情跟随之前的热情自然到来，因为释放性结构使人们有可能建立一个组织，他们在其中绽放并取得超出预期的成就。

我喜欢指导人们并看到他们成长。我喜欢问问题，并从意想不到的角度看问题。我在复杂性上茁壮成长，并乐于用其挑战高层领导。

释放性结构是爱的劳动成果，我对它们在现在和将来的贡献感到兴奋。指导人们使用释放性结构是如此让我受到激励，并且让我相信，每个人都可以从学习使用中受益。这就是为什么我希望越来越多的学生在教育环境中开始学习释放性结构，以便为他们在将来的工作中使用它们做好更充分的准备。

亨利在30年的职业生涯后于1998年从默克退休，在默克工作期间他从芬兰的常务董事晋升为洲际地区和日本（除去美国和西欧的地区）总裁兼默克管理委员会成员。亨利于2000年与他人共同创立了普莱克思（Plexus）研究所，并一直担任董事会主席直至2010年。

亨利出生于法国卡尔卡松，拥有哥伦比亚大学工业工程和管理硕士学位以及法国化学工程硕士学位。他的职业生涯为他提供了在七个国家或地区生活的机会，使他成为了永动的世界旅行者。他与芬兰籍妻子一起居住在美国；他们对两个女儿及七个孙子的喜爱超出了他们最大程度的期望。在法国期间，他驾驶着 1961 年的雪铁龙 2CV。

基思·麦坎德莱斯是社会发明小组的联合创始人。

我通过与团队合作来释放创造力、发现机会并增强动力，来帮助组织中的人们创新和管理复杂性。

自 2000 年以来，我一直是社会发明小组的创始合伙人，我的兼收并畜的技巧建立在组织发展、复杂性科学、业务战略和图形引导上，所有这些都是即兴创作。

在普莱克思研究所的科学顾问委员会任职期间，我遇到了亨利，这是命运的安排。我们有一种预感，即复杂性科学可以被实际应用，并且每个人都可以应用。当我们部署早期原型时，我对学习和计划方法变革的浓厚兴趣与亨利的商业敏锐度进行了很好的结合。在过去的十二年中，我们的直觉变成了变革者的强大能力。我们很高兴地跨学科学习，挖掘精神性的实践，漫游地球，并在此过程中加深了科学见解。

使我感到最高兴的是各种挑战，无论大小，这项工作都可以在其中产生积极的影响。使用释放性结构时，专业、职能和人际界限似乎消失了。我喜欢为社会创造力的绽放创造条件，并帮助人们树立新的信心去应对最棘手的挑战。

从 1992 年至 2000 年，基思领导了旧金山健康论坛（HF）的高级管理人员学习计划。他负责与基于实践的学习合作机构共事，并管理教育和研究工作。在参加健康论坛之前，基思在西雅图成立了卫生保健质量基金会并担任执行董事。该基金会以独特的合作伙伴关系将商业和健康领导者聚集在一起，以提升医疗保健的价值。

他出生于俄亥俄州的辛辛那提市，拥有波士顿布兰代斯大学的人文服务管理硕士学位和在华盛顿州奥林匹亚的长青州立大学的学士学位。基思与妻子安妮（Anne）和迪肯（Deacon）一起生活在西雅图，迪肯是一只很有灵气的、可爱的小狗。